都道府県 出先機関の 実証研究

自治体間連携と 都道府県機能の分析

水谷利亮・平岡和久 著

法律文化社

目　次

序　章　重層的な自治体間連携と都道府県機能の再検討――1

1 研究の背景と目的　1
2 自治体間連携における「補完」と「連携」　6
　（1）都道府県の「補完機能」と「連携」
　（2）自治体間連携と「協働的手法」
　（3）「補完」と「連携」の区別
3 自治体間連携の新たな展開事例　9
　（1）「奈良モデル」：県本庁による垂直連携
　（2）静岡県賀茂振興局圏域：県の出先機関による垂直連携
4 市町村間水平連携の新たな枠組みと垂直連携：長野県飯伊地域の事例　14
　（1）長野県における市町村間水平連携の新たな枠組み
　（2）長野県飯伊地域の重層的な自治体間連携の分析
　（3）もう1つの自治体間連携のイメージ
5 重層的自治体間連携と都道府県に関する論点　25
　（1）基礎的自治体レベルの多層化と「小さい自治の連合」型
　（2）市町村と都道府県による「自治の総量」
　（3）圏域における「圏域自治」
　（4）都道府県の機能の再検討：「ミニ霞が関」からデモクラシーの拠点へ
6 「分権・協働型自治」モデルの構築に向けて　34
7 本書の構成　35

第1章　地方自治制度と都道府県出先機関の機能――43

1 はじめに　43
2 都道府県出先機関の機能論　44
　（1）都道府県出先機関の設置類型
　（2）都道府県の本庁と出先機関の職員割合
　（3）地方自治制度の結節点にある都道府県出先機関とその機能
　（4）「都道府県本庁‒都道府県出先機関‒市町村」関係
3 政府間関係論と都道府県出先機関の機能　53

（1）水平的政治競争モデルと都道府県出先機関
　　　（2）都道府県出先機関と地方自治における抑制・媒介・参加の機能
　　4　地域的分権と本庁・出先機関関係の類型モデル　59
　　　（1）庁内分権と地域的分権
　　　（2）都道府県の本庁・出先機関関係の類型化と「集中・分散」・「集権・分権」
　　5　おわりに　64

第2章　都道府県出先機関の組織と予算のサーベイ：都道府県に対するアンケート調査をもとにして────69

　　1　はじめに　69
　　2　都道府県出先機関体制の現状と変化　70
　　　（1）都道府県出先機関体制の現状
　　　（2）都道府県出先機関体制の「混迷状況」
　　　（3）都道府県出先機関体制の傾向性
　　3　都道府県の総合出先機関と予算システム　78
　　　（1）都道府県の予算編成過程と総合出先機関
　　　（2）総合出先機関における予算編成機能強化の論理
　　　（3）都道府県アンケート調査からみる総合出先機関における予算権限
　　　（4）都道府県アンケート調査からみる総合出先機関と予算編成過程
　　4　おわりに　87

第3章　地域産業振興政策における都道府県出先機関の機能分析：都道府県出先機関に対するアンケート調査をもとにして────91

　　1　はじめに　91
　　2　地域産業振興の計画策定と諸団体との協議の場　92
　　　（1）基本属性
　　　（2）出先機関類型別の分析
　　　（3）総合出先機関における政策領域別の比較
　　　（4）小　括
　　3　都道府県出先機関の予算に関する機能　101
　　　（1）都道府県出先機関の類型と予算権限
　　　（2）総合出先機関の政策領域と予算権限
　　　（3）都道府県出先機関の予算権限の具体例
　　4　都道府県出先機関の機能に関する意識分析　105

　　　　（1）出先機関類型別の分析
　　　　（2）総合出先機関の政策領域別の分析
　　　　（3）小　括
　　5　都道府県出先機関の部課からみたネットワーク　113
　　　　（1）都道府県出先機関の部課長の関係先とのネットワークの程度
　　　　（2）都道府県出先機関の類型別にみた部課長のネットワークの程度
　　6　おわりに　116

第4章　都道府県出先機関の機能の実証分析：長野県の松本地方事務所の事例をもとにして————119

　　1　はじめに　119
　　2　長野県の広域行政圏と現地機関　119
　　　　（1）10広域行政圏と現地機関
　　　　（2）松本圏域と現地機関
　　3　松本圏域の現地機関の機能・役割　123
　　　　（1）予算案策定と予算執行
　　　　（2）地方事務所長の機能・役割
　　　　（3）コモンズ支援金（信州ルネッサンス革命推進事業）
　　　　（4）市町村合併支援と市町村自律支援
　　　　（5）松本障害保健福祉圏域調整会議
　　　　（6）農政関係の情報収集と補助事業
　　　　（7）保健所の機能・役割
　　　　（8）建設事務所の機能・役割
　　4　現地機関の機能・役割分析　134
　　　　（1）現地機関の機能・役割とインプット・アウトプット，フィードバック
　　　　（2）現地機関の機能・役割の分析
　　5　おわりに　143

第5章　都道府県出先機関の事例分析：愛媛県地方局と鳥取県総合事務所の事例をもとにして————149

　　1　はじめに　149
　　2　愛媛県の地方局制度　149
　　　　（1）地方局再編のあり方と組織
　　　　（2）企画調整機能の充実・強化
　　　　（3）地方局の予算編成参画システム

（4）地方局職員と地域との連携：南予地方局南予地域活性化支援チーム
　　　（5）3地方局体制による変化
　　　（6）小　括
　3　鳥取県の総合事務所体制　155
　　　（1）出先機関改革の変遷
　　　（2）総合事務所体制の特徴
　　　（3）総合事務所の予算と人事
　　　（4）総合事務所の機能
　　　（5）小　括
　4　おわりに　160

第6章　地域産業振興政策における都道府県出先機関と自治体間連携：長野県諏訪地域を事例として────163

　1　はじめに　163
　2　都道府県出先機関と地域産業振興政策　164
　　　（1）自治体独自の地域産業政策・中小企業政策の展開
　　　（2）都道府県の産業振興策と総合出先機関
　3　諏訪地域における地域産業の特徴と課題　166
　　　（1）歴史と特徴
　　　（2）工業の現状
　4　長野県の産業振興政策と総合出先機関：諏訪地方事務所の事例　168
　　　（1）長野県の産業振興戦略
　　　（2）諏訪地域における県関係機関による産業支援政策の展開
　5　岡谷市・諏訪市の産業振興政策　170
　　　（1）岡谷市
　　　（2）諏訪市
　6　おわりに　175

第7章　都道府県と政令市の「二重行政」と自治体間連携：制度改革論から調整・連携論に向けて────179

　1　はじめに　179
　2　大阪・京都における「二重行政」問題と調整・連携　180
　　　（1）都道府県と政令市との「二重行政」の問題状況
　　　（2）京都府・京都市の連携・調整のあり方
　　　（3）大阪府・大阪市の連携・調整のあり方

目次

　　3　地方衛生研究所の「二重行政」と自治体間連携　184
　　　　（1）地方衛生研究所の制度と機能
　　　　（2）京都府・京都市による地方衛生研究所の共同化
　　　　（3）大阪府・大阪市による地方衛生研究所の統合
　　　　（4）小括：地方衛生研究所の統合・共同化に関する京都と大阪の比較分析
　　4　消防学校の「二重行政」と自治体間連携　189
　　　　（1）消防学校の制度と機能
　　　　（2）京都府・京都市による消防学校統合・共同化
　　　　（3）大阪府・大阪市による消防学校統合・共同化
　　　　（4）小括：消防学校の統合・共同化に関する京都と大阪の比較分析
　　5　おわりに　197

終　章　「地方創生」と自治体間連携　　　201

　　1　はじめに　201
　　2　自治体間連携と政府間財政関係　202
　　　　（1）「融合型自治」と日本型財政システム
　　　　（2）「融合型自治」と都道府県の機能
　　　　（3）「融合型自治」と財政システム
　　3　「地方創生」と自治体間連携　206
　　　　（1）「地方創生」政策とその背景
　　　　（2）「地方創生」と自治体間連携
　　4　集権的地方財政改革　210
　　　　（1）経済・財政再生計画における地方財政改革
　　　　（2）集権的地方財政改革の展開
　　5　自治体間連携における競争型自治と協働型自治　214
　　　　（1）東日本大震災と都道府県機能，自治体間連携
　　　　（2）連携中枢都市圏と自治体間連携
　　　　（3）地方創生交付金と自治体間連携
　　6　内発的発展と都道府県の機能　221
　　　　（1）内発的発展による「地方創生」の超克
　　　　（2）内発的発展と都道府県機能，自治体間連携
　　7　おわりに　224

あとがき
著者紹介

序　章　重層的な自治体間連携と都道府県機能の再検討

1　研究の背景と目的

　「平成の大合併」後の現在，さらなる市町村合併に向けた政治的圧力は休止したようにみえ，中山間地域など過疎・高齢化地域を中心に人口1万人未満の小規模市町村が約500存在しており，地域の多様なニーズや課題に悪戦苦闘しながら取り組んでいる。一方で，いわゆる「増田レポート」により「地方消滅」論・「消滅可能性都市」論が喧伝され[1]，それと軌を一にして中央政府による少子高齢化・人口減少社会への対応策として「地方創生」という新たな装いをまとった「集権・競争型自治」モデルの進行といえる地方自治や基礎的自治体のあり方を変化させる動きがみられる。そこでは「選択と集中」や「集約とネットワーク化」という考え方が柱の1つで，「新たな広域連携」として複数の市町村からなる「連携中枢都市圏」や「定住自立圏」を形成して連携中枢都市や中心市に予算や資源を重点的に投入しはじめ[2]，ソフトに市町村合併に追いやる流れが静かに進行しつつある。また，経済界や政府の与野党からは，国のあり方を変える都道府県合併ともいえる「道州制」論が絶えず顕在化している。

　これまでの広域行政・広域連携といえば，「平成の大合併」以前から多くの市町村がごみ処理や消防などで事務の共同処理のために活用してきた一部事務組合や広域連合制度など別法人を組織する「機構ベース」のものと，法人を組織しない簡便な仕組みで，協議会の設置，機関等の共同設置，事務の委託などがあった。現在では，総務省の要綱に基づく定住自立圏構想や「連携協約」に基づく連携中枢都市圏構想などが整備され，機構ベースの発想を離れて自治体同士が政策や事業指向の「政策ベース」で課題解決に取り組む制度が注目されている。これらは，「自治体・地域が創意工夫を凝らして人口減少・超高齢社会に対処していくためのツール」として位置づけられるとの指摘がある[3]。

I

「新たな広域連携」には，市町村間の「ヨコ」の連携・水平連携だけでなく，都道府県と市町村間の「タテ」の連携・垂直連携もあり，後者は，一般的には市町村と都道府県による組合せで，都道府県が県内の市町村を支援・補完するような連携のパターンである。総務省などが考える広域連携のあり方とそこでの広域自治体・都道府県の役割に関する考え方の一端を，第31次地方制度調査会答申『人口減少社会に的確に対応する地方行政体制およびガバナンスのあり方に関する答申』(2016年3月16日) において確認しておこう。

　答申では，人口減少社会において「行政サービスを安定的，持続的，効率的かつ効果的に提供するためには，あらゆる行政サービスを単独の市町村だけで提供する発想は現実的ではなく，各市町村の資源を有効に活用する観点からも，地方公共団体間の連携により提供することを，これまで以上に柔軟かつ積極的に進めていく必要」があるという。そのために，「連携協約をはじめ，事務の共同処理の仕組みを活用して地方公共団体間の広域連携を推進していくべきである」ということで，新たな広域連携として市町村間の連携の必要性を指摘している。その際，地域の特性により広域連携・自治体間連携のあり方は異なって，「地方圏や三大都市圏」などでは「市町村間の連携を基本」として，都道府県の役割は「必要な助言や支援等」の「連絡調整機能」だという。「中山間地や離島等の条件不利地域」など「市町村間の連携による課題解決が困難な地域」では，広域自治体である都道府県の「補完機能」が求められ，その具体的な手法としては「連携協約や事務の代替執行」などによる。その際，「都道府県の出先機関を各市町村に新たに置くことは現実的ではなく，例えば，都道府県の出先機関の職員が市町村職員と執務スペースを共有化することや，補完の対象となる市町村に定期的に訪問すること」などが考えられるという。ここでの都道府県出先機関の機能としては，人的な支援や専門的な助言などの支援・補完といった部分的な機能・役割が期待されているだけで，都道府県出先機関と市町村とによる組織的な連携はほとんど想定されていない。

　このように地方制度調査会のトーンは，フルセット型の自治体による総合行政主体論はとりあえず後景に退いて，市町村間の連携など基礎自治体レベルにおける政策ベースの自治体間の連携が「新たな広域連携」として推奨されているが，以前からある広域連合などの機構ベースの自治体間連携はあまり注目されていない。また，都道府県による総合的な市町村支援・補完機能を含む垂直

連携は補助的な位置づけであり，市町村間の広域連携ができない場合に例外的に想定されているだけで，都道府県の役割・機能やその可能性に対する期待は不十分である。

　他方で，総務省は，連携中枢都市圏の形成などの自治体間の新たな広域連携の促進を図ることを目的に，2014年度には「新たな広域連携モデル構築事業」，2015年度以降は「新たな広域連携促進事業」として委託事業を実施しており，具体的な事業の委託先の事例をみると，少し異なった都道府県の役割・機能への期待がうかがえる。この事業は，市町村間の連携中枢都市圏形成に向けた取り組みだけでなく，都道府県と市町村とによる連携なども対象にしている。[5]
2014年度では，「地方中枢拠点都市を核とする圏域における取組」として姫路市や福山市など9組の市町村連携と，「条件不利地域における都道府県による補完の取組」として鳥取県による6町1村の補完と大分県による九重町と姫島村に対する補完の2県であった。2015年度は，地方中枢拠点都市の名称変更に伴い「連携中枢都市圏形成に向けた取組」として17の圏域，「都道府県と市区町村との連携に向けた取組」として「奈良モデル」の奈良県や長野県，静岡県などの6県，「三大都市圏における水平的・相互補完的，双務的な役割分担の取組」として千葉市や京都市など5都市圏が事業の委託先として決定された。2016年度からはこの3区分で委託がなされ，「都道府県と市区町村との連携に向けた取組」としては，2016年度は前年度に引き続き長野県と静岡県に加えて新たに北海道による道出先機関の振興局と市町村との連携が委託事業に決まった。

　これらの「都道府県と市区町村との連携に向けた取組」などをみると，2014年度の大分県による姫島村との委任事業や2015年度の長野県による王滝村との委任事業，2017年度の鹿児島県による三島村や十島村との委任事業などは，第31次地方制度調査会答申でイメージされた条件不利地域の「市町村間の連携による課題解決が困難な地域」に対する都道府県の「補完機能」が期待されていたと思われる。他方で，2016年度の委託事業では，北海道による離島を含む小規模な7町村で構成される檜山振興局管内で地域の行政サービスの持続的な維持・充実を図るために道出先機関の振興局と市町村が協働して取り組む体制の構築を目指す事業や，長野県による中山間地域の木曽地域での県と小規模6町村が連携して連携協約等を活用した定住の受け皿づくりのための圏域形成を目

指す事業，静岡県による伊豆半島南部の過疎等条件不利地域の賀茂地域で静岡県本庁・賀茂振興局と1市5町とが連携して地域全体の効率的な行政運営の方向性を検討する事業などが並んでいた。「条件不利地域」ではあるが，「市町村間の連携による課題解決が困難な地域」ではなく，むしろ市町村間連携を支援する都道府県，さらには都道府県出先機関の連携・補完機能に期待するものも含まれていた。2015年度の奈良県による県と県内全市町村との新たな連携・協働の仕組みである「奈良モデル」を推進するための事業など，必ずしも「条件不利地域」だけではなく，「市町村間の連携による課題解決」を積極的に支援する自治体間連携もモデル事業として総務省が委託している。

　このように，現在の地方自治のあり方として，フルセット型の自治体による総合行政主体論は後景に退いて，市町村同士の連携など政策ベースの広域連携が自治体間連携として広がりつつあることに加え，都道府県と市町村との垂直連携や都道府県と市町村間連携との連携，さらには都道府県出先機関と市町村間連携との連携も自治体間連携のあり方として注目されだしているのである。それは，日本の政治・行政の領域においては，政府・民間部門間における「統治の分有」だけでなく，同層の政府間や諸層の政府間における「統治の分有」としての「ローカル・ガバナンス」が改めて重要なポイントになってきたといえる。日本の地方自治論・地方分権論では，「行政組織の多元性・分散性を部局間対立の原因として否定的」に捉えて「『総合行政主体』としての自治体への機能統合」を求める傾向が変わりつつあり，「自治体の各部局や中央省庁，出先機関等の各種組織が多元的にかかわっているのがむしろ常態である」という実態に注目して「政府部門内の多元的な組織編制」に対して関心を寄せはじめたともいえる。このことに関して伊藤正次は，「階統型官僚制組織による一元的な統治を理想視する行政学に対し，権力分立の意義」を唱えて「多元的な組織編制に基づく非階統型行政の可能性」を説くV.オストロムの「多核性（polycentricity）」の概念と，「二重化や重複が組織間の相互調節と自己規制を促し，組織間競争を通じた行政の効率化や民主主義の制度的保障につながる」とM.ランドーがいう「冗長性（redundancy）」の概念に注目する。「多核性」と「冗長性」の性質をもった「政府部門内部の組織間の協力体制を構築するための多機関連携」は，「多元的な行政組織編制を前提として関連する政策分野を結びつけるための手法であり，現場で提供される公共サービスの質を高めるための

試み」であると指摘する。日本で注目されだした先の多様な自治体間連携は，この多機関連携の1つである。

　このような日本の動向は，フランスやフィンランドなどで既に進行している「自治体間革命」・「自治体間連携の時代」の動向と重なる面があり，遅ればせながら日本でも「自治体間連携の時代」が到来しつつあるといえるのかもしれない。しかし，日本の自治体間連携のあり方には，地方分権の流れに逆行する中央集権的な要素や手法がみられ，大都市や都市である連携中枢都市や中心市が維持される可能性が少し高まるようにみえる反面で，「周辺」地域や小規模自治体の自治が蝕まれていく危険性も孕んでいる。また，市町村間の水平連携に比べて，都道府県と市町村による垂直連携に対する焦点の当て方が弱いように思われる。

　本書では，「地方創生」のもとで現在進行中の「集権・競争型自治」モデルといえる中央政府主導の自治体間連携の動向やあり方とは異なって，「平成の大合併」以前から自治体が自らイニシアティブをとって小規模自治体などの自律と自治を促進してきた自治体間連携の取り組み事例とその蓄積に注目しながら，単層の市町村間の水平連携に加えて重層的な水平連携と，さらにそれらと都道府県による垂直連携による自治体間連携・政府間関係に関して，行政学や地方自治論・地方財政論の知見から分析・考察を行うものである。そこでは，二層制の地方自治制度のもとで市町村と連携・協働・対抗しつつ柔軟性や可能性をもちながら機能してきた広域自治体の都道府県，特に都道府県出先機関に注目して，その機能やあり方について現状分析と考察を行うことが目的である。その作業は，二層制のもとで市町村やコミュニティと連携・協働しながら機能してきた都道府県の機能を再評価しながら現行の二層制の維持・強化の方向性を模索するものであり，都道府県を廃止して新たに道州制を導入しようとする道州制論や「地方創生」のあり方を批判的に検証することになる。

　そこで，この**序章**では，**第1章**から**第7章**で論じる都道府県出先機関の機能と自治体間連携に関する分析・考察の前提作業として，「地方創生」のもとでの自治体間連携のあり方に関する議論を整理・分析しながら，広域連携・自治体間連携に関する新旧の動向を含む事例を実証的に整理・分析する。そのあとで，市町村と都道府県による垂直連携に関する議論と都道府県の機能に関する議論について検討することを通して，都道府県の機能の再評価と，その際に都

道府県の出先機関，特に総合出先機関が自治体間連携において果たす機能・役割の可能性を示唆する。

2 自治体間連携における「補完」と「連携」

(1) 都道府県の「補完機能」と「連携」

　複数の自治体同士が協力・協働することで地方自治の仕事に取り組む自治体間連携には，大きく分けて市町村同士の「ヨコ」の連携・水平連携と，都道府県と市町村との「タテ」の連携・垂直連携の2パターンがある。前者は，総務省などではこれまで「広域行政」ともいっていたが，例えば，先の第31次地方制度調査会答申などでは「広域連携」といい，後者は連携とはいわず「都道府県の補完」といって，主として「中山間地や離島等の条件不利地域のように市町村間の連携による課題解決が困難な地域」に限って考えられている。したがって，政府の文書などでは，垂直連携については「垂直補完」という言葉が使われている。都道府県の事務や機能との関連で，「補完」と「連携」という用語のあり方について少し整理・検討しておこう。

　地方自治法の第2条では，都道府県の事務に関して，「都道府県は，市町村を包括する広域の地方公共団体として，第二項の事務で，広域にわたるもの，市町村に関する連絡調整に関するもの及びその規模又は性質において一般の市町村が処理することが適当でないと認められるものを処理するもの」とある。一般的には，この3種の事務・機能は，①「広域機能」，②「連絡調整機能」，③「市町村の補完機能」といわれている。市川喜崇は，「都道府県の本来的な機能」は，この3つに加えて④「市町村の支援機能」があり，それは「域内に規模・能力の異なる多様な市町村を包括しているという二層制における都道府県の位置づけに基づいて都道府県が果たしている」もので，「財政的・人員的・技術的な支援などのことである」とする。そのなかで補完機能は，域内に多様な市町村を抱えている都道府県が「規模や行政能力などの条件が許せば市町村でも実現可能であるが，そうした条件が整わないために」実施している機能のことで，時代の変化と課題に対応しながら「都道府県と市町村との間で，双方向のベクトルの役割変更が柔軟に行われて」，「一般的な制度としてすでに体系的にかなりの程度整備」されており，そのなかで事務の代替執行といった「個

別的な『垂直補完』が果たすべき役割は自ずと限定的なもの」となっていると指摘する[14]。また，「垂直補完」の概念が，全国町村会などが反対した「西尾私案」による「特例町村制度」と一対のものとして登場したこともあり，「従来型の補完機能の位置づけを曖昧」にしてしまうことを懸念している。そこで，事務の代替執行による個別的な垂直補完よりも，個別の市町村の様々な事情を踏まえて様々な手法で「地域や分野にふさわしい補完や支援のあり方」，つまり制度化されていない補完的機能も含み込んだ都道府県による「市町村の支援機能」の充実を，都道府県と市町村との連携として模索することの必要性を示唆している。

金井利之は，少子高齢化・人口減少と経済右肩下がり時代において「他機関・他主体間の連携・協働による対処」が1つの方策として展開されるとして，その一種に「都道府県と市区町村の協働」もあるという[15]。それは，「旧来の集権体制における都道府県による市町村の補完というような，都道府県の主導的かつ後見的な『上から目線』の対策ではなく，都道府県と市区町村の対等・協力という分権時代に相応しい，自律した主体間のネットワーク的な取り組みとして期待が込められて」いると指摘している。

（2）自治体間連携と「協働的手法」

総務省が設置した「広域連携が困難な市町村における補完のあり方に関する研究会」の報告書には，自治体間連携に関して市川のいう都道府県の「市町村の支援機能」の充実や広がりと重なる知見がみられる。そこでは，奈良県など小規模市町村が多く残る都道府県で取り組まれている市町村支援のあり方を整理・分析したところ[16]，「都道府県と市町村がそれぞれの資源を総動員し，地域課題の解決のため一体となって取り組もうとする新たな姿が浮かび上がって」，「地域が置かれた厳しい状況を乗り越えるため，都道府県と市町村の新しい関係が各地で築かれつつ」あり，「市町村への支援の可能性はなお広く，まずはその構築を進めることが求められている」ことがわかったという。これまで補完の議論では，「役割分担論」と「基礎自治体論」の理念から，市町村の事務で「権限行使的」な法定事務に主眼が置かれ，「当該事務を実施困難な市町村に代わって都道府県が実施する仕組み」として「法定の実施主体代替スキーム」が検討・立案されてきたのに対して，小規模市町村の関心の高い「事業・

サービス的」な事務で「処理義務や処理方法等が法定されていない事務に対する支援」は補完の対象として注目されてこなかったという[17]。

なお，ここで市町村の「権限行使的」な法定事務と「事業・サービス的」な事務とは，市町村が処理する事務を「都道府県と市町村の役割分担の有無」と「市町村に求められるサービス水準の裁量の有無」の条件で次の４つに分類して，前者の法定事務には【A】と【B】，後者には【C】と【D】が該当するとのことである[18]。それらは，【A】市町村の役割と法定され，事務の内容が法令等で明確に定められている権限行使的な事務，【B】市町村の役割と法定され，求められるサービス水準が一定程度法令等で定められた事務，【C】市町村のみの役割とされていない（役割分担に融通性有），が，法令等や国・都道府県の計画・方針等により設定された水準の達成を目指すことが求められる事業・サービス的な事務，【D】都道府県と市町村の役割分担に定めがなく，市町村が任意に実施する事業・サービス的な事務，である。

そして，今回明らかになった「法定の実施主体代替スキーム」以外の手法による都道府県の実際の補完に代わる柔軟な支援の手法・取り組みは，これまで注目されなかった「法令等で市町村に実施が義務付けられていない事務」（【C】と【D】）に加えて，法定の「役割分担が明確な事務」の領域（【A】と【B】）でも広く行われているとのことである。この補完に代わる柔軟な支援の手法には，「協働的な手法」と「処理水準・手法の柔軟化」が見いだされたという[19]。後者は，「個別の政策領域では，国・都道府県の計画・方針レベルの政策変更や，条件不利地域の実情を踏まえた技術的基準の見直しにより，小規模市町村がその規模能力や実情に即した事務実施を選択可能」にすることである。

都道府県と市町村の垂直連携の視点から見ておきたいのは「協働的な手法」である。それは，「県と市町村がそれぞれ有する総資源を活用し，都道府県と市町村が一体となって行政サービスを提供する取組」で，「都道府県と市町村が調整を行い，双方が有する政策資源の有効活用を図り，一体となって行政サービスの提供体制を構築する，『法定の実施主体代替スキーム』以外の支援の取組」のことである。都道府県には，行政リソースに余裕がないため，負担が大きい補完の手法ではなく「協働的な手法」により「シンクタンク的な機能を発揮しようとする方向性」がみられるという。その具体的な手法には，「都道府県と市町村の役割分担の再編」，「都道府県のリソース・ノウハウの活用」，

「事業の一体化，現場に入る県職員」，「市町村間の協議の支援」などがある。ただ，「協働的な手法」によって「都道府県と市町村の関係が混然とすることで，権限や責任の不明確化，都道府県への依存などの弊害が生じ」たり，都道府県の関わりについて自立・自律を志向する市町村からは都道府県からの一方的な関与と捉えられる余地もあることに留意する必要が指摘されている。

(3)「補完」と「連携」の区別

　市川は，都道府県による市町村の補完は一般的な制度として体系的に整備されていて，事務の代替執行など個別的な垂直補完は限定的なものとなるので，制度化されていない補完的機能も含み込んだ都道府県による「市町村の支援機能」の可能性を示唆していた。「広域連携が困難な市町村における補完のあり方に関する研究会報告書」は，小規模市町村が多く残る都道府県での現実の事例分析から，制度化された補完の仕組み（法定の実施主体代替スキーム）以外の支援の仕組みで，都道府県と市町村が一体となって行政サービスを提供する「協働的な手法」が自治体間連携として広がりをもちつつあることを指摘していた。

　そうすると，ここでの自治体間連携の考察では，いわゆる都道府県による「補完」と都道府県と市町村のタテの「連携」とは異なる実体があることに留意する必要がある。タテの連携には，制度化されていない手法による都道府県の補完機能である「協働的な手法」と都道府県による「市町村の支援機能」との両方が含まれていると考えられる。また，「協働的な手法」は，自律した都道府県と市町村の対等・協力の関係による主体間のネットワーク的な取り組みであるので，タテの連携には，都道府県の主導的・後見的な意味合いが含まれる「垂直補完」よりも，「垂直連携」という用語をあてるほうが適切であると考えられる。本書では，同様に，市町村間の広域連携でも，水平補完よりも水平連携が用語として適切であると考える。

3　自治体間連携の新たな展開事例

　「平成の大合併」以降，「地方創生」がさけばれる現在，垂直連携の事例として奈良県や静岡県などで新たな自治体間連携の展開がみられる。ここでは，奈

良県の「奈良モデル」といわれる事例などを紹介しながら自治体間連携の広がりの一端をみることにする。その後の節で,「平成の大合併」以前から小規模市町村の自律した自治を維持するために自治体間連携の取り組みを積極的に行い,新たな展開もみられる長野県の事例を分析することで,後の章でみる自治体間連携・垂直連携における都道府県出先機関の機能やあり方を考察する前提作業としたい。

(1)「奈良モデル」：県本庁による垂直連携

　奈良県における県と市町村の自治体間連携の取り組みを総称して「奈良モデル」といわれている。「奈良県と県内市町村,市町村同士が連携・協働して行政の効率化や地域の活力の維持・向上を図っていく,奈良県という地域にとって最適な地方行政の仕組みを目指す取り組み」のことである[20]。奈良県では,「平成の大合併」において市町村数が47から39へと17％の減少にとどまり,規模が小さい市町村が多く存在している。

　そこで奈良県では,2008年10月に,県と市町村が連携することによる効率的な行政運営のあり方を模索するために知事と市町村長が参加する「県・市町村の役割分担検討協議会」を立ち上げ,県と市町村との具体的な73業務に関する役割分担の方向性を「『奈良モデル』検討報告書」としてまとめ提言した。2009年からは知事と県内市町村長全員が参加する「奈良県・市町村長サミット」を年5回ぐらいのペースで定期的に開催して,今日にいたっている。このサミットでは,テーマを設定して資料説明をし,参加する市町村長たちがグループごとに意見交換を行い,その各グループの代表者から内容を発表し,有識者による総括と知事による総括を行っているという。県からは,テーマごとに分析資料を提示して,各市町村の立ち位置と実際を客観的な指標を用いて説明する場合や,先進的な取り組みを行っている首長や有識者を招いた講演会を行うこともある。このサミットで議論した内容などに基づいて,具体的な自治体間連携の取り組みを進めているという。

　奈良県では,「県は市町村を助けるのが最も重要な役割」と認識し,「奈良の地方自治は,『県と市町村の連携・協働』で行うべき」だと考えている[21]。その基本的な認識として,①「県と市町村それぞれは,一方が他方を支配し,または,積極的に補完を義務付けられる関係にはなく,対等な立場に立つ公共団体

である」,②「県と市町村は,憲法と国法が禁止しない限り,それぞれの議会の承認を得て,他の公共団体(国も含む。)と,平等な立場で,連携・協働を進めることができる(公共団体間の「契約」自由の考え方)」,③「県と市町村が有する総資源(職員,予算,土地,施設)を,県域のニーズに対応して,連携・協働して,有効利用することが望ましい」,との3点をあげている。つまり,奈良「県域」を1つの圏域と考えて,そこで「対等・協力」の関係にある奈良県と県内市町村とが積極的に自治体間連携を行いながら地方自治の取り組みを進めようというのである。その際に,奈良の人的資源は「県職員+市町村職員」であり,財政資源は「県予算+市町村予算」と考えて,県と市町村の資源を総合化して「県域」・圏域での自治に取り組もうとしている。

「奈良モデル」の自治体間連携における取組形態としては[22],まず,①「広域連携支援型」で,「市町村間の広域連携を推進するため,県は助言,調整,人的・財政的支援等を行う」もの(消防の広域化,ネットワーク型の市町村税の税収強化,ごみ処理の広域化など)と,「県も市町村と同様の業務を行っている場合は,県が実施主体として参画し,協働で事業を実施する」もの(南和地域における広域医療提供体制の再構築,広域連携型の県域水道ファシリティマネジメント,など)がある。②「市町村事務代行型」は,「市町村が単独で事務を行うのが困難な場合,県が市町村の事務を代わって行う」もので,道路インフラの長寿化に向けた支援,県職員派遣による市町村税の税収強化などがある。③「市町村業務への積極的関与型」は,「市町村の取組を一層効果的なものにするため,県が,必要な助言や人的・財政的支援等を積極的に行い,県の施策とも連携して実施する」もので,県と市町村との連携・協働によるまちづくり,簡易水道の技術支援の県域水道ファシリティマネジメントなどがある。「広域連携支援型」は奈良県本庁と「市町村間連携・協働」との垂直連携で,「市町村事務代行型」は奈良県本庁と個別市町村との垂直連携であり,「市町村業務への積極的関与型」には両方の垂直連携が含まれていると考えられる。

「奈良モデル」に関連した県による具体的な支援策は,4つに類型化されている[23]。まず,①財政支援は,ⅰ)複数の市町村が新たに広域連携を行うために必要となる一時的な経費や小規模なハード整備に対する「奈良モデル」推進補助金(2011年度から),ⅱ)複数の市町村が水平連携によって行う住民サービス拠点整備など大規模なハード整備に対して無利子貸し付けにより支援する「奈

良モデル」推進貸し付け事業（2015年度から），iii）県とまちづくり連携協定を締結した市町村のまちづくり整備に対して支援する市町村とのまちづくり連携推進事業，iv）複数市町村が水平連携により現状の処理範囲を拡大して実施するゴミ処理の広域化に必要な施設整備に対するごみ処理広域化支援，などがある。②人的支援は，個別市町村あるいは市町村水平連携により共同で設立する機関への県職員の派遣と，技術職員の採用共同試験を実施することなどである。③県有資産の有効活用による支援は，県の施設や土地などの県有資産を市町村が有効に利活用できるよう支援するもので，県と市町村などとの二重投資を避けて県有資産を総合的に企画・管理活用できるメリットが生じる。④その他の支援として，市町村への課題解決策の提案や検討の場づくりなど「シンクタンク機能」と「調整機能」を担うものがある。

このように，奈良県内の市町村にとっては，県から人的・専門的な支援だけでなく，県有資産を有効に利活用でき，財政支援も一定程度受けられるので，「奈良モデル」を活用して垂直連携に取り組むインセンティブが働きやすい。

垂直連携による具体的な事業や成果をいくつかみておこう。[24] まず，県と個別市町村との垂直連携で，市町村の事務を県が受託して代行する道路インフラの長寿化事業である。2010年から市町村の橋梁長寿化修繕計画の策定業務を県が技術的支援として32の市町村から受託し，奈良県では2013年度にはすべての市町村で計画策定が完了した。2015年度の取り組みとしては，橋梁の点検・診断は１市８町９村から県の６土木事務所が受託して県管理の橋梁と合わせて委託発注し，修繕・更新工事としては１町１橋の修繕工事を受託し，１町１村５橋の補修設計を受託した。また，個別市町村のまちづくり事業で，その方針が県の方針と合致する場合に，連携協働のまちづくり地区に決めて，県と市町村でまちづくり連携協定を締結して協働でプロジェクトを実施するものがある。

県職員の派遣などによる人的支援では，市町村税の滞納に関する徴税強化事業があり，個別市町村や市町村水平連携との垂直連携がある。職員派遣型協働徴収として個別市町村に県職員を派遣して市町村職員としての併任をかけて協働徴収を行うことや，ネットワーク型徴収として水平連携により７市町村が滞納案件を持ち寄って事例研究を行いながら滞納整理ノウハウを共有するのに県職員が技術的支援を行うなどして，市町村の徴収力や徴収額の向上に寄与している。

県による市町村間の水平連携との垂直連携としては，県内39市町村のうち奈良市と生駒市を除く37市町村，11消防本部により「奈良県広域消防組合」本部を設立(2014年4月)して，財政的・技術的に支援した。組織としては段階的に，総務部門統合，通信部門統合，そして2021年には現場部門を統合して，対応能力の向上を目指している。また，過疎が進む南和地域でも，県と12市町村による一部事務組合の南和広域医療組合が設立（2012年1月）され，南和地域の公立の3病院（町立大淀病院，県立五條病院，国保吉野病院）を，1病院新設，1病院閉鎖，2病院改修して再編整備し，救急医療を中心に担う1病院と，療養期を中心に担う2病院に機能分担して運営している。救急医療の強化と長期入院治療の充実，9つのへき地診療所も広域医療連携のメンバーになって地域密着医療の充実により，「南和の医療は南和で守る」ことを目指しているという。なお，建設と改修には過疎債を活用して，市町村の起債償還額の60.9％を県が負担して市町村負担を軽減している。その他には，県営水道を「県域水道」として一体的に捉えて，県営水道の資産（施設，水源，人材，技術力）を県域全体で活用して，県域の水道の総資産を最適化しようとする取り組みもある。

　このように県と市町村が積極的に自治体間連携を進める「奈良モデル」は，市町村合併から広域連携にシフトしつつある国の動きと重なるものもあるが，「国に先んじて取り組んできた奈良モデルの方向性が時代の要請に即応したものであった[25]」といえる。さらに，市町村同士の水平連携中心の総務省などの考え方を超えて，「奈良モデル」が自治の現場から議論を積み重ねて小規模市町村に対する都道府県の支援・補完機能の必要性に注目して県庁本庁が市町村や市町村水平連携と積極的に垂直連携を進めていることは，自治体間連携の新しいモデルの1つであると考えられる。

　他方で，「奈良モデル」では，総務・バックオフィス的な機能の集約による現場の第一線職員の増強やスケールメリットの発揮，行政サービスの広域的な平準化・公平化などの効果を認めつつも，「奈良県・市町村長サミット」などで「知事がファシリテーターとして，参加者である市町村長に実質的に動機付けを与える，という新たな分権時代のソフトな関与のあり方を開発」して，各市町村長の自主的判断を「連携・協働の方向に意識付ける巧みな手法」であり，都道府県による県内市町村に対する「集権」が忍び込んでくる危険性を指摘する議論もある[26]。都道府県の望む方向に市町村を誘導し教化することで，市町村

の独自性や自律性が薄められてしまう可能性といってもよいかもしれない。

（２）静岡県賀茂振興局圏域：県の出先機関による垂直連携

「奈良モデル」では，都道府県の本庁が市町村や市町村水平連携との垂直連携を行っていたのに対して，静岡県における垂直連携では，都道府県出先機関を新たに再編して，その都道府県出先機関が圏域の市町村や市町村同士の水平連携を支援・補完しているという特徴がある。

具体的には，静岡県が伊豆半島にある賀茂地域の振興と危機管理体制の強化に向けた施策を進めるために，既存の賀茂地域政策局と賀茂危機管理局を統合して賀茂振興局を2015年4月に設置・開局した。賀茂振興局は，静岡県本庁と賀茂地域内市町村との結節点において市町村支援・補完機能を担っていると考えられる。同年8月には，賀茂地域を含む伊豆半島の振興に関する担当副知事を任命し，静岡県本庁とその出先機関が市町村との垂直連携をさらに積極的に促進しようとしている。

賀茂地域は，下田市，東伊豆町，河津町，南伊豆町，松崎町，西伊豆町の6市町からなる。6市町の連携強化と一体的な振興を図るための方針や計画の決定などを行うことを目的に賀茂地域広域連携会議が設置されており，6市町の首長と静岡県賀茂振興局長（議長）により組織されている。[27] 賀茂振興局による市町村水平連携などに対する垂直連携のあり方は，都道府県の出先機関の新設やそれらによる支援・補完には消極的な地方制度調査会答申とは異なって，県出先機関が県内の賀茂地域という1圏域の自治に関わって支援しようとする取り組みであると考えられる。

ただ，この取り組みははじまったばかりで，2015年度には，消費生活センターの共同設置や税の徴収事務の共同処理，災害時の人的・技術的支援体制の構築，教育委員会の共同設置などについて検討がなされ，今後の実施にむけて動き出したところで，[28] 詳細な事例分析は今後の課題である。

4　市町村間水平連携の新たな枠組みと垂直連携：長野県飯伊地域の事例

長野県でみられる自治体間連携の動向は，奈良県や静岡県などと同様に，地方制度調査会が考える広域連携のあり方とは少し異なっている。飯田市と下伊

那郡からなる飯伊地域における自治体間連携のあり方を事例として整理・分析することで，地方制度調査会などが考えるモデルとは異なるもう1つの自治体間連携の実践的な蓄積と動向をみてみよう。

　長野県では，県内全域を10圏域に区分し，各圏域に県の一部個別型総合出先機関の地方事務所を設置し，10地方事務所と10広域連合が各々同じ圏域に並存・共存しており，そのような都道府県は他にあまり例をみない[29]。したがって，飯伊地域では，南信州広域連合や南信州定住自立圏と県出先機関の下伊那地方事務所とは圏域を同じくしている。なお，長野県の広域連合化については，以前の10広域市町村圏の存在が影響しており，長野県本庁地方課の強力な指導と各地方事務所の支援のもと地方課が，「広域連合は合併に繋げない」，市町村合併の「代わり」だと強調していたという[30]。

（1）長野県における市町村間水平連携の新たな枠組み

　飯伊地域の事例分析を行う前に，長野県「自治体間連携のあり方研究会」による『とりまとめ（2016年3月）』において長野県が考える市町村間水平連携による自治体間連携のあり方に関する基本的な考え方をみておこう[31]。

　この報告書は，長野県では50年後に県内76市町村で人口が8割以下になると見込まれることや，国の動向として新たな広域連携の制度が創設されて連携中枢都市圏や定住自立圏の取り組みに対する財政支援措置が創設・拡充されているといった現状認識のもと，県として自治体間連携のあり方に関する基本的な考え方をまとめたものである。そこでは，①「市町村の行政体制については，合併，広域連携等様々な選択肢の中から市町村が最も適した仕組み（取組）を自ら選択することが原則」，②「とりわけ人口減少社会において，地域の人々の暮らしを支える行政サービスを持続的かつ効果的に提供していくためには，各市町村業務の効率化に加え，定住自立圏等の取組や広域連合による共同処理などの自治体間の連携をより一層推進することが有効」，③「県は，市町村の選択を尊重しつつ，地域の実情や国による支援の状況等を踏まえながら，必要な助言や支援を実施」といった点が基本的な考え方である[32]。①と②は，市町村間の水平連携についてであり，③は明示はなされていないが都道府県による市町村との垂直連携に関してで，都道府県出先機関の地方事務所による市町村との垂直連携も含まれていると考えられる。

具体的なあり方としては，市町村で執行される事務の性質に応じて最も適した仕組みを活用するとして，市町村で執行される事務と枠組みを3層で考えている。まず，市町村ごとの事務は，住民票の交付や税の賦課徴収など「窓口サービスなどの対住民サービス」と，まちづくりや地場産業の振興といった「市町村の独自性が発揮される事務」である。次に，広域連合や一部事務組合の事務は，ごみ処理やし尿処理，消防，介護認定といった「スケールメリットを生かせる事務」と「専門性が必要な事務」である。そして，連携中枢都市圏や定住自立圏では，医療・福祉や公共交通，経済活性化など「圏域の特徴を活かして対応する取組や事務を超えた政策面での連携」である。市町村ごとの「独自性が発揮される事務」の例示は，少し粗い面があると思われ，保育・小学校や介護サービスの提供事務，コミュニティ・サービスなども考えられる。

　そのうえで，2階建ての「基本プラットフォーム」と別棟といった2領域，3種類の市町村間水平連携からなる「市町村間連携のフレーム（枠組み）」をイメージしている（**図序-1**）。そこでは，①「連携の相手方は，業務の内容に応じて選択されるべきであるが，地理的な繋がりから生活圏が近い広域市町村圏を基本単位（基本プラットフォーム）として検討」し，②「基本プラットフォームは，すべての圏域で広域連合が設置されている長野県の特性を生かし事務の共同処理を行う広域連合を1階，定住自立圏等中心市を中心とした柔軟な仕組みを2階とする2層構造として，地域の実情や事務の性質に応じて使い分け」，③「一方で，鉄道沿線市町村の連携や情報通信分野での連携など，業務の内容に応じて広域市町村圏にとらわれない連携」・「圏域にとらわれない個別事業での連携」も考えられるというものである。この①と②の枠組みは，飯伊地域の事例で後にみるとおりである。③の取り組みとしては，例えば，東御市は上小地域の圏域にあり，そこには上田地域広域連合と上田地域定住自立圏があり両方に参加しているが，他方で一部の事業に関して佐久地域定住自立圏にも参加している。県内では，そのような事例は，坂城町や立科町，原村，富士見町などでもみられ，原村と富士見町は隣県の山梨県北杜市と3市町村で「八ヶ岳定住自立圏」も形成している。[33]

　以上のように長野県では，水平連携に関しては，広域連合を1階，定住自立圏や連携中枢都市圏などの仕組みを2階とする2層構造の「基本プラットフォーム」に加えて，必要に応じて県内の近隣の市町村や隣県の市町村との定

図序-1　市町村間連携のフレーム（枠組み）のイメージ

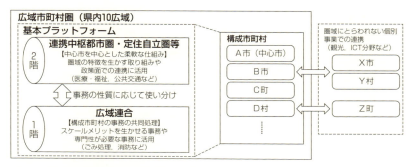

出所：長野県「自治体間連携のあり方研究会」『とりまとめ（2016年3月）』。

住自立圏などの市町村間水平連携を積極的に組合せながら各市町村の自治・自律を維持することを目指している。ただ，定住自立圏などの取り組みは，国の中央集権的な構造のもとで基準が作られ交付金などが支出される仕組みになっているために，県内で定住自立圏の基準に合致しない大北地域や木曽地域など「対象とならない地域においては，広域連合を補完する仕組みとして，一定の圏域単位での柔軟な連携を更に推進することが必要」であるとする。そこで，「関係市町村からの求めに応じて，圏域の形成及び取組の強化・充実の両面において積極的に関与」している。大北地域では，大町市が中心市的な位置づけで1市1町3村からなり，長野県独自の自治体間連携の枠組みで「ミニ定住自立圏」ともいえる「北アルプス連携自立圏」として，県が「市町村の広域連携推進事業交付金交付要綱」に基づいて一定程度の財政支援を行い，人的支援として大町市と北アルプス広域連合の兼務がかかった県職員1名を大町市に派遣し，北安曇地方事務所が支援・補完している。[34]

（2）長野県飯伊地域の重層的な自治体間連携の分析

飯伊地域は，飯田市と下伊那町村会に属する3町10村の14市町村からなり，圏域の面積は1929.19km²で，香川県や大阪府よりも広い。圏域全体の人口は16万6860人で，高齢化率は30.1％（2012年10月1日現在）である。[35] 飯田市の人口は10万3947人で圏域の約6割を占め，下伊那地域の町村人口の合計が約6万人である。市町村が山と谷で区切られたような地域で，高齢化率は県全体の27.4％

より高く，50％を超える村も２つあり，544人の平谷村など人口１万人未満の町村が11あり，典型的な過疎・高齢化地域である。阿智村や根羽村，下條村，泰阜村などは，小規模市町村による圏域を超えた連携フォーラムの「全国小さくても輝く自治体フォーラムの会」に参加している[36]。

飯伊地域における自治体間連携の特徴は，「平成の大合併」のもとでできるだけ市町村合併をせずに圏域の小規模市町村の自律（自立）を維持することをベースにしながら，まず南信州広域連合が市町村間水平連携として機能している[37]。また，近年ではその南信州広域連合と密接に連動・連携しながら南信州定住自立圏による取り組みがなされ，市町村間水平連携の取り組みが二重に機能している。それらに県の本庁と下伊那地方事務所による垂直連携が組合されており，三重に自治体間連携が機能しているといえるのである[38]。飯伊地域における自治体間連携のあり方をもう少し詳しくみていこう[39]。

①南信州広域連合による水平連携：自治体間連携①　飯伊地域の南信州広域連合は，1999年４月に設立され，「南信州広域連合規約」によると処理する事務は，消防とゴミ・し尿処理，介護保険や障害者福祉関係の事務，県から権限移譲された事務など圏域の広域行政に関する様々な事務が含まれている。その組織機構には，まず，広域連合議会があり，議員定数は33人で，関係市町村の議会において当該議会議員のうちから選挙される。各市町村への割り当て議員定数は，飯田市12人，松川町３人，高森町３人，阿南町２人，阿智村２人，喬木村２人，豊丘村２人，その他の村は各１人であり，人口比率を議席数に直接反映させず，小規模町村にも最低１人の定数が割り当てられ，相対的に飯田市からの議員数が少ない。飯田市の圏域での人口割合が約６割であるが，議員数割合は約36％である。

執行機関などは，2015年４月現在で，広域連合長は飯田市長，副広域連合長は下條村長，副管理者は飯田市副市長，関係町村長は正副広域連合長を除く町村長12名である。広域連合長，副広域連合長，副管理者のラインのもとに事務局（職員数13名），飯田広域消防（217名），飯田環境センター（８名）がある。その他に，構成市町村長が参加する広域連合会議，そのラインに副市町村長会，構成市町村の広域連合担当課長による幹事会などがある[40]。

広域連合は，地域住民への情報公開の１つとして「南信州広域だより」を定

期的に発行して，圏域の住民に対する説明責任を果たそうとしている。

　南信州広域連合の政治・行政的な調整機能として最も重要な意思決定機関は，14市町村長からなる広域連合会議である。オブザーバーとして下伊那地方事務所長や飯田保健福祉事務所長，飯田建設事務所長など圏域にある長野県の出先機関長も参加し，毎月1回開催され，広域連合に関する重要事項に関する議論と政治的な調整，実質的な決定が行われている。これにより，県の下伊那地方事務所長などは，広域連合に関する重要な情報のほとんどすべてにアクセスできているという。広域連合会議とは別の日に，連合長と副連合長，3部会長（総務・文教・消防，建設・産業・経済，環境・福祉・医療）といった5名の市町村長からなる正副連合長・部会長会議が開かれるので，月に2回は市町村長が集まる場が制度化されている。県内の他の広域連合で，ここほど市町村長同士の「風通し」が良いところはないという。あとでみる定住自立圏構想に関することも，広域連合会議で重要な議論・調整と実質的な決定がなされているため，定住自立圏構想が基本的に中心市の飯田市と各町村の1対1の協定であるが，町村長もすべての協定内容を理解し，圏域の全首長が共通認識をもっているということである。

　事務方の行政的な調整の場としては，介護保険やゴミ処理，広域観光など事務ごとに14市町村職員による担当者会議があり，必要に応じて適宜開催されているということである。

　なお，広域連携では，圏域内の市町村同士の力関係が問題となる場合が多いが，南信州広域連合では，必ずしも飯田市だけが影響力やイニシアティブをもつということはなく，「飯田市と下伊那町村会が対等の力関係」をもち，その枠組みで協働しているのである。南信州広域連合は，圏域としての政策形成まで広域連合で担えるようになることを考えているという。

　広域連合は広域計画を策定しなければならないが，南信州広域連合では市町村の総合計画にならい，第4次広域計画を「基本構想・基本計画」として策定した。地域の将来に大きな影響を及ぼすリニア中央新幹線の駅が飯田市内に設置されることもあり，「基本構想」は，そのような「時代を見据え，当地域のあるべき姿や進むべき方向などについて，当広域連合や広域連合を構成する市町村がそれぞれ担うべき役割や必要な施策の大綱を示したもので，計画期間は平成27年度から平成36年度までの10年間」である。「基本計画」は，「基本構想

に基づき，当地域を総合的かつ一体的に整備していくための施策を定めるもので，計画期間は平成27年度から平成31年度までの5年間」である。この「基本構想・基本計画」（第4次広域計画）は，広域計画の域を超えて，圏域の市町村が一体となって現在と将来の課題を見据えて圏域としての政策形成を行って地域づくりを進めるための行政計画として，政治・行政的な合意を得て策定されたものである。

②南信州定住自立圏構想による水平連携：自治体間連携② 　自治体間連携の2つめの層は，南信州定住自立圏構想である。飯伊地域では，「飯田市を中心とした大きな生活圏を形づくりながら，同時に地域内各地に固有の生活圏」を形づくってきたこともあり，「広域連携あるいは広域的な地域づくりを進めるために，広域連合制度と定住自立圏制度を絡めながら運用」しているといった特徴がある。[43]

飯田市は，2009年3月24日に飯田市議会で「中心市宣言」を行い，定住自立圏の事務局を飯田市の企画課に置いている。現在，第2期の長野県飯田市『南信州定住自立圏　共生ビジョン』(2013年3月27日) に基づき，2014年度から2018年度の期間の取り組みを行っている。取り組み事業は，①生活機能の強化に係る「医療」の政策分野としては救急医療体制の確保や産科医療体制の確保，「福祉」は病児・病後児保育事業や成年後見支援センターの設置，「産業振興」では産業センター等の運営など，②結びつきやネットワークの強化に係る政策分野の事業，③圏域マネジメント能力の強化に係る政策分野の事業がある。

定住自立圏に取り組む市町村に対する中央政府の財政支援は，2014年度から大幅に拡充された包括的財政措置として中心市に8500万円程度と近隣市町村に1500万円を配分する特別交付税など，[44] 手厚い財政措置があることは市町村には魅力である。当初は定住自立圏の導入にあたって町村の議会では，飯田市に吸収されていく政策だという反対意見もあったが，南信州広域連合の広域連合会議などで議論して，個々の町村と飯田市が個別で協議をしないで，調整は下伊那町村会として行うということで議会の賛成を得たようだ。町村長たちには，財政措置があることも賛成理由となったという。一方で，中心市の飯田市の考えでは，下伊那地域の町村は飯田市の都市機能に支えられ，飯田市は圏域町村の存在によって成り立っており，「圏域町村の個性を尊重していこうというの

が飯田市のスタンス」で,「広域連合で頻繁に顔を合わせていることから,首長同士の信頼関係は厚い」ことが基盤となって,定住自立圏が推進されているということである[45]。

南信州定住自立圏構想は,「広域連合や一部事務組合では共同して行うには負担が重いという場合に,これまでの広域行政よりは少し敷居が低く,部分的な水平補完」であり,「あくまでも,広域連合などと府県の補完という政策を基本とすべきだ」と考えられている[46]。

③ 長野県本庁と下伊那地方事務所による市町村との垂直連携:自治体間連携③

長野県は,「平成の大合併」後で人口1万人未満の小規模自治体の割合が北海道と高知県に次いで3番目に高い。長野県では,81市町村のうち43が人口1万人未満の自治体で,その割合が53.1％(2008年11月1日現在)である[47]。長野県で合併が進まなかった要因の1つに,当時の田中県政が合併する・しないにかかわらず市町村に対して行った県の支援・補完政策である「市町村『自律』支援プログラム」の影響があった。この長野県の垂直連携の特徴は,「地域のコミュニティの活性化を最重要の政策課題として置いていること」と,市町村同士の「水平補完をカバーするものという位置づけ」がなされていたことで,「近接・補完性の原理」からみて優れていると指摘されている[48]。

その垂直連携による支援策には,泰阜村や栄村をはじめ小規模町村の財政分析と財政シミュレーションを本庁市町村課や当該圏域の地方事務所が町村と共に行い,小規模町村が合併しなくても自律して行政運営を行っていける道があることを明らかにした「自律(自立)プラン」づくりと,市町村の広域的な行政ニーズに対応するために既存の広域連合制度や一部事務組合の充実・強化に向けた調査・研究支援などが行われた[49]。これらは,市町村と比べて県の情報量がかなり多く,職員数の多さや専門性の違いから県の方が行政力量は高いので,市町村支援を県が実施することには一定の意義があると考えられた[50]。

県による垂直連携としての「人的支援」は,2004年度から新たに県・市町村職員相互交流派遣と自律町村支援のための県職員派遣で合計152名の県職員が市町村に派遣された。2005年度121名,2006年度135名であったが,田中知事が落選して村井県政になった2007年度は99名,2008年度47名と急減した。

長野県の「財政的支援」としては,「集落創生交付金」から「コモンズ支援金」

に変更され，その後現在に続く「地域発 元気づくり支援金」がある。「活力あふれる輝く長野県づくりを進めるため，市町村や公共的団体が住民とともに，自らの知恵と工夫により自主的，主体的に取り組む地域の元気を生み出すモデル的で発展性のある事業に対して」交付され，対象事業は広く地域づくり一般であり，交付対象が市町村，広域連合，一部事務組合，公共的団体などとなっている。[51)] 単年度総額は約10億円で，10地方事務所長の各配分枠内での裁量経費で，各選定委員会の審査を経て決定される。下伊那地方事務所の圏域予算は，2015年度は1次交付決定額と2次内示額の合計89件に約1億1200万円で，申請者区分別選定状況をみると市町村20件，広域連合1件，公共的団体68件である。この交付金は，市町村や広域連合に対する県・県出先機関による支援・補完機能であると考えられる。

　長野県本庁だけでなく下伊那地方事務所による市町村などへの垂直連携としての支援・補完機能も，圏域の自治体間連携を支える重要な要素の1つである。下伊那地方事務所長による知事への施策提案事業で2012年度に採択された「飯伊地域の地域づくり基礎調査」は，下伊那地方事務所が南信州広域連合と共催で行って報告書にまとめられ，その内容が南信州広域連合の「基本構想・基本計画」（第4次広域計画）に反映されたということである。同時並行で長野県が『長野県総合5か年計画2013～しあわせ信州創造プラン～』の地域版の策定を行っていたこともあり，そこにその基礎調査の内容が反映された。地方事務所と広域連合が各々の計画策定の基盤となる調査を協働で行ったことは，圏域の広域連合会議などを通して市町村や広域連合と地方事務所などが圏域の地域政策の計画策定で自治体間連携を行っていたといえる。

　また，下伊那地方事務所は，2015年度の下伊那地方事務所圏域の「地域発元気づくり支援金」に南信州広域連合の「南信州の一体的な観光PR」事業を採択したが，これは長野県の広域連合に対する財政支援である。さらに，長野県本庁文化財・生涯学習課が2015年度の補助事業（300万円定額補助）で，「地域固有の文化・伝統・歴史の結晶である伝統行事（芸能）を次世代に継承するため，国・県指定の無形民俗文化財の宝庫である飯伊地域をモデルとして，継承意識の醸成や担い手人材確保等の取組」の支援を目的とした「地域で守る伝統行事（芸能）継承モデル事業」を行った。南信州広域連合が事務局となり，2015年7月に南信州伝統芸能継承推進協議会が設立され，その構成メンバーは，圏域

市町村，市町村教育委員会，飯田市美術博物館，伝統行事団体代表，長野県（下伊那地方事務所，教育委員会）などである。圏域における市町村と広域連合，長野県本庁・地方事務所，民間団体が連携する事業である。

　下伊那地方事務所としては，圏域の地方自治に取り組むにあたって「広域連合と地方事務所は車の両輪」であり，「広域連合は地方事務所にとってなくてはならない存在」であるということである。[52]

（3）もう1つの自治体間連携のイメージ

　長野県の飯伊地域における自治体間連携では，市町村合併の手段は積極的にはとらず，飯田市と下伊那町村会13町村が水平連携としての広域連合を積極的に活用し，もう1つの水平連携の定住自立圏構想による取り組みを，広域連合と絡めながら広域連合を補完するものと位置づけて取り組んできた。並行して，各市町村や広域連合などとの垂直連携として県による支援・補完機能は，圏域を管轄する県の一部個別型総合出先機関の下伊那地方事務所が圏域で主に担っていた。飯田市や阿智村などでは，地域内分権ともいえる自治会などによる総合的な地域づくりの取り組みも活発に行われている。[53]当時の阿智村村長によると，これらの広域連携は小規模自治体が「生き残っていくために」「欠かすことができない方策」で，「中心市と周辺町村がそれぞれ自律的な市町村計画を持ち，対等平等に地域の将来を展望しながら，一体的に施策を展開していくこと」が大切であると考えていた。[54]

　小規模自治体などを取り巻く自治体間連携のあり方を，長野県「自治体間連携のあり方研究会」の考え方と飯伊地域の事例をもとに再検討してみると，**図序-2**のような市町村と都道府県による二層制を基本にして，その間に一部事務組合や広域連合と都道府県出先機関などの政治・行政アクターが機能する重層的な自治制度のもとで，それらが織りなす重層的な自治体間連携のあり方が[55]イメージできる。それは，基礎的自治体としての市町村を基礎にした一部事務組合や広域連合などでの水平連携と，定住自立圏や連携中枢都市圏による水平連携，そしてそれらと都道府県による垂直連携といった少なくとも3つの層からなる自治体間連携である。垂直連携を都道府県本庁と都道府県出先機関に区分すると4つの層の自治体間連携が組み合わさっていると考えられるのである。これは，第31次地方制度調査会答申や「地方創生」のもとでの自治体間連

図序-2 「分権・協働型自治」における重層的な自治体間連携イメージ

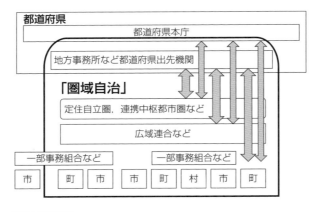

出所：筆者作成。

携の考え方と比較すると，次のような違いがある。①自治体間連携としての水平連携は，政策ベースの定住自立圏による取り組みと同様に機構ベースの広域連合制度なども基盤になっている。②２層の水平連携がみられる場合は，定住自立圏が広域連合を補完するものとして位置づけられる傾向がある。③飯伊地域などの市町村は中山間地域など「条件不利地域」ではあるが，「市町村間の連携による課題解決が困難な地域」ではないにもかかわらず都道府県が各市町村に対して，さらには広域連合に対して多様な支援・補完機能を発揮して，圏域で垂直連携が積極的に行われている。④その垂直連携では，第31次地制調答申のいう「都道府県の出先機関の職員が市町村職員と執務スペースを共有化することや，補完の対象となる市町村に定期的に訪問すること」のような部分的なものでなく，県の地方事務所である一部個別型総合出先機関が組織的対応として，本庁とともに市町村や市町村間水平連携と多様な垂直連携の取り組みを行っているのである。したがって，小規模自治体などを取り巻く地方自治の現状では，地方制度調査会などとは異なって，水平連携と垂直連携の両方の自治体間連携が機能する場合があり，垂直連携を担う都道府県の機能・役割は小さくなく，さらに都道府県出先機関，特に総合出先機関の垂直連携における機能・役割が圏域において重要な位置を占めていると考えられるのである。

このように長野県では，市町村自治，一部事務組合や広域連合と定住自立圏

や連携中枢都市圏などによる水平連携，長野県本庁・その出先機関と市町村・市町村間連携による垂直連携といった重層的な自治体間連携によって10圏域で地方自治・「圏域」の自治を拡充しながら，長野県全体で地方自治を拡充しようとしているといえるかもしれない。

　他方で，例えば北海道では，本庁から市町村への人材派遣数は多いが，「北海道の財政難により，予算を伴う事業を通じた道と市町村との連携が少なくなっている事情」もあり，総合型の都道府県出先機関である振興局の「存在は希薄化しつつある」という。さらに，「北海道の財政支出の抑制方針とそれに伴う北海道職員の公式的，非公式的な活動の縮小」によって，「北海道による市町村に対する補完・支援・連携は限定的なものに止まっている」ことが指摘されており，財政難の問題が都道府県と市町村の二層制のあり方を変えて分断の方向にもっていく問題があることにも留意する必要がある。

5　重層的自治体間連携と都道府県に関する論点

　長野県の事例でみたように，「平成の大合併」の以前から小規模自治体などを取り巻く地方自治の現場では，市町村同士の水平連携に加えて，垂直連携による自治体間連携も現実には自治のツールとして機能しており，垂直連携を担う都道府県，さらには都道府県出先機関の機能・役割が圏域において一定程度重要な位置を占めていた。そうすると，現代の日本の二層制を基礎にした地方自治制度における市町村のあり方や都道府県の機能について関連するいくつかの議論や論点を再検討しておく必要があると思われる。基礎的自治体レベルの多層化に関する議論，市町村と都道府県による「自治の総量」という視点，地方自治における「圏域自治」という視点，「ミニ霞が関」からデモクラシーの拠点としての都道府県の機能に関する議論を順次みていきたい。

(1) 基礎的自治体レベルの多層化と「小さい自治の連合」型

　現行の二層制を基礎に置く地方自治制度の新たな設計・構想に関する議論として，まず，基礎的自治体レベルの多層化に関する議論をみておきたい。
　加茂利男は，先進諸国の基礎的自治体レベルの区域再編政策についてハヴェリの議論を引用し，「実質的な選択肢は『合併か，小規模自治体の維持か』で

はなく，『合併かネットワーク自治体（自治体間連携）か』」で，「合併志向でない専門家たちはむしろデモクラシーやアイデンティティとサービス供給の能力・効率を両立させる方法として自治体間協力を想定」しているという。先進国の基礎的自治体の区域と自治体間関係は，「『合併・統合型自治』と『自立・連合』型自治を両極とする再編成の過程に入っている」という[57]。

　日本や他の先進諸国でも，基礎的自治体レベルの公共サービス・事務は二層化しており，①1層は，「住民，特に高齢者や子供など，第一次的な生活圏を中心に暮らしている人たちの暮らしを支える公共サービス（保育・小学校，在宅介護など）は小さい『自治・公共圏』（旧町村やコミュニティ）」で，②もう1層は，「上下水道・廃棄物処理・消防・公共交通・道路など，ハードで規模の利益が働く仕事は，より大きな行政圏で処理されるようになって」いるとする。「住民生活に最も密着した事務と，規模の利益が働く広域大規模事務とが二つの層を成している」という[58]。

　そして，日本の基礎的自治体レベルの制度設計とその多層化について，「大は小を兼ねる」型（「地制調」モデル）と「小さい自治の連合」型（フランスモデル）を提示する（図序-3）[59]。区分のポイントは，「どの層の行政主体を基礎的自治体と考えるか」で，「規模・効率」と「近接性・アイデンティティ」という「二つの要請のいずれを重視するか，また両者のバランスをどう考えるか」によるという。「大は小を兼ねる」型では，階層Ⅰ（広域・大規模）が「包括的基礎自治体」でハードや規模の利益が働く政策を中心に担い，住区などの近隣自治政府・階層Ⅱ（狭域）が，窓口事務，まちづくり，コミュニティ・サービスなどを担う。「平成の大合併」における「包括的基礎自治体」の概念・総合行政主体論は，「大は小を兼ねる」型と重なり，「近接性」の原則を軽視して「補完性」原理を強調する傾向があり，最も基礎的な近接団体をより広域的な団体に吸収するものであるという。

　それに対して「小さい自治の連合」型は，住民，特に高齢者や子供など第一次的な生活圏を中心に暮らす人たちの生活を支える公共サービスを基礎的自治体である「小さな基礎的自治体（狭域）」が担い，道路，上下水道，廃棄物処理，消防，介護認定，公共交通などは「自治体連合（広域・大規模）」が担う。「近接性」と「補完性」の原則が謳われている「ヨーロッパ地方自治憲章」の考え方と共通する面をもつというのである。

序　章　重層的な自治体間連携と都道府県機能の再検討

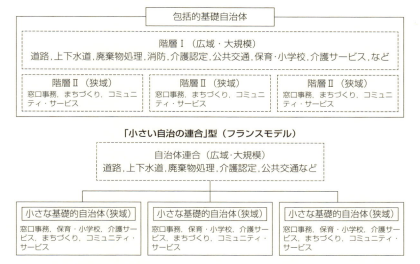

図序-3　基礎的自治体レベルの多層化

出所：加茂利男「地方自治制度改革のゆくえ」日本地方自治学会編『自治体二層制と地方自治』敬文堂，2006年，13ページ。

　長野県の飯伊地域でみた自治のあり方は「小さい自治の連合」型の特色をもち，「平成の大合併」に翻弄されることなく各市町村が自律（自立）して地方自治に取り組みながら「近接性」の原則を重視して身近な所で多様な地域課題に対応するとともに，南信州広域連合や南信州定住自立圏，さらには下伊那地方事務所などを「補完性」により活用して規模の利益などが働く事業・施策を実施していたといえる。

（2）市町村と都道府県による「自治の総量」

　垂直連携などの自治体間連携のあり方を補足・補完する議論に磯部力による「自治の総量」論がある[60]。「自治の総量」の「総量」とは，「単に自治事務の量だけでなく，中央政府とは区別された自治システムの総体としてのパフォーマンスのこと」で，「憲法の要求している『地方自治の本旨』に沿った自治組織とは，従前の経緯からしても，伝統的な『市町村プラス都道府県』の自治の総

27

量を標準として」いるという。「ある区域に存する自治体全体(都道府県＋市町村)の国との関係における『自治の総量（量的なことだけでなく質的な充実も含む）』の拡充」が第1の課題であり，「自治制度内部におけるその配分は機能的に対処可能」で，「小規模な基礎自治体の役割の一部を広域自治体が補完したり，大規模基礎自治体が広域自治体の役割の一部を担ったりすることは，各地域の自治の総量を損なうものではない」という[61]。

また，「自治の総量は，各自治体の実力の足し算で得られる総和にとどまるのではなく，むしろ自治政府間の協力や競争という掛け算によって得られるもの」と考えて，「いかに実力を持った一層制の都市があったとしても標準的な二層制のもつ自治の厚みにはかなわないことになるし，いたずらに自治体の層を増加させても，効率性を失うことによって，自治のパフォーマンスはかえって低下することになる」ともいう。つまり，市町村と都道府県が垂直連携・自治体間連携に取り組むことが，それぞれが単独で取り組むよりも「協力や競争という掛け算」により「自治の総量」が拡大するというのである。飯伊地域でみた小規模自治体と長野県本庁・地方事務所との垂直連携でも，それらの「協力や競争」による総和・総量が「自治の総量」であると考えられる。

また，国との関係では，「ある区域に存する自治体全体（都道府県＋市町村）」の「自治の総量」の拡充が課題となり，1つの都道府県の区域で，例えば長野県と長野県内のすべての市町村との「自治の総量」を1つの単位として，その拡充・拡大を考えることが地方自治では求められるかもしれない。本書の関心から考えると，飯伊地域を1単位・圏域と考えて，長野県本庁の当該圏域における「自治の量」と下伊那地方事務所などの都道府県出先機関プラス14市町村の「自治の量」，広域連合と定住自立圏構想による「自治の量」，さらには自治会などのコミュニティにおける「自治の量」が合わさって，それらの総体を飯伊地域・圏域における「自治の総量」であると考えられる[62]。

（3）圏域における「圏域自治」

広域連合制度の導入背景に，「地域の活性化や支え合いを含む地域の力そのものを高めていく」ために，「地域の一体性を成り立たせている圏域」において「それを一つとして眺め，あるいはとらえる主体」を形成することが不可欠だとのことから，広域連合を「圏域を一つとしてgovernする主体」として捉

える視点が必要だとの指摘がある。これは,「平成の大合併」で後景に追いやられたが,例えば長野県内,飯伊地域などで機能していた南信州広域連合などの広域連合を,単なる執行機関ではなく,「圏域の自治体」として再評価する見方であると考えられる。

　これからの市町村レベルの自治は,神原勝によると,「それぞれの市町村の個別ないし単位自治と市町村が協力して政策を行う連合自治」の2つの要素からなると考えられるという。そして,「自治体間協力」である「連合自治」は,「制度的・非制度的を問わず,地理的な空間を一体的に共有している自治体が行う『地縁連合』と,政策目的を共有して隣接しない自治体が協力関係を築く『機能連合』」に区分する。ただ,日本の地方自治においては,「『広域行政』という言葉はあっても『広域自治』という言葉は使われないように,一つの自治体の範囲をこえて,広い範囲で市民が協力して自治を行うという認識やその方法は,自治の価値としてはあまり重んじられなかった」という。それに対して「ヨーロッパ地方自治憲章では,連合自治権に積極的価値を付与しているように,これに沿って各国は自国の自治制度のなかで様々なかたちの連合自治を工夫している」ことを指摘する。

　この議論を踏まえると,広域連合など「自治体間協力」・自治体間連携の圏域に「連合自治」圏域を設定して,そこの広域連合などを「連合自治権」をもつ主体として「圏域の自治体」として再評価する視点が浮かび上がってくる。そうすると,自治体間連携の圏域においては,自治の空間として「圏域自治」が形成され,そこでのデモクラシーの問題がでてくることになる。飯伊地域では,市町村,広域連合,長野県・地方事務所が圏域の地方自治システムにおいて主要なアクターであり,それらが重層的な自治体間連携を活用しながら「自治の総量」の拡充に向けて協働し,時には利害のぶつかり合いや競争・競合もみられる。この圏域では,各市町村による基礎的自治体の自治の領域と,都道府県・その出先機関による広域的自治体の自治の領域の二層を核にして,その中間に広域連合や定住自立圏など水平連携が行われる「連合自治」の圏域・領域と,さらに市町村内の支所や自治会などによる地域内分権・コミュニティの領域があり,「圏域自治」の政策領域としては4層構造になっていると考えられる。それぞれの領域の各アクターによる「自治の量」を圏域において統合・総合したものが,理念的には圏域における「自治の総量」であるので,その4

層構造からなる圏域における自治体間連携を組み込んだ自治を「圏域自治」と捉える視点を仮説として提示できるかもしれない。

　ドイツの自治体間連携の分析で，自治体間協力が自治体にとって「効率と自立の両立をはかる仕組みとして注目」されており，そこでの成功条件の１つとして「自治体トップのリーダーシップ」があげられ，この統治においては住民の「決定への参加と権力の民主的コントロール」の問題が重要であると指摘されている[65]。日本における自治体間連携においても，広域連合などを「圏域の自治体」として「圏域自治」を考えるならば，そこでの住民参加や権力の民主的コントロールの問題は同様に重要である。南信州広域連合では，市町村長が参加し，地方事務所長など都道府県出先機関の各所長などもオブザーバー参加する広域連合会議で活発な議論が行われ，参加者の共通認識を深める努力を行うことを通して意見の集約や実質的な決定がなされていた。そこでは，住民や各市町村議会への説明責任や民主的統制が，各首長のリーダーシップと広域連合議会の各議員などに依存する形で担保されていたが，直接的な民主的統制の手段を工夫することも課題として残されている。

　また，「圏域自治」では，自治体間のパワーバランス問題もつきまとう。「広域的な連携を行っていても，構成自治体のなかで，人口規模の比率が大きく異なる場合，周囲の小規模町村が中心市に依存するような連携」になりがちで[66]，「合併すれば周辺部は荒廃する恐れがあるが，しかし合併しなければ中心部へ依存」することになりかねない[67]。飯伊地域では，飯田市と下伊那町村会が対等の力関係を保ち，その枠組みで協働する工夫がなされていたが，それでも飯田市と各町村，さらには下伊那町村会内部の町村間のパワーバランスの問題がすべて解消されるわけではない。自治体間連携とデモクラシーのあり方，市町村間のパワーバランスや都道府県と市町村間のパワーバランスのあり方に関する考察を深めることは，今後も不可欠の課題である。

　なお，「圏域自治」を自治の枠組みとして考えるにあたって，圏域に住む住民の共同体意識のあり方は住民自治やデモクラシーを支える要素として重要である。例えば長野県の飯伊地域において，現状では住民の間に阿智村や飯田市などの各市町村の住民であるという共同体意識やアイデンティティは根付いているとしても，「飯伊地域の住民」だとの意識はあまりないと思われるので，住民自治意識の課題がやはり残っている。ただ，南信州広域連合による共同事

務の取り組みが20年近く継続してきた事実があり，情報公開の１つとして「南信州広域だより」を定期的に発行し続けて圏域の住民に対する説明責任を果たそうとしていたことなどから，「圏域自治」を支える住民の飯伊地域への共同体意識の萌芽は少なくともみられるのではなかろうか。

（４）都道府県の機能の再検討：「ミニ霞が関」からデモクラシーの拠点へ

　垂直連携による自治体間連携を考えるにあたって，都道府県の機能を，都道府県の事務あるいは行政的機能といった視点だけでなく，政治的機能あるいは民主主義との関連にも焦点を当てて考えてみたい。

　①「ミニ霞が関」とデモクラシーの拠点　　2000年の地方分権一括法の施行前後でみられた「地方分権改革の影響を最も強く受け」，「最も大きな意識改革を求められているのは都道府県」であるが，「このことが当の都道府県関係者によって正しく認識され的確に自覚されているか，はなはだ疑わしい」[68]。地方分権推進委員会の委員として地方分権一括法の制定過程に関わった西尾勝による危惧である。地方分権一括法により機関委任事務制度が全面廃止されたことによって，市町村からみれば「ミニ霞が関」ともいうべき存在であった都道府県と市町村の関係に関して「抜本的な再編成」が求められており，「戦後改革で未完に終わった都道府県の完全自治体化をさらにもう一歩推進」することの必要性があるという。さらに，「地域における政治と行政の関係も根底から再点検を余儀」なくされており，これまでとかく「中二階」に位置づけられてきた都道府県が「政治的にも行政的にも，その存在理由を明らかにしうるかどうか，それが問われている」といった指摘もある[69]。そうすると，都道府県の機能を考えるにあたっては，都道府県は完全自治体化され新たな可能性や役割・機能を果たしうる政治的アクターであること，政治的・行政的に市町村との新たな関係を構築する余地が広がったこと，それは国の方を向いた「ミニ霞が関」的なものではなく市町村・地域・住民との協力・協働的な相互関係であること，といった点が焦点になってくると思われる。しかし，「平成の大合併」の時に多くの都道府県が果たした役割を振り返ると，それとは反対に，総務省・中央政府の合併推進意向に沿いながら以前と変わらず「ミニ霞が関」として市町村に対して合併を押しつける状況がみられたように思う。

1990年代のはじめになされた地方制度の「制度疲労」論・都道府県「解体」論に対する議論のなかで，都道府県を「単なる行政組織」ではなく，「日本の政治的デモクラシーの唯一残された拠点」だという指摘もあった[70]。都道府県は，「一定地域住民としてのアイデンティティを高め政治的に成熟した統治単位」であり，「政治的にしなやかな弾力性」をもっており，「政治的成長を果たした都道府県を単位として，一段の分権型社会を構想しなくてはならない」というのである[71]。道州制論などにみられる都道府県「解体」論とは異なって，都道府県が重要なデモクラシーの拠点・地方政府であり，その都道府県の機能を強化することが地方自治制度改革のもう一つの方向性・あり方であると考えられる。この方向性は，「圏域自治」において垂直連携など重層的な自治体間連携を工夫して「自治の総量」を拡充するためには都道府県出先機関の機能も合わせて拡充することが求められるといった本書の仮説とも重なり合うものである。

　② 地方自治の3機能：抑制・媒介・参加　　都道府県の機能強化を検討する際には，辻清明や水口憲人による「抑制」・「媒介」・「参加」といった地方自治の機能に関する議論が参考になる[72]。ここでいう地方自治には，市町村と都道府県の機能，あるいはその両方を含み込んだものであるが，後の章でみる都道府県出先機関が担っている地方自治の機能を考える前提作業として，ここでは主として，都道府県の機能をイメージしながらみておきたい。

　抑制の機能とは，「国家と地方団体との間に，階統制（ハイアラーキー）の関係が成立することを否定する原理」で，「地方団体の自主性を強調する」もので，権力拠点の分散により中央政府の画一的規制や過剰な介入を抑止する「防波堤」の役割と，国家から地域の多元性を保持する「自由の培養器」の機能などがあるという。つまり，地方自治が自由の培養器として機能して地域の多元性を維持し，集権や専制を抑制することである。

　媒介の機能には，中央省庁の政策の専門分化と組織や管轄の割拠主義に対して，都道府県の状況や地域ニーズに応答した諸利害の「政治的調整」機能と「行政サービスの総合化」機能，多元的な自治体がローカル・イニシアティブを発揮して国の政策転換を促進する「実験室としての地方自治」の機能がある。言い換えれば，福祉国家の時代にナショナルとローカルの結節点において政策や

行政サービスに関する諸利害の政治的調整と総合化を合理的に低コストで行うことが，地域の自治であり，地方自治の媒介機能なのである。

参加の機能は，間接民主制を補完して自治体と住民が地方自治で共同決定を行うパートナーの関係を形成するもので，媒介と抑制の機能を支える基盤である。地方自治が国政における「基盤性」をもちながら団体自治を支える機能と，地域民主主義の実践と市民教育の機能などがあるということである。

次の**第１章**では，地方自治の現場では，都道府県出先機関，特に総合出先機関が市町村と都道府県本庁との結節点で都道府県の担っている抑制・媒介・参加の機能を分担・分有している実態があることを分析する。

③ 地方政府としての都道府県　　都道府県の中間団体としての政治的機能・媒介機能に別の観点から注目する議論に，村松岐夫の「相互依存関係理論」がある。村松は，中央－地方政府間関係における「旧理論（垂直的行政統制モデル）」が強調した中央政府の地方統制の側面，「中央から地方への行政統制の存在することを承認しながら，他方，そうした行政統制の中においても，また，より広い政治的文脈の中でも中央が地方に依存している面，したがって，地方は中央に対して影響力を持つ面（水平的政治競争モデル）」を指摘した[73]。そして，「中間団体としての府県の性格」が，「国家の代行者」から「双方向の媒介者に転換」し，「〈中央〉対〈府県－市町村〉」になりつつあるという仮説をもちながら，「双方向の関係の中に中央地方関係をとらえる見解を相互依存関係理論」といっている。つまり，都道府県は，国と市町村の双方に対して媒介機能を発揮して地域の政治的事情を反映しながら，抑制機能も担って個性的に地方自治を担っている面が浮かび上がってくる。

また，都道府県と市町村は，「相互に自己完結的な存在ではなく，緊密な連携関係を保ちながら，また，時には緊張関係をはらみながら行政にあたっている」点が指摘されている[74]。都道府県が地方政府として市町村に対して媒介機能を発揮する際，かならずしも都道府県に一方的なイニシアティブがあるわけではないが，都道府県と市町村の関係が連携関係となるか，緊張関係を生み出すかは，「中間に介在する政府の性格と姿勢に左右されるところが大きい」ことも指摘されている[75]。つまり，地方自治では都道府県と市町村が相互依存関係にあり，この関係は都道府県の政治・行政のあり方に規定される面があり，地方

自治において都道府県が果たす役割・機能の大きさがうかがえる。

先の「自治の総量」という考え方は，中央政府と地方政府の政府間関係を村松が示唆していた「〈中央〉対〈府県-市町村〉」という枠組みと重なっており，都道府県と市町村の自治のパフォーマンスやあり方は都道府県と市町村の「自治の総量」で評価し，それは単なる足し算・「総和」ではなく「掛け算」・相乗効果により測られるものであった。相互依存関係にある都道府県と市町村は対等・協力の関係により協働して地方自治に取り組むことで，大きなパフォーマンスを発揮して「自治の総量」を拡充することができるといえそうだ。

6　「分権・協働型自治」モデルの構築に向けて

地方制度調査会の答申では，自治体間連携に関して市町村間水平連携として連携中枢都市圏や定住自立圏など政策ベースの取り組みが推奨されて，広域連合などの機構ベースはほとんど注目されず，都道府県・都道府県出先機関と市町村による垂直連携は，地方自治の取り組みとしては補助的・例外的な位置づけであった。総務省の「新たな広域連携促進事業」の委託団体として「奈良モデル」の奈良県や静岡県，長野県などの取り組みが採択されていたが，重層的自治体間連携の1つとしての垂直連携や，そこでの都道府県・その出先機関の機能・役割に対しては，総務省が期待していたわけではなかった。それでもそれらの都道府県の地道ではあるが効果的な地方自治の実践に総務省も注目せざるをえないのは，国の方にはあまりアイデアがなく，地方自治において都道府県が実践的に積み重ねてきた成果と制度的にもつ潜在的可能性が小さくないからだと思われる。

これまでみてきたように，「奈良モデル」では，自治の現場から議論を積み重ねて都道府県の市町村に対する支援・補完機能に注目して県庁本庁が市町村や市町村間水平連携と積極的に垂直連携を進めており，「奈良県域」として「自治の総量」を拡充しようとする取り組みであった。静岡県の賀茂振興局による市町村の水平連携などに対する垂直連携のあり方は，県内の賀茂地域という1圏域における「圏域自治」に都道府県・その出先機関が積極的に関わり始めた取り組みであった。長野県では，広域連合による水平連携を基盤にして定住自立圏などの水平連携も推進しつつ，長野県本庁・その出先機関による垂直連携

も加えて，重層的な自治体間連携によって市町村の自律・自治を基盤にしながら各圏域や長野県全体での「圏域自治」を拡充しようとしていたと考えられる。

　本書の仮説として，道州制論などにみられる都道府県「解体」論とは異なり，都道府県が重要なデモクラシーの拠点・地方政府であり，その都道府県の機能を充実・強化することが地方自治制度改革のもう一つの方向性やあり方であり，都道府県と都道府県出先機関が実際に二層制のもとで地方自治の抑制・媒介・参加の機能を発揮している実態があると考える。人口減少社会の時代における地方自治のあり方としては，「地方創生」などでみられる「集権・競争型自治」モデルとは別の，小規模市町村であっても自律した自治の取り組みが行え，市町村と都道府県による現状の二層制からなる融合型地方自治制度を基盤にした重層的な自治制度のもとで重層的な自治体間連携を工夫する「分権・協働型自治」モデルを提示したい。市町村間の多様な水平連携とともに都道府県と市町村・市町村間連携とによる垂直連携など多様な自治体間連携を充実させることが，「圏域自治」や県域において「自治の総量」を拡充することになるのではないかと考える。ただ，都道府県が地方自治においてもつ役割・機能の可能性とダイナミズムを充分に引き出す方向性を模索する際には，都道府県を一つの総体として捉えるだけでは見落としてしまうことがある。長野県の下伊那地域の事例でみたように，都道府県の本庁だけではなく，都道府県出先機関の機能と可能性，特に地方事務所など総合出先機関の機能と可能性にも注目して，その制度充実の具体的なあり方を模索することが今後の地方自治の展開や「自治の総量」の拡充に必要な条件の１つであると考えられる。

7　本書の構成

　以下の章では，重層的な自治制度のもとでの重層的な自治体間連携において主要なアクターの１つと考えられる都道府県出先機関に焦点を当てて，その機能や新たな可能性について実証的に分析する。具体的には，都道府県の総合出先機関が，都道府県本庁と市町村との結節点において本庁とともに地方自治の抑制・媒介・参加の機能を分担・分有しながら，市町村支援・補完機能を発揮して小規模自治体の自治や「周辺」地域，そこに住む住民の生活を維持・発展させている実態に注目して分析・考察する。同時に，都道府県と市町村などか

らなる圏域において重層的な自治体間連携が工夫されている一端を都道府県出先機関,特に総合出先機関の機能やあり方に注目して分析することで,「圏域自治」において効果的・効率的な政策実施の条件を実証的に模索する。都道府県出先機関の機能についての研究は,自治体間連携の時代において,都道府県合併のような道州制とは異なって,現行の二層制を維持しつつ都道府県機能を強化する地方自治の制度設計のあり方を検討するために必要な研究でもあると考えられる。

次の**第1章**では,二層制を基盤とする地方自治制度における都道府県出先機関の機能やあり方について,これまでの先行研究での議論を整理するとともに,都市地域というより過疎地域・地方における地方自治のあり方と関連づけながら都道府県出先機関に関する理論的な視点を整理・分析する。

第2章では,47都道府県に対して行ったアンケート調査結果をもとに都道府県出先機関の組織機構のあり方に関してサーベイし,その後で都道府県出先機関の予算編成過程と予算権限などに関して整理・分析しながら,都道府県出先機関体制に関する考察を行うことにする。

第3章では,都道府県出先機関に対して行った地域産業振興政策に関するアンケート調査の結果を整理・分析することで,それまでの研究の内容を補完することを目的にしている。主な分析の項目としては,地域振興ビジョンなどの計画策定のあり方や政策実施のあり方など都道府県の政策形成過程における都道府県出先機関の機能,および都道府県出先機関の独自財源のあり方など予算編成過程や予算執行のあり方に関することがらである。

第4章では,「平成の大合併」の動向を経て転換期を迎えた地方自治制度において都道府県の総合出先機関がどのような機能・役割を実際に果たしているのかを,住民・地域・コミュニティや「コモンズ」という視点を重視しながら県政を行って2006年4月から組織改革を実施した長野県の松本圏域における松本地方事務所の機能・役割についてその一端を明らかにする。

第5章では,前章の長野県における事例分析を補足・補完するものとして,総合出先機関類型にあてはまる愛媛県の地方局制度と鳥取県の総合事務所制度における本庁・出先機関関係や都道府県出先機関への「地域的分権」のあり方について整理・分析することで,都道府県出先機関の機能に関する考察を深める材料を提供する。

第6章では，都道府県出先機関の機能に関する個別政策領域の研究として，地域産業振興における都道府県本庁・都道府県出先機関と基礎自治体の機能を長野県諏訪地域において検討するとともに，民間機関を含む自治体間連携・多機関連携のあり方の一端を明らかにする。

　第7章では，都道府県と政令市における「二重行政」のあり方に対する具体的な対応策として，自治体間連携の視点から都道府県と政令市の出先機関である公衆衛生関係研究所の統合・共同化と消防学校の統合・共同化の事例を京都と大阪において比較分析することで，都道府県出先機関の機能と自治体間連携に関する議論の射程を広げたい。

　そして終章では，「地方創生」のもと「集権・競争型自治」として取り組まれている新たな自治体間連携のあり方と財政措置のあり方について，内発的発展論などの視点を踏まえて批判的に検討しながら，「分権・協働型自治」として地方自治における都道府県と都道府県出先機関がもつ機能を充実させる制度改革の方向性を地方財政論の視点から模索することにする。

　なお，本書のもとになっている初出論文などは，次のとおりである。それらに加筆・修正を加え，構成し直して以下の各章が書かれていることをことわっておく。

・水谷利亮・平岡和久「『二重行政』と自治体間連携の検討――京都と大阪の地方衛生研究所と消防学校の共同化事例をもとにして」『下関市立大学論集』60巻1号，2016年。
・水谷利亮「小規模自治体と圏域における自治体間連携――地方・『田舎』のローカル・ガバナンスの検討」石田徹・伊藤恭彦・上田道明編『ローカル・ガバナンスとデモクラシー――地方自治の新たなかたち』法律文化社，2016年。
・水谷利亮・平岡和久「『二重行政』の予備的考察――府県と政令市の事例をもとにして」『下関市立大学論集』59巻1号，2015年。
・水谷利亮・平岡和久「地域産業振興政策における府県出先機関の機能に関する分析――府県出先機関に対するアンケート調査をもとにして」『下関市立大学論集』58巻1号，2014年。
・水谷利亮・平岡和久「東日本大震災からの産業復興と府県の機能」『下関市

立大学論集』57巻1号，2013年。
・水谷利亮「自治体の地域振興政策とアカウンタビリティ—府県出先機関の機能と行政責任」『下関市立大学論集』56巻2号，2012年。
・水谷利亮「府県の本庁・出先機関関係と地域的分権」『立命館法学』5・6号，2011年。
・平岡和久・水谷利亮「地域産業振興における都道府県出先機関と基礎的自治体の機能と連携—長野県諏訪地域を事例として」『社会科学論集』98号，2010年。
・水谷利亮「府県の地域産業振興政策における行政計画と府県出先機関—高知県と愛媛県の比較分析」『社会科学論集』98号，2010年。
・水谷利亮「地方自治と府県出先機関の機能」村上博・自治体問題研究所編『都道府県は時代遅れになったのか？—都道府県の役割を再確認する』自治体研究社，2010年。
・水谷利亮・平岡和久「府県出先機関の組織と予算に関するサーベイ」『社会科学論集』95号，2009年。
・水谷利亮「府県の出先機関機能と『自治の総量』」『法学雑誌』54巻2号，2007年。
・水谷利亮「多元的複線的地方自治システムにおける県の出先機関の機能分析：序論—長野県の現地機関に関する事例をもとにして」『社会科学論集』91号，2006年。
・水谷利亮「県の機能と地方自治—市町村支援機能と『信州モデル』」『社会科学論集』90号，2006年。
・水谷利亮「広域連合の再検討　序説—『平成の大合併』と県参画型広域連合」『社会科学論集』86号，2004年。

注
1）　増田寛也編著『地方消滅』中央公論新社，2014年，など。
2）　公益財団法人日本都市センター編『広域連携の未来を探る—連携協約・連携中枢都市圏・定住自立圏』公益財団法人日本都市センター，2016年，参照。
3）　伊藤正次「自治体間連携の時代？—歴史的文脈を解きほぐす」『都市問題』106巻2号，2015年，55-56ページ。
4）　第31次地方制度調査会答申『人口減少社会に的確に対応する地方行政体制及びガバナ

ンスのあり方に関する答申』(2016年3月16日)。
5) 総務省ウェブサイト「連携中枢都市圏構想」(http://www.soumu.go.jp/main_sosiki/jichi_gyousei/renkeichusutoshiken/index.html, last visited, 6 October 2017),参照。
6) 石田徹・伊藤恭彦・上田道明編『ローカル・ガバナンスとデモクラシー――地方自治の新たなかたち』法律文化社,2016年,参照。
7) 伊藤正次「多機関連携としてのローカル・ガバナンス――就労支援行政における可能性」宇野重規・五百旗頭薫編『ローカルからの再出発』有斐閣,2015年,81-82ページ。
8) 同上,83-86ページ。
9) Ostrom, Vincent, "Polycentricity" (http://dlc.dlib.indiana.edu/dlc/handle/10535/3763, last visited, 7 October 2017),大西弘子「分権の先の自治――ポリセントリシティという評価軸」石田ほか編,前掲。
10) Landau, Martin, "Redundancy, Rationality, and the Problem of Duplication and Overlap," *Public Administration Review*, Vol.39, No.6, 1969, pp. 346-358.
11) 加茂利男・稲継裕昭・永井史男編著『自治体間連携の国際比較』ミネルヴァ書房,2010年,参照。
12) 総務省ウェブサイト「広域行政・市町村合併」(http://www.soumu.go.jp/kouiki/kouiki.html, last visited, 6 October 2017)。
13) 市川喜崇「都道府県による市町村の補完とは」『都市問題』108巻8号,2017年,48-50ページ。
14) 同上,50-56ページ。
15) 金井利之「都道府県と市区町村との協働およびその"効果"」『都市問題』108巻8号,2017年,66ページ。
16) 広域連携が困難な市町村における補完のあり方に関する研究会「広域連携が困難な市町村における補完のあり方に関する研究会報告書」(2017年7月),23ページ。
17) 同上,15-16ページ。
18) 同上,15ページ。
19) 同上,15-19ページ。
20) 「奈良モデル」については,奈良県地域振興部「奈良県と市町村の自治体連携・協働 地域の活力の維持・向上目指す『奈良モデル』」『地方行政』2015年11月30日号,8-12ページ,および,荒井正吾・小西砂千夫「特集・対談『奈良モデル』とは」『「奈良モデル」ジャーナル』1号,2016年,「奈良モデル」のあり方検討委員会『奈良モデルのあり方検討委員会報告書 奈良モデル～人口減少・少子高齢社会に立ち向かう県と市町村の総力戦～』(2017年3月),および奈良県市町村振興課に対するヒアリング調査(2016年9月2日)の聞き取り内容による。
21) 奈良県行政資料「『奈良モデル』の推進について～県と市町村の連携・協働～」による。
22) 前掲報告書,「奈良モデル」のあり方検討委員会,14ページ。
23) 同上,39-41ページ,など。
24) 同上,参照。
25) 奈良県地域振興部,前掲論文,12ページ。
26) 前掲論文,金井,73-74ページ。
27) 静岡県「賀茂地域広域連携会議設置要綱」。

28) 小牧兼太郎「地方公共団体の広域連携に関する取組・検討事例について」『地方自治』820号，2016年3月，参照．
29) 長野県の一部個別型総合出先機関である地方事務所は，2017年4月から組織名称を「地域振興局」に変更して，地域課題や県民ニーズを的確に把握して主体的・積極的に課題解決にあたるために現地機関の相互連携を強化する組織改革を行った．それに伴い，このあと取り上げる下伊那地方事務所は「南信州地域振興局」と名称変更がなされたが，調査・研究を行った時期がそれより以前であるため，下伊那地方事務所の名称を本書では使用する．
30) 小原隆治・長野県地方自治研究センター編『平成大合併と広域連合—長野県広域行政の実証分析』公人社，2007年，37-39ページ．
31) 以下は，長野県「自治体間連携のあり方研究会」『とりまとめ（2016年3月）』（http://www.pref.nagano.lg.jp/shichoson/kensei/shichoson/shichoson/kengenizyou/kouikirenkei.html, last visited, 10 November 2017）による．
32) 同上，14ページ．
33) 同上，および北杜市・富士見町・原村「八ヶ岳定住自立圏共生ビジョン」（2015年8月），参照．
34) 同上，長野県「自治体間連携のあり方研究会」，9ページ，および，北安曇地方事務所地域政策課におけるヒアリング調査（2016年8月4日）の内容による．
35) 下伊那地方事務所「平成25年管内概況書」による．
36) 全国小さくても輝く自治体フォーラムの会・自治体問題研究所編『小さい自治体輝く自治—「平成の大合併」と「フォーラムの会」』自治体研究社，2014年，参照．
37) 前掲書，小原ほか編，参照．
38) この節での長野県飯伊地域の事例分析は，水谷利亮「小規模自治体と圏域における自治体間連携」石田ほか編，前掲書，参照．
39) 以下は，飯田市役所企画課，南信州広域連合事務局，長野県下伊那地方事務所商工観光課・地域政策課（以上，2015年7月23～24日），阿智村役場総務課・協働活動推進課（同年7月30日）に対するヒアリング調査内容などによる．
40) 南信州広域連合『平成27年度　南信州広域連合の現況』（2015年5月1日調製）．
41) 前掲書，全国小さくても輝く自治体フォーラムの会ほか編，76-77ページ．
42) 同上，および南信州広域連合『「基本構想・基本計画」（第4次広域計画）』（2015年3月）による．
43) 同上，南信州広域連合，18ページ．
44) 総務省ウェブサイト「定住自立圏構想」（http://www.soumu.go.jp/main_sosiki/kenkyu/teizyu/, last visited, 30 August 2015），参照．
45) 月刊ガバナンス編集部「広域連合の信頼関係を基盤に定住自立圏を推進—長野県飯田市」『ガバナンス』142号，2013年，34-36ページ．
46) 前掲書，全国小さくても輝く自治体フォーラムの会ほか編，84ページ．
47) 第29次地方制度調査会第23回専門小委員会（2009年3月11日開催）資料「小規模市町村の状況」による．
48) 森裕之「都道府県による垂直補完の課題」『都市問題』106巻2号，2015年，72-73ページ．

序　章　重層的な自治体間連携と都道府県機能の再検討

49）　前掲書，全国小さくても輝く自治体フォーラムの会ほか編，39ページ。
50）　森裕之「小規模自治体と県の役割―長野県を例にして」村上博・自治体問題研究所編『都道府県は時代遅れになったのか？』自治体研究社，2010年，168-179ページ。
51）　長野県行政資料「平成27年度　地域発　元気づくり支援金の概要」，下伊那地方事務所行政資料「平成27年度　地域発　元気づくり支援金【南信州地域（2次分）】30事業が内定しました」（2015年7月16日）による。
52）　同上，下伊那地方事務所地域政策課におけるヒアリング調査内容による。
53）　飯田市においても「地域自治組織制度」により地域内分権を積極的に進めている（飯田市行政資料「飯田市の地域自治組織制度」，および飯田市役所ムトスまちづくり推進課（2015年7月31日）におけるヒアリング調査の内容による）。
54）　阿智村行政資料（岡庭村長「定住自立圏構想を考える―飯田下伊那地域から（2009年9月）」）による。
55）　この重層的な構造には，もう1つの領域として，市町村内の支所や自治会などによる地域内分権・コミュニティの領域があると考えられる。このことについては，水谷，前掲，138-139ページ，参照。
56）　山崎幹根「国・広域自治体・市町村間の補完・支援・連携―北海道の事例から」『都市問題』108巻8号，2017年，61ページ。
57）　加茂利男「自治体の合併と連合―地方自治改革の国際比較」加茂利男・稲継裕昭・永井史男編著『自治体間連携の国際比較』ミネルヴァ書房，2010年，8ページ。
58）　同上，20-21ページ。
59）　加茂利男「地方自治制度改革のゆくえ」日本地方自治学会編『自治体二層制と地方自治』敬文堂，2006年，10-13ページ。
60）　磯部力「『分権の中味』と『自治の総量』」『ジュリスト』1031号，1993年，36-38ページ。
61）　第27次地方制度調査会第27回専門小委員会（2003年8月18日）における磯部力のメモ「『地方自治の本旨』について」による。
62）　水谷利亮「府県の出先機関機能と『自治の総量』」大阪市立大学法学会『法学雑誌』54巻2号，2007年，262-306ページ。
63）　辻山幸宜「広域連合の現状と論点―効率性と圏域自治の観点から」『都市問題』90巻3号，1999年，26ページ。
64）　神原勝「小規模自治体と連合自治の形成―合併問題から見えてきた自治の新たなかたち」『ガバナンス』139号，2012年，19-20ページ。
65）　野田昌吾「ガバナンス改革時代の地方行政と自治体間連携―ヨーロッパ」，前掲書，加茂ほか編著，2010年，48-50ページ。
66）　山岸絵美理「町村における広域行政の展望―平成の大合併後の町村のあり方」『政治学研究論集』36号，2012年，102ページ。
67）　堀内匠「長野県における市町村広域連合のその後―『平成の合併』による変化を中心に」『自治総研』400号，2012年，90ページ。
68）　西尾勝編著『都道府県を変える！　国・都道府県・市町村の新しい関係』ぎょうせい，2000年，はしがき。
69）　今村都南雄「問われる都道府県の役割」『都市問題』92巻3号，2001年，13ページ。
70）　新藤宗幸「自治制度の改革構想」自治体学会編『年報自治体学　自治体で生きる―魅

力と可能性』6号,1993年,112ページ。
71) 新藤宗幸「日本のガヴァナビリティと都道府県」『自治体学研究』45号,1990年,51ページ。
72) 以下は,辻清明『日本の地方自治』(岩波書店,1976年),および,主として,水口憲人「地方自治と民主主義」『政策科学』7巻3号,2000年,による。
73) 村松岐夫『地方自治』東京大学出版会,1988年,87-89ページ。
74) 市川喜崇「中央－地方関係と分権化」福田耕治・真渕勝・縣公一郎編『行政の新展開』法律文化社,2002年,47-48ページ。
75) 西尾勝『行政学の基礎概念』東京大学出版会,1990年,415ページ。

第1章　地方自治制度と都道府県出先機関の機能

1　はじめに

　第一次分権改革と2000年の地方分権一括法の施行を経て，地方自治体を「国の下請け機関」とみなしてきた機関委任事務制度が廃止され，国と都道府県，市町村の関係が「上下・主従」の関係から「対等・協力」の関係に変化し，地方自治体は国の下部機関ではなくなった。名実ともに自治体「政府」となったことなどに注目して，現行の都道府県の枠組みを維持しながら権限などを強化することが求められるという指摘がある。都道府県は単なる行政組織ではなく，「日本の政治的デモクラシーの唯一残された拠点」であり，「知事の直接公選制がすっかり定着した都道府県は，まさに住民の意思が直接政治と行政に反映されるゆえに，政府として高い信頼度を維持して」おり，「日本の政治にとって貴重な財産である」ともいわれている。また，地方分権一括法施行以前から，道州制論などの議論に対しては，「日本の場合も特に広域行政が必要なのは大都市圏であろうが，東京圏を除けば大都市圏としての基本的なまとまりは，ほぼ都道府県域規模程度であって，『州』規模のつながりなどは，限定された機能についてしか成り立っていない」といったことから，「府県は今後とも広域自治の単位であり，これを『受皿』にした本格的な分権化を考えることが，もっともたしかな改革の入口」であるという指摘もある。これらは，都道府県制度拠点論といえるかもしれない。
　「平成の大合併」の掛け声のもとで多くの市町村が，「第一次分権改革の成果を行政実務の現場で発揮する暇もなく，合併という自治体としての存否に係る決定に追い立て」られたが，他方で，合併せずに，あるいは合併しても人口1万人未満の市町村は495団体（2007年3月現在）存在している。それらのほとんどが過疎地域・農山漁村地域に位置しており，これらの小規模自治体を多く抱

える都道府県の現状をみると，都道府県制度拠点論は現実的な考え方であるように思われる。都道府県合併ともいえる道州制論には，市町村と同様に都道府県を，「第一次分権改革の成果を行政実務の現場で発揮する暇もなく，合併という自治体としての存否に係る決定に追い立て」る面がある。

　本章では，都道府県を廃止して道州制導入を議論する前に，一旦立ち止まって，わが国の政治・行政制度に根付いている都道府県制度とその機能の可能性を再検討する1つの切り口として都道府県の出先機関，特に総合出先機関に注目する。都道府県出先機関がもつ性格・機能については，「広く一般住民，民間企業等の権利義務と関わりがあり，第一線で接する機関であること，地方分権の流れの中で，都道府県と市町村の新たな関係，役割分担の構築が重要な課題となっており，その市町村とも第一線で接する機関であること，さらにこれらの機関の主な事務事業は本庁部局，さらには国の省庁の縦割り型の補助事業及び機関委任事務の執行で，縦割り行政の弊害が最終的なアウトプットとして顕在化する機関」であると指摘されている[6]。都道府県出先機関が機能する空間は，都道府県にとって地方自治の多様なアクターと利害が交錯する政治・行政の「第一線」・現場なのである。都道府県の出先機関の制度設計・組織改革は知事の政策的判断で行うことができ，都道府県出先機関の「リソース」[7]と仕事量は都道府県庁（知事部局）全体の仕事量に占める割合が大きく，都道府県民・住民の生活に与える影響力・インパクトも大きい。しかし，近年は，都道府県の出先機関に関する研究は行政学であまりなされていない。

　そこで，本章では，二層制を基盤とする地方自治制度における都道府県出先機関の機能やあり方について，これまでの先行研究における議論の内容を整理するとともに，全国にわたってというより過疎地域・地方における地方自治のあり方と関連づけながら都道府県出先機関に関する理論的な視点を整理・分析したい。

2　都道府県出先機関の機能論

　まず，議論の前提として，都道府県の出先機関の種類と，出先機関の制度設計のあり方を示す出先機関設置類型を確認してから，二層制の地方自治制度のもとで結節点に位置しながら都道府県の政治・行政において出先機関が果たす

機能・役割に注目して、これまでの議論を整理してみたい。

（1）都道府県出先機関の設置類型

　まず、都道府県出先機関の種類を確認しておこう。地方自治体の出先機関とは、「内部組織(本庁組織)に対して、所掌事務を地域的に分掌等をさせるため、所管区域を定めて設置する機関」のことであり、「当該地方公共団体の地域を区分して一定の所轄区域を有するものと、当該地方公共団体の全域を所轄区域とするもの」があり、次の4種類がある。①「総合出先機関」（地方自治法155条）、②「個別出先機関」（同156条）、③試験研究機関や職員研修所、東京事務所などの「都道府県の局部又は市町村の部課に属する分課に相当する」出先機関（同158条）さらに、④文化ホールや職業訓練校、各種福祉施設など「住民の福祉を増進する目的をもってその利用に供するための施設」である「公の施設」（同244条）がある。

　本章で扱う都道府県出先機関は、辻琢也・荒川絹子によりながら、本庁の他で知事の行政事務を地域的に分掌する機関として、主として、①地方事務所、地方振興局、県民局、支庁など、「知事部局に属する複数の行政事務もしくは企画調整事務を地域的に分掌する機関」である「総合出先機関」と、②「知事部局に属する特定の行政事務を地域的に分掌する機関」である保健所、福祉事務所、土木事務所・建設事務所、税務事務所、商工労政関係事務所、農林水産関係事務所などの「個別出先機関」に注目する。なお、「保健所、福祉事務所については、法定機関であるため、総合出先機関の併置機関あるいは二枚看板として実質的に総合出先機関の内部組織としているものは、実態にあわせて総合出先機関に統合しているものとして分類」する。総合出先機関の「総合」とは、個別出先機関を福祉課や税務課などの「形態で内部化させた上に、総合調整を担う部・課・係を設置している」ことをいい、ほとんどの都道府県では地方自治法の第155条第1項規定に基づく。ただ、2009年現在での福島県や埼玉県のようにその条項によらないが総合型の機能を担っている地方振興局や地域振興センターもここでは総合出先機関と考えることにする。

　都道府県出先機関の設置形態による都道府県の類型は、「総合型」と「完全個別型」の出先機関編成の区別をもとに、総合型を、①総合出先機関のみ設置する「完全総合型」、②総合出先機関のほか土木事務所や保健所など一部を個

別出先機関で設置する「一部個別型」，③個別出先機関を中心に地域振興・広報広聴・企画調整事務等を分掌する総合出先機関を設置する「企画調整型」，④離島など一部地域に総合出先機関を設置する「一部地域総合型」といった辻と荒川の類型化を参考にする。[10]

（2）都道府県の本庁と出先機関の職員割合

　ここで，都道府県出先機関の機能を考察する前に，都道府県に占める都道府県出先機関の比重や大きさの一端を，とりあえずは都道府県の本庁や出先機関全体，そして総合出先機関の職員数が全職員数に占める割合を次の4県で比較することによってイメージしておこう。それは，のちの章で事例として分析する完全総合型の出先機関類型に含まれる愛媛県（第5章）と山形県（第2章），一部個別型の長野県（第4章），および，それらの総合型と比較するために完全個別型の高知県を取り上げる[11]（表1-1）。比較の年度が少し古く，長野県だけ年度が異なるが，おおまかな傾向をみることはできると思われる。

　愛媛県では，知事部局全体に占める本庁と出先機関全体，総合出先機関の職員割合はそれぞれ35.5％，64.5％，47.7％で，山形県が同様に，27.5％，72.5％，48.3％で，長野県は同様に，27.3％，72.7％，28.0％となっている。それに対して，高知県は本庁が45.1％，出先機関全体が54.9％で，完全個別型であるので総合出先機関は設置されていない。まず，4県とも本庁よりも出先機関全体の職員割合が高いことがわかる。また，完全総合型の2県では，総合出先機関の職員割合がともに約5割と半数を占め，愛媛県では総合出先機関が本庁より約12ポイント高く，山形県は，愛媛県よりも本庁の割合がさらに低く総合出先機関が本庁より約20ポイント高い。長野県は，保健所と建設事務所が含まれない一部個別型の総合出先機関類型であるので総合出先機関の職員割合が愛媛県や山形県より少ないが，2県と同様に保健所（328人）と建設事務所（767人）の職員数を地方事務所に加えた3所計（2,634人）の総合出先機関該当が47.8％と，完全総合型の2県の職員割合とほぼ同じになる。本庁職員割合は，山形県と長野県の約27％と高知県の約45％では，18ポイントの差がある。高知県は完全個別型出先機関類型であるので本庁に権限が集中して本庁の仕事量も多いので職員数が多くなり，完全総合型であればその逆に出先機関あるいは総合出先機関の職員割合が高くなると思われる。愛媛県は，山形県と長野県より

第1章　地方自治制度と都道府県出先機関の機能

表1−1　本庁や出先機関の職員数と割合（2008年度）

職員数［人］ （割合［％］）	知事部局合計	本　庁	出先機関全体	総合出先機関
愛媛県 （完全総合型）	4,107 (100)	1,458 (35.5)	2,649 (64.5)	1,961 (47.7)
山形県 （完全総合型）	4,578 (100)	1,259 (27.5)	3,319 (72.5)	2,212 (48.3)
長野県 （一部個別型）	5,505 (100)	1,503 (27.3)	4,002 (72.7)	1,539 (28.0)
高知県 （完全個別型）	3,558 (100)	1,604 (45.1)	1,954 (54.9)	―

注：長野県は2006年4月1日の現在員数。
出所：筆者作成。

少し本庁の職員の比重が高い。

　都道府県出先機関の比重を職員割合でみると，4県のいずれも出先機関全体が本庁より大きかったが，完全個別型より総合型の方が大きく，総合出先機関割合は一部個別型より完全総合型の方がとりあえず大きかった。出先機関・職員，特に総合出先機関・職員がどのように活動・機能するのか，本庁関係部局の方を向いて仕事をするのか，あるいは市町村や地域・住民の方を向いてか。そのあり方によって都道府県全体としての行政活動の質や量，あり方，さらには出先機関圏域での行政活動の質や量に影響がでてくると思われる。

（3）地方自治制度の結節点にある都道府県出先機関とその機能

　次に，都道府県出先機関は，わが国の地方自治制度においてどのような位置を占めており，どのように機能しているのかをみてみよう。

　2000年施行の地方分権一括法以前は，機関委任事務により都道府県が「省庁別縦割り行政のエージェント」[12]としての役割を担い，さらにその出先機関は本庁の単なる「出先による執行」機能を担っているにすぎないという見方があった[13]。これは，中央政府による都道府県に対する統制面に注目した単純な中央集権的な見方をもとにして，その延長線上に都道府県出先機関の機能を捉えているように思われる。

　また，新藤宗幸は，地方自治制度のあり方に関して，都道府県と市町村の二

層制を基盤にしながらも地域において地域自治組織や広域連合など多様な組織が政治・行政のアクターとして役割・機能を担っている実態から,「複線型」の特色をもつことを指摘している。[14]「複線型」自治制度とは,「市民の政治的信託に基づく一般目的の総合的自治体を根幹におきつつも,それらを重層的に積み上げるだけではなく,一方において近隣自治を制度化し,他方において特定目的の自治体を縦横に張り巡らした」自治制度のあり方のことである。その指摘は示唆に富んでいるにしても,そのなかで都道府県の出先機関の機能に関しては,次のようにあまり評価していない。[15]「第一次地方分権改革が施行段階を迎え」,「中央各省の出先機関色を『払拭』した府県」の多くで,「地域内分権システムの構築として出先機関の統合がすすめられ」,「土木事務所,農林事務所,福祉事務所,税務事務所などを地方振興局といった名称の組織に統合しよう」としているが,「これらの改革構想は,改めて都道府県の存在証明を確保しようとする試みといえる。しかし,このような地域内分権システムは,それ自体として自治と矛盾していよう。都道府県の本庁権限を大幅に地方振興局などに移管し,振興局の管轄区域における計画と事業への住民参加を打ち出せば打ち出すほど,地方振興局の政治的正当性と代表性が住民から問われて」いくことになるという。したがって,「地方振興局構想では,『身近な行政』『地域単位での総合的行政』が謳われているが,これらは既存行政機構内の権限委任であって,市民自治と調和するものではない」という。つまり,都道府県における総合出先機関化は,「市民自治と調和」しないので,自治制度改革の方向性・あり方としては問題があるということである。

　他方で,二層制の地方自治制度のもとで都道府県出先機関がもつ可能性をその結節点における政治・行政的な機能に注目する議論がある。都道府県出先機関の基本的な機能枠組みに注目する議論を整理してみよう。

　①インプット機能とアウトプット機能　　安達勇は,出先機関の機能について本庁と地域・住民や市町村との間の結節点における「インプット機能」と「アウトプット機能」に注目した。[16]出先機関のアウトプット機能とは,「府県を一つの生産機構と考え,出先機関を,その生産機構が生産した,サービスその他の財貨を,住民に提供するための末端機関である」という位置づけからくる。サービスなどの提供の仕方には,指導や助言,金品の給付,安寧・秩序の維

第1章　地方自治制度と都道府県出先機関の機能

持，施設の建設整備，施設の運営，情報や知識の開拓，ボランティアの誘導の7種類があるという。

インプット機能には，情報の入手と県税事務所などにおける財政収入の2種類のインプットがあるが，情報入手の面でのインプット機能を中心にみておこう。アウトプットの面で出先機関を必要としている助言指導型事務や給付型，秩序維持型などの行政では，正確な情報入手に基づく実施ということで，同時にインプット面からも出先機関を必要としているという。[17] 情報のインプット機能を都道府県全体に広げてみると，都道府県には中央政府・中央官庁からの情報と都道府県議会からの情報という「二種のルートからの情報を総合止揚して，それによって地方行政を行っていくという形で，わが国の地方制度というものの基本構造はできている」という。しかし，知事には，「住民との間に直接選挙という実質的責任関係が存在するために，首長としては，単に住民の代表である議員のもたらす情報のみに依存していたのでは，不十分」であるので，「出先機関という自分に直属する第三の情報インプット機能を必要」としていることを指摘する。

② 微視的フィードバックと巨視的フィードバック　また，安達は，出先機関の機能のインプットとアウトプットは，不可分のもので分離して考えることはできないという。[18] 出先機関というのは本来その両方を行うため，「地方行政の神経節的フィードバック機構として作られてきたもの」が多く，「地域において，そこでフィードバック的に処理してしまった方が合理的だと思われるような仕事があって，それを処理するために作られるようになった機関」である。この末端神経節的フィードバックが「微視的フィードバック」で，都道府県庁が組織全体で行っているフィードバックを「巨視的フィードバック」と安達は呼んでいる。それぞれ図1-1のようにイメージされると思われる。そうすると，都道府県出先機関は，「微視的な意味での情報フィードバック機構であると同時に，巨視的には県中枢のための情報の三大入手経路の一つであり，そのインプットのための端末機器」でもある。知事に情報がインプットされてくるのは，中央官庁から，都道府県議会議員から，そしてこの出先機関による巨視的フィードバックシステムを通した情報というわけである。地方分権一括法以降に都道府県が完全自治体となったがゆえに，知事には国・中央省庁ではなく都

49

図1-1　出先機関のインプット・アウトプットにおける巨視的フィードバックと微視的フィードバックのイメージ図

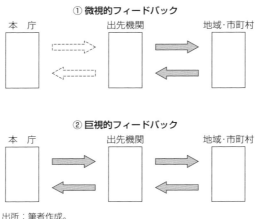

出所：筆者作成。

道府県民や都道府県内の市町村に対する政治・行政責任をより一層問われることになっているので，第3の独自の情報収集ルートである都道府県出先機関からのインプット機能の重みが増していると考えられる。

　③都道府県出先機関の総合性　　さらに，安達は，出先機関は微視的フィードバック機構の場合では，本庁での総合性が充分に行われていたとしてもその効果は地域・市町村に必ずしも及んでこないので，出先機関自身が総合性を発揮することが必要であり，出先機関は総合出先機関であることが求められると考えている。[19] 巨視的フィードバック機構の端末機器として機能する場合にも，出先機関相互の連絡調整が十分になされていれば，出先で優れた情報が入手され，よりよく消化・選択されて本庁に送られることになるので，出先機関には総合性が必要であるという。

　このように，都道府県行政のインプット面とアウトプット面を眺めると，都道府県出先機関には，巨視的フィードバック機構と微視的フィードバック機構の両方の端末機器として総合性が必要であり，本庁の総合性だけでは不十分で，出先機関においても二重に総合性が確保される必要性があることになる。

図1-2　「都道府県本庁-都道府県出先機関-市町村」のインプットとアウトプット

① 出先機関の行政分権のイメージ

② 出先機関の政治分権のイメージ

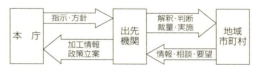

出所：筆者作成。

④行政分権と政治分権　　阿利莫二は，中央官庁の出先機関に関する考察において，「行政分権」と「政治分権」という視点を提示している[20]。行政分権とは，単に中央政府を柔軟，能率的なものにする方法である。それに対して政治分権は，出先機関に影響力をもつ政治的環境と出先機関が果たす政治的役割を考慮すると，入力機能を通して出先機関がその中央官庁の意思決定過程に影響を与えるので「政策のイノベーションの源泉」となることと，本庁と出先機関間の責任の鎖を断ち切る様々な政治的圧力によって「本庁の意図を制約する役割」の２つの役割・機能があるというのである。

　都道府県の出先機関の機能・役割分析においてもこの行政分権と政治分権という視点が同様に援用できると思われる。そうすると，都道府県出先機関に関する行政分権とは，先にみた都道府県出先機関がもつインプットとアウトプット局面において，本庁の指示・方針に基づいて現場で地域・住民や市町村などに対して政策実施し，地域・住民や市町村などの情報・要望を出先機関が媒介して単純に本庁に伝える機能のことだと考えられる（図1-2-①）。それに対して都道府県の出先機関に関する政治分権とは，まず，都道府県の出先機関が都道府県・本庁の意思決定の過程に影響を与え，巨視的フィードバック機構における「政策のイノベーションの源泉」として機能することであり（図1-2-②），圏域の地域・住民や市町村などからの情報や要望を受けて出先機関においてそ

れらの情報・要望を総合化や加工して本庁に対して政策提言・政策立案を行うことだと考えられる。政治分権の「本庁の意図を制約する役割」とは，主として都道府県の本庁からの指示・方針を都道府県出先機関が独自に解釈・判断を加えて，微視的フィードバック機構の場で地域・住民や市町村に向かって裁量を行使しながら政策実施を行う機能のことであると考えられる（図1-2-②）。

（4）「都道府県本庁-都道府県出先機関-市町村」関係

　このような地方自治制度における都道府県出先機関の政治・行政的な機能に注目すると，都道府県出先機関は都道府県本庁の単なる「出先による執行」機能を担っているにすぎないとはいえない。特に都道府県の総合出先機関の場合は，二層制を基盤とした自治制度を構成する政治・行政アクターの1つとして，政策過程や予算執行における情報と予算・権限の流れのなかで都道府県圏域の最前線・第一線において，都道府県本庁と，市町村や地域・コミュニティ，NPO，広域連合，関係出先機関など多様なアクターと相互関係を形成しながら，それらの結節点で政治・行政機能を担っていると考えられる（図1-3）。したがって，都道府県の総合出先機関は，圏域で保健・福祉や農林水産，商工労政，土木などに関する広域的自治体としての事務事業や行政サービスの提供を行うだけでなく，広報広聴機能を担い，圏域における地域政策・事業の企画・調整・立案を担っているのである。

　二層制の自治制度のなかで「都道府県本庁-都道府県出先機関-市町村」関係に簡略化して，その相互関係のあり方を総合型の出先機関類型をもつ都道府県と個別型の出先機関類型をもつ都道府県との相違をみてみよう。個別型の出先機関類型をもつ都道府県における相互関係では，職能別の部局の力は強大で縦割り部局のラインが予算編成過程や政策実施において強い影響力をもっている（図1-4-①）。機関委任事務時代に中央省庁の縦割り行政の分立体制が自治体の内部にまで貫徹していたものが，[21]地方分権一括法後は機関委任事務の廃止により弱まったかもしれないが，中央省庁の官僚の自治体出向人事や補助金行政の継続などにより一定程度維持されており，この中央各省庁・都道府県・市町村の関係各部課による縦割り行政の分立体制に，都道府県出先機関も組み込まれていると考えられる。

　総合型の出先機関類型をもつ都道府県における相互関係でも，同様に縦割り

図1-3 都道府県出先機関をとりまくアクターの相互関係イメージ

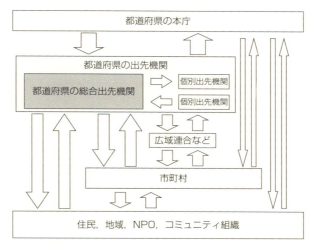

出所：筆者作成。

行政の分立体制と「職能性と地域性との衝突」や組織管理における職能的専門的公務員と一般職の対立などがあり，縦割り部局のラインは維持されるが，総合出先機関としての一体性・総合性も同時に保持・体現しながら本庁や市町村との相互関係を形成している側面もあると考えられる（図1-4-②）。[22]

3　政府間関係論と都道府県出先機関の機能

　地方自治法において都道府県は，市町村を包括する広域的自治体として，広域にわたるもの，市町村に関する連絡調整，その規模または性質において一般の市町村が処理することが適当でないものを処理するものとされている（第2条5項）。これは，基礎的自治体と中央政府との間に介在する中間団体がもつ，地域の広狭を単位にした規模と行政的機能についての規定ではあっても，政治的な機能を示しているわけではない。
　現代の中央・地方関係を政府間関係としてとらえる議論では，「異なった政府間の相互浸透が進んだため，政府が国民経済を管理し，開発計画を策定し，社会サービスを供給し，新たな緊要の諸問題に対処していく能力全体におい

図1-4　都道府県本庁・都道府県出先機関・市町村の相互関係のイメージ

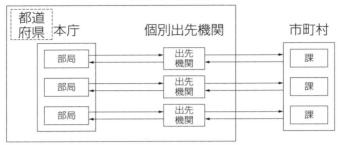

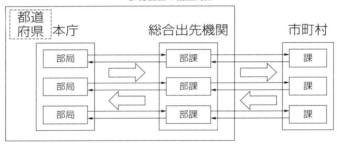

出所：筆者作成。

て，地方の行政技量の水準が決定的に重要な要素となっている。この意味で『統治能力』は，中央よりもむしろ地方政府の技量と応答能力により多くを依存」していると指摘する。ここでは，地方自治体は行政だけでなく政治のアクターであることが自明で，地方「政府」であり，その「技量と応答能力」が日本全体の「統治能力」を左右する要因であると考えられているのである。

　地方政府としての都道府県において，都道府県出先機関はどのような役割・機能を担っているのか。中央・地方政府間関係における水平的政治競争モデルの視点や，民主主義や政治的機能との関連で抑制・媒介・参加といった地方自治の機能などに注目して都道府県出先機関の機能を再検討してみよう。

(1) 水平的政治競争モデルと都道府県出先機関

　村松岐夫は，中央・地方政府の融合関係におけるイニシアティブとリーダー

シップをめぐる政治過程のメカニズムに興味をもって,政治的な地方自治論として「水平的政治競争モデル」を提起した。[24]「垂直的行政統制モデル」ではみえなくなっている政治の側面に光を当て,「地方にも独自の政治があることを重視し,自治体間の競争は典型的な地方自治の政治である」と考えた。「この政治のダイナミズムに,地方が執行権をリソースとして中央と交渉するダイナミズムを加えると,地方の政治的影響力」は大きく,「その結果,中央と地方の関係は相互依存関係となっている」というのである。

集権・分権には,制度上の権限の配分を指す「権限の集権・分権」と,実際上の影響力関係を指す「現象の集権・分権」といった2つの異なる次元・局面があるとの考え方がある。[25] 現象の集権・分権では,「権限的には集権的だが,実際上は上層あるいは中央政府の意思は軽視され,下層あるいは地方政府の自律性が高い場合に分権的」であるという。権限の集権・分権の次元・局面からみた中央・地方関係が垂直的行政統制モデルであり,水平的政治競争モデルは実際上の影響力関係の現象の集権・分権と関連して捉えられている。

村松の議論を都道府県の本庁・出先機関関係に援用して,都道府県出先機関の政治機能についてみてみよう。都道府県の本庁・出先機関関係を,垂直的行政統制モデルの視点でみると,組織内の行政関係・上下関係としてしかみえない。しかし,そこで出先機関,特に総合出先機関がもつ執行権だけでなく予算要求や地域振興計画策定,人事に関する権限などのリソースに注目して水平的政治競争モデルの視点でみると,総合出先機関の結節点における政治的機能が浮かび上がってくる。都道府県出先機関と本庁・関係各部や管内の市町村・地域・住民との相互関係のなかに政治競争のダイナミズムが存在している。例えば,愛媛県（第5章）の場合は,3つの地方局同士が本庁（財政・総務関係部や関係各部）との関係で,あるいは3地方局と本庁関係各部とが互いに知事との関係で水平的政治競争を行っている実態も捉えることができる。

（2）都道府県出先機関と地方自治における抑制・媒介・参加の機能

先にみた都道府県出先機関に関する行政分権は,単に本庁を柔軟・能率的にする方法で,本庁の指示・方針に基づき個別出先機関などが現場で政策を実施し,地域の情報・要望を本庁の縦割りラインの関係部局に媒介して伝える機能と考えられた。政治分権は,出先機関に影響力をもつ政治的環境と出先機関の

政治的役割を考慮するもので,「政策のイノベーションの源泉」となる機能と,「本庁の意図を制約する役割」の2つの機能があった。地方自治における都道府県出先機関の機能を,この行政分権や政治分権の視点に加えて,地方自治の「抑制」・「媒介」・「参加」の機能との関連で考えてみよう。地方自治のこの3機能は辻清明によるが,ここでは,この機能を民主主義との関連で再検討した水口憲人の議論も参考にしながら,都道府県出先機関が都道府県の担っている抑制・媒介・参加の機能を補完していることを確認しておこう。[26]

まず,地方自治における抑制の機能には,権力拠点の分散により中央政府の画一的規制や過剰な介入を抑止する「防波堤」の役割と,国家から地域の多元性を保持する「自由の培養器」の機能などがある。[27] 例えば,愛媛県(2009年現在,**第5章**参照,以下同様)では,社会・経済・文化圏の異なる3地域に分散して「現地即決・現地完結」型の「広域行政の中核拠点」として総合出先機関・地方局を設置し,地域ニーズを地域政策へ反映するシステムの整備や積極的な権限委譲,地方局が予算編成に参画するなどの機能強化を図っている。地方局が自由の培養器として3地域の多元性と独自性を維持し,本庁からの防波堤となっているといえる。この防波堤機能は政治分権の「本庁の意図を制約する役割」と重なるものである。総合出先機関が本庁と分担・分有して都道府県総体として国との関係で抑制の機能を担い,都道府県内ではさらに総合出先機関が分散して本庁に対して抑制の機能を担っている面があるので,総合出先機関は各圏域で本庁を補完しながらも本庁に対して抑制の機能を担っていると考えられる。

次に,都道府県の地方自治における媒介の機能には,中央省庁の政策の専門分化と組織や管轄の割拠主義に対して,都道府県の状況や地域ニーズに応答した諸利害の「政治的調整」機能と「行政サービスの総合化」機能,および多元的な自治体がローカル・イニシアティブを発揮して国の政策転換を促進する「実験室としての地方自治」の機能がある。[28] 例えば,愛媛県では,本庁の割拠性・部局の縦割り行政に対して部局横断的な行政執行体制として地方局が設置されている。地方局内の企画調整機能と行政サービスの総合化機能は地方局長や地域政策課と地域戦略推進会議などが担い,地域課題や地域振興などに関する県・地方局と市町村・地域団体関係の政治的調整機能は地方局長や地域政策課と地域政策懇談会などが担い,市町村に対する支援・助言は地域政策課が行

い，県と市町村で融合している行政サービスの調整は地域政策課や関係各部の部企画が日常業務の多様な場面でも市町村関係各課と行っている。また，各地方局の地域振興重点化プログラムの策定や地方局が企画立案・実施する地方局予算と本庁関係部局経由予算などの予算要求システムには，本庁の政策や予算の「間口を広げる」機能＝「実験室としての地方自治」の機能（「政策のイノベーションの源泉」機能とも重なる）がみられる。地方局・総合出先機関は，結節点で圏域の地域ニーズや地域課題に対する応答性をもちながら，県内で本庁との，そして市町村や地域との相互関係において，双方向の媒介機能を担っていると考えられるのである。

　そして，都道府県の地方自治における参加の機能には，地方自治が国政における基盤性をもちながら団体自治を支える機能と，地域民主主義の実践と市民教育の機能などがある。[29]愛媛県では，地域振興重点化プログラム策定過程などに副市町長や地方団体・住民の代表などが参加しているので住民が地域政策の立案過程に直接あるいは間接的にとりあえず部分的に参加しているといえる。また，地方局が予算配分権をもって執行する「新ふるさとづくり総合支援事業」では，地方局は市町や民間団体などが自ら地域づくり事業の政策立案と実施を行うことを支援している。このように，総合出先機関が都道府県制度において基盤性をもちつつ，総合出先機関の政策立案や実施過程に住民の直接参加や市町村参加の機会が少なからずみられることから，総合出先機関が都道府県における参加の機能を圏域や現場で体現しているといえる。

　このように，都道府県出先機関が本庁と分担・分有しながら都道府県総体として地方自治の抑制・媒介・参加の機能を担っていることに注目すると，都道府県の本庁・出先機関関係は民主主義と関連した政治的な地方自治の関係・空間であることが再確認できる。そうすると「中央政府－都道府県本庁－都道府県出先機関－市町村」の4者からなる政府間関係は，次のようにイメージされる。機関委任事務時代の政府間関係は，都道府県は中央政府と上下主従の関係があり，都道府県と市町村の間でも都道府県による市町村統制がみられ，中央政府と都道府県により市町村が統制されていた面があった（図1-5-①）。2000年の地方分権一括法施行以降では，国と地方の関係は法律の文言上は「対等・協力」の関係であるので，中央政府と都道府県・都道府県出先機関と市町村はそれぞれ自律した政府主体として存在している（図1-5-②）。また，様々な「都道府

図1-5　国-都道府県-市町村の政府間関係のあり方

① 機関委任事務時代の政府間関係のイメージ

② 地方分権一括法以降の政府間関係のイメージ

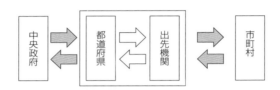

③ 「都道府県-市町村」連携の政府間関係のイメージ1

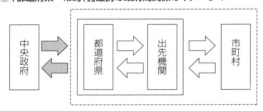

④ 「都道府県-市町村」連携の政府間関係のイメージ2

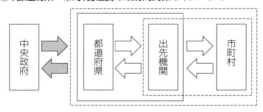

出所：筆者作成。

県−市町村」連携がみられる今日では，都道府県と市町村は，連携・協働の質・量が以前より拡大し，時には都道府県と市町村が共同で中央政府に対して対抗する場面がみられるかもしれない（図1-5-③）。

　先にみた結節点における政治・行政機能や地方自治の機能に注目すると，都道府県出先機関，特に総合出先機関は，都道府県本庁と市町村との結節点で双方向の媒介機能を担いながら，都道府県本庁に対しては抑制機能を発揮しつつ市町村と連携・協働する場面が増大して，都道府県本庁の政策や予算の「間口を広げる」機能・「政策のイノベーションの源泉」機能を担うこともあると考えられる（図1-5-④）。

4　地域的分権と本庁・出先機関関係の類型モデル

　知事や市町村長など首長の補助組織には，その権限に属する事務を種類別に分掌する組織・内部事務組織と，地域的に分掌する組織・出先機関とがある[30]。これまでみてきた都道府県出先機関は後者の地域的に分掌する組織である。近年の新しい組織再編の動向として，内部事務組織に本部制を導入して「庁内分権」を推進する取り組みもみられる。

　ここでは，これまでみてきた都道府県出先機関の地方自治における機能に加えて，この内部事務組織における本部制や庁内分権の推進と関連づけながら，総合出先機関の組織のあり方を地域的分権という視点で捉え直してみたい。

（1）庁内分権と地域的分権

　庁内分権の推進に取り組む都道府県としては，佐賀県がその嚆矢であった。佐賀県の組織改編にみられた庁内分権のあり方（2010年度現在）をみてみよう。2004年4月に，「知事の現場重視，成果主義の考え方の中で，まず事業部門があり，それを企画部門（統括本部）と総務部門（経営支援本部）が支えていくという事業本部制へ組織を改編した」[31]。そのポイントは，「省庁対応から県民ニーズ対応の組織へ」と「本部制の導入」であり，総務部，企画部，厚生部（環境生活局），経済部，農政部（水産林務局），土木部であった組織を，統括本部，くらし環境本部，健康福祉本部，農林水産商工本部，県土づくり本部，経営支援本部の6本部制とした。ただ，佐賀県の出先機関のあり方は，本庁各本部の出

先機関として完全個別型の出先機関類型であった。

　庁内分権の推進の具体的な仕組みは,「予算編成（枠配分），定数配分（枠配分），人員配置（副課長以下）の権限を各本部に委譲し,各本部が自律的に組織を経営できる体制」の構築である。[32] 組織編成の一番上に位置し,「県民に直接接しないにもかかわらず,組織の中で最重要な組織となり,出世コースとされてきた」総務部が,「人事・財政など主要な資源を握って」いるような従来の組織のあり方を転換しようとするものであった。庁内分権の効果として,「特定の行政課題やニーズについての住民からの問合せに一部局で対応することが可能となるとともに,市町村とのやりとりがスムーズに行われるようになった」こと,政策の企画・調整において現場重視の考え方や部局横断的な職務指向に向けて職員の意識改革が進んだことなどが指摘されていた。取り組みの課題としては,「各本部に設置された企画・経営グループが,十分機能しないと本部制も機能しないため,継続的なノウハウの蓄積が重要である」ことや毎年のマイナスシーリングによる厳しい予算枠のなかで各本部の予算編成が厳しくなってきていることなどが指摘されていた[33]。

　このように佐賀県の庁内分権は,本庁の内部事務組織に本部制を導入して,そこに財政権や人事権を委譲するものであったが,地域的に分掌する組織である県出先機関は本庁の各本部の個別出先機関で総合型ではなかった。それに対して愛媛県の地方局などの総合出先機関は,本庁内部事務組織への庁内分権の地域バージョンであると考えられる。このことについて次にみてみよう。

　集権・分権について橋本信之による次のような分析がある[34]。集権・分権とは,「階統型組織の上層とか中央政府に権限あるいは権力が集中すること（集権）」と,「それらの権限あるいは権力が組織の下層とか地方政府に分散すること（分権）」を指し,その対象となるシステムは2つあるという。1つは,階統型組織における集権・分権である「組織内集権・分権」で,「企業組織,行政組織,政党組織など特定の組織目的をもった組織内での,上層への集権と構成単位への分権が対比され」,「構成単位が地理的に設定されていれば地域的分権」であるという。もう1つは,政治社会における集権・分権である「政治的集権・分権（あるいは中央集権・地方分権）」で,「1つの政治社会における全国政府（中央政府）とその政治社会の一部を構成する地方政府等との間での集権・分権」であるという。そうすると階統型組織の行政組織において地理的に区分された

圏域にある構成単位に組織内分権が行われている場合は「地域的分権」であり，総合出先機関への分権は地域的分権であると考えられる[35]。

　佐賀県の庁内分権の事例を参考にすると，都道府県出先機関に地域的分権を推進する場合には，予算編成，定数配分，人員配置の権限を都道府県出先機関に委譲して，出先機関が一定程度自律的に組織を運営・経営できる体制が考えられる。さらに，愛媛県の事例からは，予算編成に関して，地域づくり補助金など一定程度の枠配分予算だけでなく，本庁の関係各部が予算編成を行う本庁各部局所管事業に関する出先機関要望の反映なども地域的分権のあり方の1つとなると考えられる。その他には，愛媛県の地域振興重点化プログラムのように，地域課題や地域ニーズに応答した圏域の地域振興計画などの策定権が考えられる。その地域振興計画策定過程には，地域政策懇談会のような圏域の市町村や各種団体，NPOなどの参加が組み込まれていることが，都道府県における地方自治の参加の機能を総合出先機関が分担・分有するためにも必要な地域的分権の要素の1つとなる。

（2）都道府県の本庁・出先機関関係の類型化と「集中・分散」・「集権・分権」

　「平成の大合併」との関連で，市町村における「行政組織内分権」の確立に関する議論がある[36]。そこでは，昭和の大合併が市町村の本庁にすべてを集中させる「集中・集権」型合併が目指されていたのに対して，「平成の大合併」では周辺部が寂れるなどの懸念に配慮して「集中・集権型」だけでなく，大幅な支所権限を認める「分散・分権型」も当初から想定されていたという。この分析軸を，都道府県における行政組織内分権であり，地域的分権としての都道府県出先機関にあてはめて，都道府県の本庁・出先機関関係の類型化モデルを考えてみたい。

　これまでの「集中・分散」軸と「集権・分権」軸による類型化は，中央政府と地方政府の政府間関係や行政システムのあり方を類型化するのに使われてきた[37]。「集中・分散」軸では，政府体系を構成する各級政府が人々に提供する行政サービスの提供業務が，上級の政府に留保されている度合が強ければ強いほど，あるいは主として中央政府が供給していれば「集中」的なシステムであり，その逆に下級政府・地方政府が供給している度合が強ければ強いほど「分散」的なシステムであるとされている。「集権・分権」軸は，これらの行政サービ

スの提供業務の実質的な決定権が上級の政府・中央政府に留保されている度合が強ければ強いほど「集権」的なシステムで，その逆に地方政府が実質的な決定権を行使している度合が強ければ強いほど「分権」的なシステムとなる。「分権か集権かを区分する基準は，あくまでも決定権限」にあり，「地方政府が多くの事務つまり仕事を実行していても，中央政府の決定に従い，ただ執行しているだけであれば，分権的であるとはいえない」という[38]。この両軸の組み合わせで日本の中央・地方政府間関係を類型化すれば，決定は中央政府が行い，執行は地方政府という「集権的分散システム」に該当することになる。

　この2軸を都道府県の本庁・出先機関関係の類型化に援用して考えてみよう。行政サービスの提供業務が都道府県本庁に留保されている度合が強ければ強いほど集中的なシステムで，その逆に都道府県出先機関が行政サービスの提供業務を実施する度合が強いほど分散的なシステムとなる。これらの行政サービス提供業務に関する実質的な決定権が都道府県本庁に留保されている度合が強ければ強いほど集権的なシステムで，決定権が出先機関に委譲されている度合が強いほど分権的なシステムとなる。そうすると，集権的集中システム，集権的分散システム，分権的集中システム，分権的分散システムの4つの類型区分ができる。

　まず，都道府県の本庁・出先機関関係を設置形態による都道府県類型と関連づけてみてみよう。完全個別型の都道府県では，個別出先機関は本庁関係各部の出先機関であり，政策立案や予算編成権，人事権など全般的な決定権は本庁の関係各部にあり，そのもとで各出先機関は多くの事業実施を行っていると思われるので，集権的分散システムとなる。ただ，市町村行財政支援や観光，地域づくりなど政策領域によっては出先機関が設置されていない場合があるため，集権的集中システムとなる政策領域もある。

　総合型で完全総合型の都道府県では，都道府県全域にいくつかの総合出先機関を設置して事業実施を行っているので，基本的には分散システムといえる。総合出先機関には本庁・知事から総合出先機関長に一定の権限委譲がなされているので，とりあえずは分権的であり，分権的分散システムに類型化できると考えられる。ただ，その権限委譲の程度が都道府県によって異なり，政策立案や地域振興計画策定権，予算編成権，人事権などの権限があまり委譲されていない都道府県や，逆にそれらの多くの権限が総合出先機関に委譲されている都

道府県もあるので，総合型であっても都道府県によって分権的である度合は異なってくる。

　一部地域総合型の都道府県においては，総合出先機関が設置されている圏域では，とりあえずは完全総合型と同様に分権的分散システムといえる。それ以外の圏域は個別出先機関だけが設置されているので，完全個別型と同様に集権的分散システムとなる。

　一部個別型の総合出先機関類型の都道府県では，都道府県によって個別出先機関を設置する政策領域が異なるが，土木や保健・福祉などの政策領域については個別出先機関を設置する傾向があり，その領域に関しては集権的分散システムとなり，総合出先機関が設置されている政策領域ではとりあえずは分権的分散システムとなると考えられる。

　横軸に集中・分散軸を，縦軸に集権・分権軸をとって都道府県における本庁・出先機関関係を個別型と総合型で整理してみると，おおまかなイメージとしては図1-6のように考えられる。完全個別型は，出先機関が多くの事業を実施していたので基本的には集権的分散システムであったが，政策領域によっては集権的集中システムの領域もあったので，「個別型」は，集権的であり，「集中・分散」軸に広がって位置づけられる。完全総合型や一部個別型，一部地域総合型の出先機関は，とりあえずは分権的分散システムと考えられたが，出先機関に委譲されている権限の内容や程度により異なり，それらが少ない場合は個別型とあまり変わらない「総合型Ⅰ」，一定程度の権限委譲がなされている場合は「総合型Ⅱ」，多くの権限委譲がなされている場合は「総合型Ⅲ」のようにイメージして類型化できると考えられる。

　後の章の事例分析でみるように，愛媛県のように企画調整機能や地域振興計画策定と幅広い予算要求などに関する権限が実質的に委譲されている完全総合型の都道府県では，分権的分散システムに当てはまり，総合型Ⅱ，あるいは場合によっては総合型Ⅲぐらいに類型化できるかもしれない。一部地域総合型などでそこに企画・調整機能や予算要求権がない場合は，完全個別型とほぼ同じ総合型Ⅰに類型化されることになると考えられる。

図1-6　都道府県の本庁・出先機関関係の類型モデル

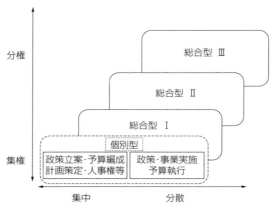

出所：筆者作成。

5　おわりに

　本章では，都道府県出先機関の地方自治における機能に注目して，都道府県の本庁・出先機関関係と地域的分権に関して考察しながら，都道府県制度において都道府県出先機関が政治・行政のアクターとして機能・役割を果たしている地方自治の現実の一断面を再検討して，都道府県の本庁・出先機関関係の類型化モデルを提示した。最後に，それらと関連すると思われるいくつかの論点を指摘しておきたい。

　まず，都道府県のなかには，地域の多様性に対応するために都道府県内を複数の圏域に区分して，そこにそれぞれ総合出先機関を設置して地域的分権を行って，その「圏域自治」において「自治の総量」を拡充しようとしている実態がみられることから，都道府県の領域が地方自治の単位としてもう既に大きすぎる面もあるといえるかもしれない。都道府県によっては，都道府県内の圏域や複数の市町村にまたがる公共的なニーズや課題に対応するために都道府県と市町村の中間にもう1つの自治の層をつくる代わりに都道府県出先機関を設置して，総合出先機関圏域において多様な利害やニーズ・課題に対して機動的かつ柔軟に応答しながら，1つの本庁と複数の総合出先機関が協働して都道府

県総体として「自治の総量」を増大しようとしていた。そして，その応答のあり方・体制は都道府県や地域によって多様である。例えば，次の**第2章**で詳しくみるが，各都道府県内市町村数に占める人口1万人未満の小規模町村の構成比が30％以上の道県17（2010年2月時点（見込み））をみると，完全総合型は9道県，一部個別型は3県，一部地域総合型は2県，合計14道県とその約8割が総合型で，その約半数が完全総合型に属しており，完全個別型は3県であった。小規模町村を多く含む都道府県では，総合型の出先機関を設置する傾向が多くみられる。これは，都道府県の地域ニーズや地域課題への応答性が都道府県出先機関の応答性・応答能力に依存している面があるだけでなく，市町村，特に小規模市町村にとっては，都道府県本庁との交渉能力・都道府県本庁への発信能力が問われるなかで，都道府県本庁とのつながりやネットワークが県庁所在地の市など大きな市と比べてあまり強くないことと関連していると考えられる。その場合には，圏域にある都道府県の総合出先機関が重要なパイプ役となって，小規模市町村の代弁者して都道府県本庁に向かって地域のニーズや利害を伝達・発信することが期待されているのかもしれない。市町村，特に小規模市町村にとって都道府県との政府間関係では，都道府県本庁との関係だけでなく，圏域に設置された都道府県出先機関との関係の両方が重要になっていると考えられる。

　また，小規模市町村が多い都道府県は，大都市部を含む都道府県ではなく，多くは農山漁村や中山間地域をかかえた地方の都道府県である。都道府県の総合出先機関が圏域の市町村や地域・コミュニティ，地方団体と多様な相互関係を形成しながら機能している地方の都道府県における自治制度では，都市とは少し異なった地方自治の様相がみられ，都市行政学などでは充分に扱われない研究領域が存在するようだ。その領域に焦点を当ててみると，わが国の自治制度と自治制度官庁がもつ強い傾向性である「総合性指向」[39]や市町村合併推進論，道州制導入論などでは見落とされてしまうような，地方自治制度におけるもう1つの実態・展開と地方自治制度に内包された柔軟性や機動性が浮かび上がってくるのである。

　日本の行政システムを先進諸国並みのグローバル水準に近づけて地方分権パラダイムに転換していくとすれば，日本の地方分権の課題は，集権的分散システムを分権的分散システムの方向に向けて移行させていくことが求められると

いう[40]。もしそうであるならば，都道府県によってはその行政範囲が地方自治の1つの単位としてもう既に大きすぎる面がある現状では，都道府県制度を廃止して道州制を導入する方向ではなく，都道府県制度を強化する方向で，地域によっては都道府県の本庁・出先機関関係において集権的分散システムを分権的分散システムの方向に向けて地域的分権を推進し，先の類型化モデルの総合型Ⅰから総合型Ⅱ，総合型Ⅲへ移行させていくことも1つの選択肢であると思われる。地域的分権を推進して，都道府県本庁での総合政策化の試みに加えて出先機関圏域で総合出先機関による企画調整機能の発揮など総合政策化が行われることは，地方自治制度に貫徹している縦割り行政の弊害を緩和することにもつながる。また，地域的分権が推進されると，都道府県の本庁より多くの都道府県職員が働く出先機関において，多くの職員が政策や予算の企画・調整に関わる機会を得ながら職務経験を積み重ねる余地が広がり，個々の職員の意識改革が進み職務能力が高まることも期待されるかもしれない。

　本章では，都道府県出先機関に関する地域的分権や類型化モデルなどいくつかの仮説を提示した。この後の章では，都道府県の本庁・出先機関関係に関する自治制度全般にわたる事例分析やアンケート調査分析と地域産業振興政策など政策各論における分析を行いながら，それらの仮説の検証を進めることにする。

注
1）　山口二郎「一国多制度」松下圭一ほか編『自治体の構想1　課題』岩波書店，2002年，132ページ。
2）　新藤宗幸「自治制度の改革構想」自治体学会編『年報自治体学』6号，1993年，113ページ。
3）　加茂利男「自治制度改革の入口」自治体学会編『年報自治体学』6号，1993年，109ページ。
4）　大森彌「市町村の再編と基礎的自治体論」『自治研究』79巻12号，2003年，7ページ。
5）　総務省編『平成19年版　地方財政白書』。
6）　荒川絹子『都道府県の地方出先機関に関する実証研究』（埼玉大学大学院政策科学研究科，1998年），3-4ページ。
7）　村松岐夫『日本の行政』中央公論新社，1994年，および，岩崎美紀子「新時代の基礎自治体」日本地方自治学会編『自治体二層制と地方自治』敬文堂，2006年，39-41ページ，参照。
8）　松本英昭『第四次改訂版　要説地方自治法』ぎょうせい，2005年，356-358ページ。

9) 辻琢也・荒川絹子「出先機関の再編」『地方財務』563号（2001年4月号），347ページ，および，荒川絹子『都道府県の地方出先機関に関する実証研究―北海道支庁制度改革の提言』（1998年），2‒3ページ，による。
10) 辻・荒川，同上，347-349ページ，および，荒川，同上，19ページ。なお，今回のアンケート調査では，「企画調整型」に該当する都道府県はなかった。
11) 職員数の計算には若干の相違はあるが，長野県以外は，2008年度における各県の人事関係の行政資料によっている。長野県は長野県経営戦略局行政システム改革チームの資料「条例定数と配置人員の関係について」によっており，「現在員」には市町村・県・国および民間での研修や自治法派遣，条例派遣（退職派遣除く）などの職員を含む。
12) 今村都南雄「問われる都道府県の役割」『都市問題』92巻3号，2001年，3‒6ページ。
13) 曽我謙悟「政府間ガバナンスに関する最近の研究動向」日本政治学会編『年報政治学2008-Ⅱ　政府間ガバナンスの変容』木鐸社，2008年，参照。
14) 新藤宗幸「自治体の制度構想」松下圭一・西尾勝・新藤宗幸編『自治体の構想2　制度』岩波書店，2002年，7‒12ページ。なお，現在，都道府県と政令市で構成される関西広域連合が存在しており，「複線型」自治制度の実態がより多元化・複線化しているといえる。
15) 同上，7‒8ページ。
16) 安達勇「府県の出先機関」日本行政学会編『年報行政研究』16号，1982年，179-190ページ，財団法人地方行政システム研究所『府県の出先機関の現状とそのあり方に関する研究』1979年，参照。
17) 安達「府県の出先機関」，191-197ページ。
18) 同上，197-201ページ。
19) 同上，197-201ページ。なお，都市部や過疎地域などそれぞれの地域にあった総合出先機関をつくりあげる必要性についての指摘は，森哲男「都道府県の出先機関のあり方」『地方自治』412号，1982年，参照。
20) 阿利莫二「出先機関の理論と行政課題―中央の出先機関について」日本行政学会編『年報行政研究』16号，1982年，16ページ。
21) 西尾勝『新版　行政学』有斐閣，2001年，86ページ。
22) 阿利，前掲論文，80-90ページ。
23) 大森彌・佐藤誠三郎編著『日本の地方政府』東京大学出版会，1986年，9ページ。
24) 村松岐夫・北山俊哉「現代国家における地方自治」村松岐夫編『テキストブック地方自治　第2版』東洋経済新報社，2010年，9‒10ページ。
25) 橋本信之『サイモン理論と日本の行政―行政組織と意思決定』関西学院大学出版会，2005年，224-225ページ。
26) 以下は，辻清明『日本の地方自治』岩波書店，1976年，および，水口憲人「地方自治と民主主義」『政策科学』7巻3号，2000年，291-312ページ，による。水谷利亮「地方自治と府県出先機関の機能」村上博・自治体問題研究所編『都道府県は時代遅れになったのか？―都道府県の役割を再確認する』自治体研究社，2010年，参照。
27) 水口，同上。
28) 同上。
29) 同上。

30) 西尾勝・大森彌・寄本勝美・新藤宗幸『自治行政要論』第一法規出版，1986年，137ページ。
31) 佐賀県統括本部政策監グループ『佐賀県庁経営改革の歩み（内部マネジメント編）』2010年9月，6-7ページ。なお，佐賀県では，2016年4月1日付けで組織改正を行って本部制を廃止して部局制にもどし，各本部の権限であった一定の人事権と予算査定権などを総務部の権限とする変更を行った。
32) 稲継裕昭「地方自治体の組織と地方公務員・人事行政」（村松編，前掲），119-120ページ。
33) 佐賀県統括本部政策監グループ，前掲，7ページ。
34) 橋本，前掲，221-222ページ。
35) ここでの地域的分権と似た言葉に「地域分権」や「地域内分権」がある。両者は，政治社会における分権である政治的分権の1つのあり方として，市町村内の小学校区やコミュニティ・地区などに協議会や委員会を設置して，そこに市町村の権限の一部を委譲する取り組みを説明する際に使われる場合が多い（「サブ特集　地域分権へのテイクオフ」『ガバナンス』ぎょうせい，94号，2009年，山崎丈夫「地方分権・市町村合併と地域コミュニティ―地域分権の可能性」『愛知学泉大学コミュニティ政策学部紀要』4号，2001年，など参照）。また，地域分権は，イギリスにおけるスコットランドやウェールズなどに地域議会を設置して，そこに国の権限を委譲することを説明する概念として使われることもある（今井良幸「イギリスにおける権限委譲（devolution）と地域分権（regionalism）」『法政論叢』43巻1号，2006年，など参照）。地域分権と地域内分権は政治社会における政治的分権を指す言葉として一定程度定着しているので，階層型組織における組織内分権で構成単位が地理的に設定されている場合には，地域的分権が適当であると思われる。したがって，今後は，都道府県内の圏域にある都道府県出先機関への庁内分権のあり方を説明する際には地域的分権という言葉を用いることが適当であると考える。
36) 岩崎恭典「自己決定の制度」森田朗ほか編『分権と自治のデザイン』有斐閣，2003年，129ページ。
37) 西尾勝『地方分権改革』東京大学出版会，2007年，8ページ，253-266ページ，および，神野直彦『財政学』有斐閣，2002年，293-294ページ，参照。
38) 神野，同上，293ページ。
39) 金井利之『自治制度』東京大学出版会，2007年，7ページ。
40) 神野，前掲，294ページ，および，西尾『地方分権改革』，9ページ。

第2章　都道府県出先機関の組織と予算のサーベイ

都道府県に対するアンケート調査をもとにして

1　はじめに

　本章では，都道府県の自治のあり方に焦点を当てる議論として都道府県の出先機関の制度や機能に注目して，都道府県出先機関のあり方が「三位一体の改革」や「平成の大合併」の動向と重なるように変化している実態を，筆者たちが47都道府県に対して行ったアンケート調査の結果などをもとにして整理・分析する。その分析を通して，わが国の地方自治における重層的な自治制度の一端を明らかにしながら，都道府県と市町村との垂直連携，さらに地域・コミュニティとの相互関係の深まりや拡大状況，「自治の総量」（**序章**）のあり方などを考察する前提作業とする。

　2000年の地方分権一括法の施行後において地方分権改革の動きをみると，国・地方を通じた行財政の合理化・縮減が目指されるとともに，自治体の規模拡大を志向する改革が急速に進められた。なかでも前半は「平成の大合併」や地方制度調査会における「西尾試案」など基礎的自治体が主として改革の焦点・ターゲットとなっていた面がある。地方分権につながる地方財政改革として期待された「三位一体改革」も，結果として交付税削減により基礎的自治体の合併を促進する方向に作用した。「三位一体改革」は市町村のみでなく道府県財政をも直撃し，多くの道府県が財源不足に苦しむことになった。その後，道州制ビジョン懇談会，国の道州制担当大臣の任命，地方分権改革推進会議の答申（勧告）にみられる国出先機関の改革，政府・与党自民党や経団連での議論などをふりかえると道州制論の隆盛といってもいい様相がみられ，改革の焦点が広域自治体としての都道府県に移った。ただそれは，都道府県の規模を大きくしてより広域の政府である道州を設置する方向に偏っており，現行の都道府県自治の機能を強化する視点や議論があまりみられず，むしろ欠如していたとい

える。

　以下では，47都道府県に対して行ったアンケート調査結果(2009年1月，現在)をもとに都道府県出先機関の組織機構のあり方に関してサーベイし，その後で都道府県出先機関の予算編成過程と予算権限などに関して整理・分析しながら，都道府県出先機関体制に関する考察を行うことにする。

　なお，都道府県出先機関の設置形態による都道府県の類型は，総合型と完全個別型の出先機関編成の区別をもとに，総合型を，①総合出先機関のみ設置する「完全総合型」，②総合出先機関のほか土木事務所や保健所など一部を個別出先機関で設置する「一部個別型」，③個別出先機関を中心に地域振興・広報広聴・企画調整事務等を分掌する総合出先機関を設置する「企画調整型」，④離島など一部地域に総合出先機関を設置する「一部地域総合型」といった辻琢也と荒川絹子の類型化に従う[1]。

2　都道府県出先機関体制の現状と変化

　まず，現在みられる都道府県出先機関の再編成時期における状況について，先行研究の成果に今回筆者たちが行ったアンケート調査の結果を加味して整理・分析する[2]。

(1) 都道府県出先機関体制の現状

　筆者たちのアンケート調査では，少し古いが2009年1月現在で，本庁知事部局の複数の行政事務や企画調整事務などを地域的に分掌する機関である地方事務所や県民局等の総合出先機関の設置状況などについて調査した。まず，その内容を簡単にみていこう（表2-1）。

　①総合出先機関の「設置の有無」については，「設置している」が34都道府県で，「設置していない」が13府県で，総合出先機関を設置している都道府県は7割強であった。

　②「組織の名称」は，支庁，県民局，広域振興局，地方振興局，地域振興局，総合支庁，地域事務所，総合事務所，など多様である。

　③都道府県内の総合出先機関の「設置数」は，福井県，香川県，宮崎県の1つから北海道の14までの広がりがあった。

第 2 章　都道府県出先機関の組織と予算のサーベイ

表 2-1　都道府県の総合型出先機関の設置状況

（2009 年 1 月現在）

都道府県名	設置の有無	2-2 組織名	2-3 設置数	2-4 所管区域	3 設置目的	4 総合型出先機関の所管事務																6 機関長の権限				7 機関長の格付
						1 戸籍・税務	2 企画・調整	3 地域振興	4 市町村助言	5 広聴・広報	6 福祉・生活	7 環境	8 保健・衛生	9 福祉	10 労政	11 労働	12 観光	13 農林	14 土木	15 税務	16 危機管理	1 人事	2 予算要求権	3 独自予算	4 調整費	
北海道	○	支庁	14	全域	1 総合化 2 地域振興																		×	×	○	1 部長級
青森県	○	地域県民局	6	全域	1 総合化 2 地域振興 3 行政改革	○	○	○	○	○	○	○	○	○	○	○	○	○	○	○	○	○	×	×	○	1 部長級
岩手県	○	広域振興局 地方振興局	7	全域	1 総合化 2 地域振興 3 行政改革																		×	×	○	1 部長級 2 次長級
宮城県	○	地方振興事務所	5	全域	1 総合化 2 地域振興 3 行政改革																		×	×	○	1 部長級
秋田県	○	地域振興局	8	全域	1 総合化 2 地域振興 3 行政改革	○	○	○	○	○	○	○	○	○	○	○	○	○	○	○	○	○	×	×	○	1 部長級 2 次長級
山形県	○	総合支庁	4	全域	1 総合化 2 地域振興 3 行政改革																					1 部長級
福島県	○	地方振興局	7	全域	1 総合化 2 地域振興																					1 部長級
茨城県	○	地方総合事務所	4	全域	1 総合化 2 地域振興	○	○	○	○	○		○	○	○	○	○	○	○	○	○	○	○	×	×	×	1 部長級
栃木県	−																									
群馬県	○	県民局	5	全域	1 総合化 2 地域振興 3 行政改革 4 その他	○	○	○	○	○	○	○	○	○	○	○	○	○	○	○	○	○				1 部長級
埼玉県	○	地域振興センター	9	ほぼ全域（さいたま市除く）																							2 次長級
千葉県	−																									
東京都	○	支庁	4	一部地域（大島、三宅島、八丈島、小笠原）	1 総合化																		×	×	×	3 その他
神奈川県	○	地域県政総合センター	5	ほぼ全域（横浜市、川崎市以外）	1 総合化 2 地域振興 3 行政改革 4 その他																					1 部長級
新潟県	○	地域振興局	12	全域	1 総合化																					1 部長級
富山県	−																									
石川県	○	総合事務所		一部地域（中能登、奥能登）	2 地域振興 4 その他																					
福井県	○	（嶺南）振興局	1	一部地域（嶺南地域）	2 地域振興																					1 部長級
山梨県	−																									
長野県	○	地方事務所	10	全域	1 総合化																					1 部長級
岐阜県	○	振興局（振興局事務所）	5（+3）	全域	1 総合化 2 地域振興																		×	×	○	1 部長級
静岡県	−																									
愛知県	−																									
三重県	−																									
滋賀県	○	振興局 1 地域振興局 3 県事務所 2	6	全域	1 総合化 2 地域振興																		×	×	○	1 部長級 2 次長級
京都府	○	広域振興局	4	ほぼ全域（京都市以外）	1 総合化 2 地域振興 3 行政改革																					1 部長級
大阪府	−																									
兵庫県	○	県民局	10	全域	1 総合化 2 地域振興 3 行政改革	○	○	○	○	○	○	○	○	○	○	○	○	○	○	○	○	○				1 部長級
奈良県	−																									
和歌山県	○	振興局	7	全域	1 総合化 2 地域振興																					1 部長級 2 次長級
鳥取県	○	総合事務所	5	全域	1 総合化 2 地域振興																					1 部長級 2 次長級
島根県	○	県民センター[東部][西部] 支庁[隠岐]	2 1	全域	1 総合化 2 地域振興 3 行政改革	○ ○	○ ○	○ ○	○ ○	○ ○	○ ○	○ ○	○ ○	○ ○	○ ○	○ ○	○ ○	○ ○	○ ○	○ ○	○ ○	○ ○				1 部長級 2 次長級
岡山県	○	県民局	3	全域	1 総合化 3 行政改革																					1 部長級
広島県	○	地域事務所	7	全域	1 総合化 3 行政改革																					3 その他
山口県	−																									
徳島県	○	総合県民局	2	一部地域（県南部・西部）		○	○	○	○	○	○	○	○	○	○	○	○	○	○	○	○	○				1 部長級
香川県	○	総合事務所		一部地域（小豆郡）	1 総合化 3 行政改革																		×	×	×	2 次長級
愛媛県	○	地方局	3	全域	1 総合化 2 地域振興 3 行政改革																					2 次長級
高知県	−																									
福岡県	−																									
佐賀県	−																									
長崎県	○	振興局	5	一部地域（長崎市など 4 市 2 町除く）	1 総合化 2 地域振興																					1 部長級 2 次長級
熊本県	○	地域振興局	10	ほぼ全域（熊本市以外）	1 総合化 2 地域振興																					2 次長級
大分県	○	振興局	6	全域	1 総合化 2 地域振興 3 行政改革																					2 次長級
宮崎県	○	支庁	1	一部地域（西臼杵郡）	1 総合化																					2 次長級
鹿児島県	○	地域振興局・支庁	7	全域	1 総合化																					1 部長級
沖縄県	○	支庁	2	一部地域（宮古、八重山）	1 総合化 2 地域振興																		×	×	○	1 部長級

出所：筆者作成。

④「所管区域」は,「全域」(全ての市町村が所管区域に含まれる場合)が22道府県,「ほぼ全域」(政令市などを除き市町村が所管区域に含まれる場合)が4府県,「一部地域」(離島や僻地等の一部地域のみ所管区域である場合)」が8都県であった。

⑤総合出先機関の「設置の目的」は,「1．地域における行政の総合化」,「2．地域振興の拠点」,「3．行政の効率化・行政改革の一環」,「4．その他」で複数回答を求めた。ほとんどが,「1」と「2」,あるいは「1」と「2」と「3」の組み合わせであった。

⑥総合出先機関の「所管事務」については,「1．庶務」,「2．企画・総合調整」,「3．地域振興(地域再生・地域振興など)」,「4．市町村行財政の助言等(管内市町村への行財政の助言など)」,「5．広報広聴」,「6．県民生活(NPO・ボランティア,消費者行政,男女共同参画など)」,「7．環境(環境保全,廃棄物,公害,自然保護など)」,「8．保健(健康づくり,老人保健,母子保健など)」,「9．福祉(生活保護,障害者福祉,老人福祉など)」,「10．商工(商工業の振興など)」,「11．労働(労政など)」,「12．観光振興」,「13．農林水産(農林漁業振興,農林技術の普及,森林整備など)」,「14．土木(道路・河川・港湾などの整備・管理など)」,「15．税務(県税の賦課徴収に関する事務,納税相談など)」,「16．危機管理」について該当するものを聞いた。石川県や香川県の8項目から北海道などの16項目すべてに該当するものまで広がりがあった。

⑦総合出先機関の「機関長(所長や局長等)の格付け」は,「1．部長級」,「2．次長級」,「3．その他」について聞き,部長級のみは20道府県,部長級と次長級は7県,次長級のみが5県などであり,機関長の多くは部長級であった。

⑧総合出先機関の「機関長(所長・局長等)の権限」については,人事権と予算要求権,独自予算や枠配分予算,配分権限のある振興調整費などの地域づくり補助金の有無について聞いたが,これらについては3節でみる。

その他に,記述式で,1998(平成10)年から2009年1月現在までで「総合型出先機関の設置・見直し,あるいは個別出先機関化などの経緯」と見直し時期や,「今後の出先機関組織改革の方向性」などについても聞いた。この後で分析する。

(2) 都道府県出先機関体制の「混迷状況」

それでは,まず,都道府県出先機関体制の変化の状況を1978年時点と1997年

時点における比較を，荒川などの分析においてみておこう[3]。

1978年では，完全個別型の都道府県は青森県など12県で，その他が総合型で，完全総合型が三重県と岡山県の2県，一部個別型は北海道など13道府県，一部地域総合型は新潟県など10都県，企画調整型が10府県であった（表2-2）。97年時点では，完全個別型の都道府県の入れ替わりはあったが同じく12府県あり，その他が総合型で，完全総合型が岩手県や三重県，岡山県，愛媛県の4県に増え，一部個別型は17府県（一部個別型と企画調整型の両方をもつ神奈川県を含む）で，一部地域総合型は9都県，企画調整型が5県であった。この約20年の間で，完全個別型や一部地域総合型に類型される都道府県数はほとんど変わらず，企画調整型が減り，完全総合型と一部個別型が増え，総合出先機関の総合・強化は「流行」していた。また，かつて総合型であった都道府県が個別出先機関化を実施したり，再度総合出先機関化を検討しはじめるなど，「出先機関の再編をめぐる混迷状況」がみられた[4]。

1997年時点と「平成の大合併」の動向が一段落した2009年1月現在では，都道府県出先機関の類型はどのように変化したのかを次にみてみよう。完全個別型が13府県と1つ増えた。09年1月現在で何らかの総合出先機関をもつ都道府県は34である。一部地域総合型が8都県と1つ減り，企画調整型に分類されるものはなくなった。他方で，一部個別型が9県と7つ減ったのに対して，完全総合型が4県から17道府県へと大幅に増加している[5]。この約10年間は，完全総合型が「流行」し，総合出先機関の総合・統合が「流行」していたといえる。

ちなみに，1978年から2009年1月現在にいたるまで都道府県出先機関の類型にほとんど変化がない都道府県は，完全総合型は岡山県だけ，一部個別型は茨城県，神奈川県，長野県，岐阜県の4県，一部地域総合型は東京都，石川県，福井県，香川県，宮崎県，沖縄県の6都県，完全個別型は栃木県，富山県，奈良県，福岡県，佐賀県の5県で，合計16都県であり，各類型であまり変化していない都道府県がある。つまり，他の31道府県は何らかの出先機関の類型を変える改革をその間に行ったのである。

次に，現在の「混迷状況」を量的な変化だけでなく，都道府県出先機関のあり方・組織機構の見直し内容などについて2009年4月現在（アンケート調査で「今後の出先機関組織改革の方向性」について問うた2009年1月以降の組織改革による変化の内容を加味）でもう少し詳しくみてみよう。そこでは，2009年1月現在から

表2-2 都道府県出先機関の設置類型別での都道府県の経年変化

類型	1978年 数	1978年 都道府県名	1997年4月 数	1997年4月 都道府県名	2009年1月 数	2009年1月 都道府県名
完全総合型	2	三重県，岡山県	4	岩手県，三重県，岡山県，愛媛県	17	<u>北海道</u>，<u>青森県</u>，岩手県，<u>秋田県</u>，<u>山形県</u>，群馬県，新潟県，<u>滋賀県</u>，京都府，兵庫県，<u>和歌山県</u>，<u>鳥取県</u>，岡山県，広島県，愛媛県，<u>熊本県</u>，<u>鹿児島県</u>
一部個別型	13	北海道，山形県，茨城県，千葉県，神奈川県，長野県，岐阜県，愛知県，京都府，和歌山県，愛媛県，長崎県，熊本県	16	北海道，宮城県，山形県，福島県，茨城県，千葉県，山梨県，長野県，岐阜県，愛知県，京都府，和歌山県，島根県，長崎県，熊本県，大分県	9	宮城県，<u>福島県</u>，茨城県，埼玉県，神奈川県，<u>長野県</u>，岐阜県，<u>島根県</u>，大分県
企画調整型	10	秋田県，福島県，群馬県，埼玉県，山梨県，静岡県，大阪府，兵庫県，島根県，大分県	5	秋田県，群馬県，埼玉県，静岡県，兵庫県		
一部個別＋企画			1	神奈川県		
一部地域総合型	10	東京都，新潟県，石川県，福井県，滋賀県，香川県，高知県，宮崎県，鹿児島県，沖縄県	9	東京都，石川県，福井県，滋賀県，山口県，香川県，宮崎県，鹿児島県，沖縄県	8	東京都，石川県，福井県，香川県，徳島県，長崎県，<u>宮崎県</u>，沖縄県
完全個別型	12	青森県，岩手県，宮城県，栃木県，富山県，奈良県，鳥取県，広島県，山口県，徳島県，福岡県，佐賀県	12	青森県，栃木県，新潟県，富山県，大阪府，奈良県，鳥取県，広島県，徳島県，高知県，福岡県，佐賀県	13	栃木県，千葉県，富山県，<u>山梨県</u>，静岡県，愛知県，三重県，大阪府，<u>奈良県</u>，山口県，<u>高知県</u>，福岡県，佐賀県

注：表中における2009年1月の都道府県名の欄に下線があるのは，2010年2月1日時点（見込み）の各都道府県内市町村数に占める人口1万人未満の市町村の構成比が30％以上の都道府県である（第29次地方制度調査会第19回専門小委員会（2008年12月16日）資料「市町村合併の状況について」による）。

出所：辻琢也・荒川絹子「出先機関の再編」『地方財務』（563号，2001年，348ページ），荒川絹子『都道府県の地方出先機関に関する実証研究』（埼玉大学大学院政策科学研究科，1998年，26ページ）をもとに，筆者が2009年1月現在の内容を付加し作成。

第2章　都道府県出先機関の組織と予算のサーベイ

表2-3　都道府県別での都道府県出先機関の類型変化のあり方

都道府県名	1997年4月	この間の変化・年度	2009年4月現在	都道府県数 (1997年)→2009年
北海道　＊	一部個別	→2004年	完全総合	
青森県　＊	個別	→2006・07年	完全総合	
岩手県	完全総合	＝(2006年統合強化)	完全総合	
秋田県　＊	企画調整	→2003年	完全総合	
山形県　＊	一部個別	→2001年	完全総合	
群馬県	企画調整	→2005年	完全総合	
新潟県	個別	→2002・04・06年	完全総合	15
京都府	一部個別	→2000・04年	完全総合	↑
兵庫県	企画調整	→2001年	完全総合	(4)
和歌山県　＊	一部個別	→1998年	完全総合	
鳥取県　＊	個別	→2001・03・06年	完全総合	
岡山県	完全総合	＝(2005年統合強化)	完全総合	
愛媛県	完全総合	＝(2008年統合強化)	完全総合	
熊本県　＊	一部個別	→2000年	完全総合	
鹿児島県　＊	一部地域	→2007年	完全総合	
宮城県	一部個別	＝(2004年統合強化)	一部個別	
福島県　＊	一部個別	＝	一部個別	
埼玉県	企画調整	→(2008年統合強化)	一部個別	8
神奈川県	一部個別＋企画調整	＝(2005・08年統合強化)	一部個別	↑
長野県　＊	一部個別	＝	一部個別	(16)
岐阜県	一部個別	＝(2000・06年統合強化)	一部個別	
島根県　＊	一部個別	＝(1999・2006年統合強化)	一部個別	
大分県	一部個別	＝(2006年広域化)	一部個別	
東京都	一部地域	＝	一部地域	
石川県	一部地域	＝(2000年統合強化)	一部地域	
福井県	一部地域	＝	一部地域	7
香川県	一部地域	＝(2002年統合強化)	一部地域	↑
徳島県	個別	→2005年	一部地域	(9)
長崎県	一部個別	→	一部地域	
宮崎県　＊	一部地域	＝	一部地域	
栃木県	個別	＝	個別	
茨城県	一部個別	＝(2005年統合強化)→2009年	個別	
千葉県	一部個別	→2004年	個別	
富山県	個別	＝	個別	
山梨県　＊	一部個別	→2006年	個別	
静岡県	企画調整	→2005年	個別	
愛知県	一部個別	→2008年	個別	
三重県	完全総合	→2006年	個別	17
滋賀県　＊	一部地域	→2001年完全総合→2009年	個別	↑
大阪府	個別	＝	個別	(12)
奈良県　＊	個別	＝	個別	
広島県	個別	→2001年完全総合→2009年	個別	
山口県	一部地域	→	個別	
高知県　＊	個別	＝	個別	
福岡県	個別	＝	個別	
佐賀県	個別	＝	個別	
沖縄県　＊	一部地域	→2009年	個別	

注：表中の「→」は類型の変化を，「＝」は類型は変化していないことを表し，その（　）内は類型変化はないが統合強化などの組織改革を行った年次である。「＊」がついている都道府県は表2-2と同様に人口1万人未満の市町村の構成比が30％以上の都道府県である。

出所：荒川絹子『都道府県の地方出先機関に関する実証研究』(1998年，26ページ)の表4-9（その1）の一部に，筆者が2009年1月のアンケート調査結果の内容に2009年4月からの変化を加味して付加・修正。

75

同年4月に類型を変える今後の方向性を示していたのは，完全総合型の滋賀県と広島県，一部個別型の茨城県，そして一部地域総合型の沖縄県の4県で，いずれも完全個別型への方向性であった。

表2-3をみると，まず，2009年4月現在で完全総合型が15道府県で，1997年4月から類型が変化したのは，もともと一部個別型であった北海道，山形県，京都府，和歌山県，熊本県の5道府県や，一部地域総合型であった鹿児島県，完全個別型であった青森県，新潟県，鳥取県の3県，企画調整型であった秋田県，群馬県，兵庫県の3県，合計12道府県である。変わらず完全総合型の岩手県や岡山県と愛媛県の3県もさらに統合を強化しているので，完全総合型の15道府県がいずれも完全総合化や，さらなる統合・総合化を行ったのである。09年4月現在に一部個別型である8県は，企画調整型であった埼玉県と一部に企画調整型の出先機関をもっていた神奈川県以外は1997年時点と同じ類型であるが，2県を含め6県は統合を強化したり所管領域を広域化するなどした。一部地域総合型の7都県のうち徳島県と長崎県以外の5県は類型が変わっていない。完全個別型の17府県では，7府県は類型が変わらず，一部個別型であった茨城県，千葉県，山梨県，愛知県の4県と企画調整型であった静岡県，一部地域総合型であった山口県と沖縄県の2県，完全総合型であった三重県，さらに，一部地域総合型から完全総合型を経て完全個別型になった滋賀県，個別型から完全総合型を経て完全個別型にもどった広島県といった10県が類型を変化させて完全個別型になった。

このように第一次分権改革のスタート時期の頃にあたる1997年から「平成の大合併」が落ち着いた2009年4月現在までに都道府県出先機関の類型を変えていないのは21都県で，類型を変化させたのは26道府県であった。ただ，類型を変化させていない都道府県のうち少なくとも9県は出先機関が所管するエリアを広域化したり所管事務を統合・強化したりしているので，合わせて35道府県は何らかの都道府県出先機関改革を行ったのである。それ以外にも，個別出先機関型の都道府県において個別事務所の統合や広域化などを進めたものも少なからずあった。

(3) 都道府県出先機関体制の傾向性

2009年4月現在でみると，昨今の都道府県出先機関体制の変化は，とりあえ

ず完全総合化と完全個別化の二極化がみられたのである。

　それらの類型変化や統合強化した時期は，2001年度や2005年度あたりが多く，地方分権一括法や「三位一体の改革」の影響，市町村合併による基礎的自治体の規模の拡大，あるいはそれらの複合による影響が考えられる[6]。このような変化に注目するならば，都道府県出先機関体制の「混迷状況」における傾向として5つぐらいのタイプが考えられる。

　①1つは，鹿児島県などの組織機構の見直しにみられるように，市町村合併の進展により，市町村数はこれまでの96から2005年度末には49になり，その規模等も拡大したという現状を受けて，縦割りの専門的出先機関を基本としている組織を「地域の特性に即した総合行政の推進，新たな行政需要への対応，地域住民の利便性の向上，効率的な組織運営への対応が求められている」という認識から，県の「出先機関の所管区域の広域化に併せて，縦割りの専門的出先機関を集約し，地域における行政を総合的かつ効率的に推進するための総合事務所化を図る」もので，「総合出先機関化型」である[7]。

　②岩手県などで，2005年度現在で保健所と土木事務所なども含めて総合出先機関化している12の地方振興局を，2006年4月において，いくつかの地方振興局を統合しエリアを拡大するとともに権限や機能も拡大・強化した1広域振興局（1本局3総合支局2行政センター）と6地方振興局に再編することを経て，将来的に4広域振興局体制を目指す「総合出先機関強化型」である[8]。

　③三重県のようなタイプであり，2006年4月から，これまで保健所と土木事務所なども含めて総合出先機関化していた県民局制度を廃止し，「地域において必要とされる県民サービスを，より迅速・的確に提供する，本庁各部につながった事務所体制」にした，「個別出先機関化型」である[9]。

　④総合出先機関である12地方振興局を6振興局に再編統合した大分県のような一部個別型や，能登空港を核とした地域振興の充実を図るため，企画振興課を設置し，保健所，福祉事務所，児童相談所の機能を統合した保健福祉センターを総合事務所に編入した石川県のような一部地域総合型にみられた，出先機関類型は変わらないが，事務や所管エリアの「統合強化型」である。

　⑤一部地域総合型の宮崎県や完全個別型の高知県のように都道府県出先機関体制の「現状維持型」である。

　このように，同様の地方自治システムの動向変化の影響を受けているにもか

かわらず都道府県出先機関の組織機構の見直し方向としては，総合出先機関化型や総合出先機関強化型と，個別出先機関化型があり，両者は方向性としては正反対である。また，現状維持型が一方であり，類型が変化しなくとも統合強化型などの方向性もみられた。都道府県出先機関のあり方が転換期にあり，その組織改革の多様な「流行」がみられ，「混迷状況」が深まっているといえそうだ。

　また，2009年4月現在で47都道府県のうち6割強の30が何らかの総合型の出先機関を設置していたが，さらに小規模町村を多くかかえる都道府県と出先機関類型について，表2-3をもう一度みておこう。2009年4月現在で，都道府県名に「＊」がついているのは，2010年2月1日時点（見込み）の各都道府県内市町村数に占める人口1万人未満の小規模町村の構成比が30％以上の道県で17ある。[10] 小規模町村を比較的多くかかえている道県は，完全総合型では15道府県のうち半数以上の8道県が含まれる。一部個別型には3県が，一部地域総合型には1県で，合計12道県が総合型の出先機関類型に含まれている。完全個別型は5県である。小規模町村を多くかかえる都道府県の約7割が総合型の出先機関類型に，同様に約5割が完全総合型に類型化されるのである。とりあえずは，小規模町村を多くかかえる都道府県と総合出先機関体制とは一定程度の相関関係があるといえそうだ。

3　都道府県の総合出先機関と予算システム

　次に，2009年1月現在でのアンケート調査結果にみる34都道府県の総合出先機関の「機関長（所長・局長等）の権限」に関して，主として予算要求権，独自予算や枠配分予算，配分権限のある振興調整費などの地域づくり補助金のあり方などについてみてみよう。

　まず，総合出先機関の機関長の人事権について簡単にみておこう。総合出先機関長に人事権が「ある」のは18道府県で，「ない」のは16都県である。「ある」という人事権の内容は本庁人事課と調整・協議などを行いながら課長補佐や主幹級以下の局内人事について，一定程度の異動に関する権限をもつような場合が多かった。総合型の都道府県の半数以上では，何らかの人事権が機関長に与えられていたのである。

（１）都道府県の予算編成過程と総合出先機関

　都道府県出先機関の多様性にもかかわらず，一般的にはサービス供給の末端機関としての性格が強く，予算システムにおいては本庁に権限が集中しているという指摘がある。出先機関の自律性の欠如は予算システムにおいて特に顕著であり，ほとんどの出先機関は予算要求権をもたず，本庁の各部局が要求して確保した予算を縦割りで配賦され，執行する役割を与えられているという状況にある。このような認識から，地方分権の文脈において都道府県出先機関の位置づけに関する議論は，これまで研究としてはあまり多くなかった。

　しかしながら，総合行政指向の地方分権の流れやグローバル化のなかで地域振興の重要性の高まりを背景として，2009年１月現在において総合出先機関を設置する都道府県は34に及んでおり，その目的には総合行政と地域振興を掲げる場合が多かった。また後にみるように，地域振興計画等を策定している都道府県もあり，そのための財政的担保が求められることから，予算編成過程においても総合出先機関に係わる独自の工夫をしている事例も多い。これらのことを考慮すれば，出先機関には自律性が欠如しているという単純な議論ではみえない出先機関の「進化」を捉える必要性があると思われる。

　総合出先機関における予算編成機能についての先行研究として，先の荒川がある[11]。荒川は1990年代における完全総合型出先機関の事例として岡山県，三重県，愛媛県および岩手県をとりあげていた。それによると，岡山県においては各振興局に枠配分され，振興局長の権限で執行できる「地方振興事業調整費」が存在した（1996年度予算，40億円）。地方振興事業調整費は国の事業や本庁採択の県単事業に上乗せして補完するものであり，ハード事業中心であった。三重県においては県民局長権限予算として事業調整費および「ふるさと支援事業」が存在した（1997年度当初予算，それぞれ２億円，８億円）。そのうちふるさと支援事業は，市町村や一部事務組合等が行うソフト事業を主に補助するものである。愛媛県においては，この当時は地方局長が決定権限をもつ予算権限は存在していなかった。岩手県においては，局長権限予算として「地域活性化事業調整費」が枠配分されていた（1997年度予算，９億円）。この予算はハード・ソフトとも対象となるが，ソフト事業が主なものであった[12]。

　以上から，荒川は，岡山県，三重県および岩手県では総合出先機関での事業の執行段階においてハード事業を含む事業を相互に調整・補完し，全体的な効

果を高めるような統合が行われていたとする。また，ハード事業を含む事業の統合が行われる条件として，土木部門を統合していることと，予算権限を有することの2つの要件が揃っていることを指摘した。[13] 荒川の研究は，完全総合型出先機関における事業統合の観点から局長の執行権限を中心に予算権限の機能をみたものとして興味深い。しかしながら，総合出先機関における予算権限はハードを中心とした事業統合の観点のみでなく，より総合的な地域振興計画等に基づく予算要求権や独自予算の存在にも目を向ける必要があると考える。

(2) 総合出先機関における予算編成機能強化の論理

　総合出先機関における予算編成機能強化の論理について，山形県と愛媛県を事例として検討しておこう。

　総合出先機関における予算調整機能・予算要求権の必要性については，山形県「総合出先機関の設置について」(2000年3月)が明瞭に打ち出している。それによると，「仕事のしくみや進め方を見直し，県政の軸足を地域に移していくことを目指して」総合出先機関を設置するとしている。さらに，「本庁から大幅に権限委譲を行うとともに，企画調整機能や予算調整機能を備え，基本的に，地域のことは，企画から事業実施，評価まで一貫して行える体制」にするとしている。つまり，地域における総合行政の展開が目指されているのである。そのために重視するのが企画調整機能等と予算調整機能である。企画調整機能等については，①総合的な地域振興計画（地域におけるグランドデザイン）の策定，②施策調整機能と重要案件にかかる機関内調整，③総合案内窓口の設置など情報相談機能，が重視された。

　総合出先機関が行う予算要求は，以下のように整理された（図2-1）。山形県における総合出先機関が実施主体となる事業の予算要求は，設置当初においては次の3つに分類されていた。第1に「直接要求予算」であり，ブロック単位で実施可能な事業について総務部に直接要求するものである。第2に「所管部経由予算」であり，各所管部が要求する予算であるが，事業箇所・事業内容・地域内の優先順位等を記載した要求調書を所管部に提出する。第3に「地域ビジョン予算」（仮称）であり，「地域ビジョン推進事業（仮称）」を対象とし，本庁の窓口になる各部に予算要求したうえで，調整のうえ，総務部に予算要求する。[14]

図2-1 山形県における総合出先機関の予算要求の流れ

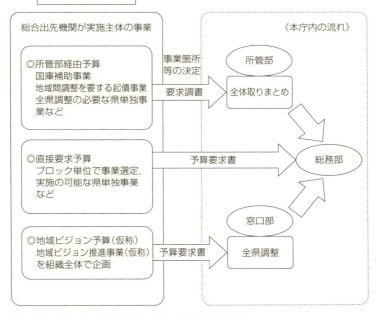

出所：山形県『総合出先機関の設置について』（2000年3月）。

　山形の総合出先機関設置にあたっての考え方は，地域における総合行政を展開するためには総合出先機関への予算権限の付与が重要であることを示唆したものである。ただし，実際に予算要求権がどう機能したのかは，今後において検証されなければならない。[15]

　次に，愛媛県の場合であるが，2007年10月に5つの地方局を3局に再編する方針を打ち出した。その背景には，市町村合併に伴う市町村数の大幅な減少，それに伴う所管区域の広域化の必要性，県と市町との役割分担の見直し，さらには交付税削減などによる県財政悪化による組織スリム化の必要性があった。再編にあたっては組織・機能の強化をうたっており，新しい地方局を広域行政の中核拠点として発展させることが目指されている。そのため，①「地域政策課」を中心とした適時適切な局内調整による部局横断的な行政執行体制の強化，②企画調整機能を拡充し，地域のニーズを的確に地域政策に反映させるシ

ステムの整備，③地方局への積極的な権限委譲および地方局自らが予算編成に参画できるシステムの構築による権限の拡大，を図るとしている。[16)]

予算権限については，具体的には，①「地域振興重点化プログラム」の予算への反映，②地方局による予算要求システムの創設，③地方局長による予算配分額の調整，が打ち出されている。

愛媛県の場合は，広島県などと並んで最も市町村合併による市町村数の減少率が高い県の１つである。愛媛県の事例において市町村合併の進展や財政悪化からくる組織スリム化の必要性といった背景は，必ずしも総合出先機関の個別機関化や予算権限の本庁集中化の方向にのみベクトルが向くとは限らないことを示している。[17)]

都道府県ごとの市町村数の減少度合いや都道府県財政の状況など異なる条件のもとで，総合出先機関設置の目的である「総合行政」，「地域振興」および「行政改革」という３つの要素をどう組合せて最適解を導くかによって，都道府県出先機関改革の方向性や予算権限を含む具体的な中身が決まってくるものと思われる。

（３）都道府県アンケート調査からみる総合出先機関における予算権限

①予算要求権　出先機関の予算要求権については，まったくない都道府県が多く，何らかの予算要求権をもつと回答したのは８府県にすぎない。

何らかの予算要求権をもつと回答した都道府県のうち，広範囲な予算要求権を有するのは山形県などである。山形県については，「国庫補助事業や地域間の調整を要する起債事業，職員人件費を除き，予算要求枠の範囲内において要求する」としている。これは，一定の限定はあるものの，特定の予算のみでなく一般的に予算要求権を出先機関に付与している点が注目される。

一方，特定の予算に関してのみ予算要求権を認めている都道府県として，岩手県（広域振興事業），福島県（過疎中山間地域振興戦略にもとづく事業），京都府（地域戦略推進費），愛媛県（各地方局が作成する「地域振興重点化プログラム」のうち，地方局自らが企画立案・実施する事業等に要する経費（維持管理，補助事業を除く）を対象），徳島県（圏域内の計画策定や局内調整に要する予算，局自らが企画立案・実施する事業に必要な予算など），などがある。

このうち京都府の地域戦略推進費をみておこう。地域戦略推進費の予算額は

第2章 都道府県出先機関の組織と予算のサーベイ

表2-4 京都府山城広域振興局の地域戦略推進費の概要

(単位:千円)

部局名	事業名	概要	⑳予算額	⑲予算額
山城広域振興局	京都山城「宇治茶の郷づくり」事業費	宇治茶を活かした地域づくりの推進 宇治茶認定制度,宇治茶の郷通信の発行,宇治茶の郷づくり月間の実施	1,000	1,000
山城広域振興局	やましろ観光推進事業費	山城地域の観光振興 山城観光情報の発信,観光マップの作成等やましろ観光各駅亭舎プロジェクトの推進,観光ボランティアガイドの交流会	1,000	1,000
山城広域振興局	やましろ元気なものづくり企業支援事業費	産業活性化 京都山城産業ブランド創造交流フェア(仮称),山城ものづくり企業オンリーワン倶楽部の開催,山城地域立地企業・府立高校懇談会	1,000	1,000
山城広域振興局	やましろ食菜プロジェクト推進事業費	食育と地産地消の推進 保育所・小学校等で栽培,収穫の体験学習,食育教室を実施,直売所が連携して農産物フェアを開催	1,000	1,000
山城広域振興局	やましろ農の担い手対策推進事業費	農の担い手確保 団塊の世代を対象とした営農講座(やましろ地域熟年チャレンジ塾)の開催	400	0
山城広域振興局	山城うるおい水辺パートナーシップ事業費	河川愛護活動を通じた地域との協働 ボランティア団体等との事業協定による河川愛護活動を支援	2,000	1,300
山城広域振興局	科学好き・ものづくり好きの子ども育成事業費	学研,ものづくり企業等と連携し,次世代の科学を担う人材育成 未来っ子サイエンス事業(小中学生に科学実験,ものづくり体験機会を提供),学研施設,企業と連携し,「やましろサイエンスフェスティバル」開催	1,500	1,500
山城広域振興局	山城地域「団塊の世代」健康づくり支援事業費	生活習慣病予防 健康づくりセミナー,ノースモーキングのまちづくり事業,生活習慣病ハイリスク者に対する保健指導	800	1,000
山城広域振興局	山城北地域精神保健福祉ネットワーク形成事業費	精神障害者の地域生活支援 関係団体等と連携したネットワーク会議の開催,精神障害者の電話相談員ボランティアの養成	500	1,000
山城広域振興局	発達障害児・保育集団支援モデル事業費	発達障害児の支援体制整備 集団保育で保育士等が発達障害児に対処する際のチェックリストの作成等	700	0
山城広域振興局	大学・地域・行政ネットワーク型NPO活動推進モデル事業費	NPO活動の推進 NPO・大学・地域・行政との協働推進事業,NPOに対する運営・活動の支援	700	0
山城広域振興局	ふるさと・棚田支援事業費	土地改良施設の維持管理活動等 都市農村交流事業等による地域活動の活性化「中山間ふるさと保全基金活用」	500	500
山城広域振興局	「ともに創る活力とやすらぎの山城交流圏」ネットワークづくり事業費	地域振興計画の推進 戦略的広報,地域戦略会議開催 等	6,000	6,000
		⑲終了事業	―	1,000
山城広域振興局		特定財源 500 一般財源 16,600	17,100	16,300

出所:京都府山城振興局資料。

約5500万円（2008年度）であり，4つの広域振興局からの予算要求に基づき配分される。この予算は各広域振興局のいわば「活動費」であり，広域振興局独自の裁量でソフト事業を進めることができる。例えば，山城広域振興局の場合，13事業あるが，それらは「山城地域振興計画」に掲げられた施策を進めるためのものである（表2-4）。

　山城広域振興局の例でもわかるように，予算要求権の付与された予算は，ソフト事業であるため予算額は大きくないが，地域における広域的な振興や先導的な取り組みを進めるために重要な位置づけがなされている。

　②独自予算・枠配分予算　アンケート結果からみると，都道府県出先機関が何らかの独自予算や枠配分予算をもつ都道府県は16あった。具体的には，「支庁独自の事業に係わるもの」（北海道），「地域振興推進費」（岩手県），「道路補修・河川環境整備に要する経費を枠配分」（秋田県），「予算要求枠の範囲内での独自予算」（山形県），「管内出先機関が連携して地域課題に対応する連携調整事業費」（福島県），「総合行政，地域振興に係わる補助金・公共事業等」（群馬県），「さいたま創造資金」（埼玉県），「地域課題調整費，地域県政総合センター自主提案事業費」（神奈川県），「地域活性化モデル事業，地域振興戦略事業調整費」（新潟県），「地域戦略推進費」（京都府），「地域戦略推進費等」（兵庫県），「一般的事務費について各部の枠を設けている。その他政策経費については個別査定」（鳥取県），「地域振興推進費などの独自予算」・「地域密着型の公共事業についての枠配分予算」（徳島県），「県民協働で『元気で明るい熊本づくり』を推進」する事業（熊本県），「ハード1億円，ソフト1千万円の枠予算」（鹿児島県），「合同庁舎管理予算，職員人件費」（沖縄県），となっている。

　このうち鹿児島県の事例をみておこう。鹿児島県は各地域振興局・支庁が地域固有の課題解決や地域活性化策に取り組むために2008年度から地域振興推進事業を創設して，総事業費枠7億7000万円（各地域振興局・支庁ごとに1億1000万円。うちソフト事業1000万円，ハード事業1億円）の独自予算を総合出先機関に配分している。独自予算であるので，その執行は基本的には各地域振興局・支庁の裁量によるが，財政課で重複事業の有無や経常経費に充てていないかどうかだけは確認する。事業内容は多岐にわたっており，地域振興局・支庁の各部局が関わるだけでなく，市町村や民間団体等と連携した事業となっている。総合

出先機関の独自予算は，総合行政・広域行政の強化を行うなかで地域課題に対応するうえで重要な手段となっている。また独自予算を基軸として，管内市町村や民間団体との連携も強化されている[18]。

③ 総合出先機関が配分権限をもつ振興調整費などの地域づくり補助金　独自予算や枠配分予算以外に，総合出先機関が配分権限をもつ振興調整費などの地域づくり補助金をもつ例は34道府県のうち19あり，総合型の半数以上である。主なものをあげると，「地域政策総合補助金」（北海道），「市町村の地域振興補助金」（青森県），「市町村総合補助金」（岩手県），「振興局調整費」（秋田県），「本庁地域振興課が配分した枠に関するか所づけ」（宮城県），「地域づくり総合支援事業」（福島県），「地域づくり支援・合併推進・防犯のまちづくり支援」（埼玉県），「市町村・NPO等の団体が行う地域づくりに資する事業に対する補助」（長野県），「地域戦略推進費等」（兵庫県），「人街づくり事業補助金」（和歌山県），「地方振興事業調整費」（岡山県），「地域活性化総合補助金」（大分県），などである。

これらは岡山県などのハード事業中心のものと，和歌山県などのソフト事業中心のものとに分かれる。このうちソフト事業の事例をあげると，例えば秋田県の「振興局調整費」は，「地域が抱える課題に迅速で・柔軟・きめ細かに対応するため，振興局長の裁量により機動的に執行可能な予算を設け，身近で頼りがいのある行政を展開し，『地域づくりの拠点』としての機能強化を図る」ことを目的としている。原則として振興局が直接執行する単年度事業であり，ソフト事業が対象となる。使途は，①社会経済情勢の変化に伴う喫緊の課題や要望への対応，災害対策や緊急避難的な措置を要する事項，②地域別計画に掲げる施策の「芽だし」や「下支え」となる取り組み，③計画の策定時に想定できない行政ニーズの発生など緊急かつ迅速に対応する必要のある事業とされている[19]。

（4）都道府県アンケート調査からみる総合出先機関と予算編成過程

本アンケート調査では，総合出先機関の予算編成過程における調整について，以下の質問を行った。「総合型出先機関を設置している都道府県で，地域振興計画等を策定している場合，それに基づく重点施策を予算編成過程でどのように担保していますか。また，予算編成過程において総合出先機関内の各部

課間の調整をどのように行っているかをご記入ください」。

　この質問について，アンケートへの回答のみでは正確に整理できない面もあり，今後の精査が必要であるが，回答に基づく限りでは，いくつかのパターンがみられた。第1は，地域振興計画等に掲げられた重点事業について，総合出先機関が予算要求権をもつタイプである。このタイプの例としては岩手県，山形県，愛媛県などがある。岩手県の回答をみると，「重要なプロジェクト事業（広域振興事業）については企画担当部が振興局内や関係地方振興局との調整を行い，事業を企画立案し，本庁総務部に要求（地域振興部経由）する」という。

　第2は，地域振興計画等に掲げられた重点事業に係わる予算について，独自予算で保障されたり，総合出先機関に枠配分されるタイプである。このタイプの例は，秋田県，新潟県，鹿児島県などである。秋田県の回答をみると，「地域別計画に掲げられた施策について，地域振興局が主体的に事業が実施できるように，枠で予算を配分している」という。

　第3は，地域振興計画等に掲げられた重点事業について，総合出先機関内での調整会議等をへて，本庁の各部課をつうじて予算要求するタイプである。本庁の各部課が予算要求する際，本庁においても全庁的な調整を行う場合もある。また，第1のタイプである道府県においても予算要求権をもつ範囲外の予算については，このタイプと同様なプロセスをとる場合がある。このタイプの例は青森県，茨城県，神奈川県，京都府などがある。神奈川県の回答をみておくと，「地域県政総合センター所長は，神奈川力構想や地域づくり推進プランの進捗状況，県民，市町村から寄せられた地域の課題や要望を踏まえ，地域における課題の共有・情報交換のため，関係出先機関により構成する予算に関する調整会議における情報・意見交換を参考に特に地域の重点として翌年度に優先的に取り組むべき事業（以下「地域重点事業」という。）を決定し，地域の意向を反映するため，事業所管の関係出先機関の長から本庁の部局長に予算化を依頼後，地域における総合的な調整主体として，本庁の関係部局長に改めて予算化を要請している。また，本庁各部局長は，地域重点事業に係る予算要求状況，予算化状況等の情報を地域県政総合センター所長に提供することとなっている」という。

　第4は，重点施策について予算編成過程で総合出先機関内における部課間の調整を行っていないタイプである。また，このタイプのなかには地域振興計画

等自体を策定していない都道府県もある。このタイプの例としては，和歌山県，岡山県，大分県，宮崎県などがある。宮崎県の回答をみると，「地域別の振興計画は策定していない。予算編成過程において総合型出先機関内の各課間の調整は行っていない」という。

　以上，4つのタイプを析出したが，各都道府県における予算編成過程や総合出先機関のあり方は多様であり，そのことを反映して予算編成過程における総合出先機関の関わりのあり方も実に多様である。予算の中身によっては，上記の4つのタイプの複合型もありえる。上記で第一のタイプとして紹介した愛媛県は，実際には第3のタイプとの複合型である。愛媛県の回答をみると，「各地方局で優先的・重点的に取り組む必要がある施策を毎年度『地域振興重点化プログラム』として取りまとめ，庁内会議で施策化について協議・検討したうえで必要に応じ予算編成（本庁所管事業，地方局対応施策など）に反映させることとしている。地方局対応施策とされたものについては地方局内の会議等で横断的な調整を行い，担当課（地域政策課）が予算要求書を作成し，本庁関係部局を経由して財政課に提出する」という。

　以上を総合すれば，何らかの予算要求権をもつのは8府県で，何らかの独自予算や枠配分予算をもつ都道府県は16道府県，独自予算や枠配分予算以外に総合出先機関が配分権限をもつ振興調整費などの地域づくり補助金をもつのは19道府県と，予算編成過程において総合出先機関が何らかの独自権限を有するのは34都道府県のうち24道府県に及ぶことがわかった。しかし，その内容は多様であり，様々な工夫が施されていることがうかがえた。それらの都道府県において共通していたのは，出先機関の総合行政機能の強化や地域固有の課題に即した地域振興の必要性を何らかの形で予算に反映しようと工夫している実態があったことである。

4　おわりに

　本章では，都道府県出先機関に関する組織体制のあり方と予算編成過程や予算権限などについて，これまでの先行研究の成果を踏まえながら，筆者たちのアンケート調査の内容を中心に整理・分析して，俯瞰的なサーベイを行った。

　都道府県出先機関の組織のあり方や内容も多様であったので，都道府県出先

機関のあり方はまさに「混迷状況」にあるといえたが，そのなかで総合出先機関化と個別出先機関化の２つの傾向性がみられた。その違いは必ずしもその都道府県において市町村合併が進展しているかどうかに必ずしも依拠しない。広島県や愛媛県は市町村減少率が最も高いグループに属するが，愛媛県は個別化を進めずにさらに完全総合型を強化したが，広島県はこの間に個別型から完全総合型に改革し，2009年度に完全総合型から完全個別化を目指した。小規模自治体が多く存在する道府県を個別にみると，高知県は個別出先機関を継続させて，長野県は一部個別型を維持し，北海道は一部個別型から完全総合型に改革したように，出先機関類型はとりあえず多様であった。これらの方向性の違いには，１つには知事のリーダーシップが影響しているものと考えられる。他方で，人口１万人未満の小規模町村構成比が30％以上である17道県でみれば，その約７割が総合型の出先機関類型で，約５割が完全総合型に属していたように，小規模町村を多くかかえる都道府県と総合出先機関体制とは一定の相関関係がみられた。

　また，予算編成過程において総合出先機関が何らかの独自権限を有するのは34のうち24道府県であったが，その独自権限のあり方にも多様性があった。地域振興計画を進めるために総合出先機関を単位とした地域振興計画を策定したり，その財源保障として予算要求権を付与したり，独自予算・枠配分予算を認めるなどの工夫を行っていた。その一方で，総合出先機関化が必ずしも予算権限の付与につながるとは限らないし，圏域の地域振興計画を策定しないケースもみられた。地域振興計画を策定していても予算権限を付与しないケースもあった。ただ，予算編成過程において何らかの独自権限をもつということは，政治分権の機能を発揮していると考えられる。これは，微視的フィードバック機構において都道府県出先機関が，本庁の政策のあり方に出先機関独自の解釈・判断を加えながら市町村や地域・団体などに対して裁量を行使して予算策定や政策実施を行い，地域の多元性を保持する「自由の培養器」の機能を担っているといえる。あるいは，総合出先機関圏域の独自政策が都道府県本庁による都道府県全体の政策に発展するとすれば，それは巨視的フィードバック機構における「政策のイノベーションの源泉」として機能したといえるかもしれない。さらに，都道府県出先機関が地域づくり補助金に関する権限などももっていたことは，都道府県が都道府県出先機関を通して地域・コミュニティと相互

関係をもち，都道府県出先機関が結節点において地域・コミュニティの「自治の量」を含めた圏域の「自治の総量」に直接影響を及ぼしているとも考えられる。

　以上のことから，わが国の地方自治制度は，多様な地域や自治体のあり方に対して多様性と柔軟性をもって対応が可能な重層的な自治システムであり，広域自治体である都道府県は，そのようなシステムの構成要素の1つである都道府県出先機関を改革することで社会環境の変化に対応し，自らの機能・役割を果たそうとしている面があると考えられる。

　なお，本研究の分析・考察は主としてアンケートへの回答に基づく形式的な整理にとどまっており，総合出先機関の予算権限などの独自権限をその実態に即して検討することや，重層的な自治システムにおける都道府県機能と「自治の総量」との関係に関する実証研究を深めることが今後の課題である。また，今回の分析が2009年1月現在で行った調査をもとにしたもので内容が少し古くなっており，その後の変化を十分にフォローしていないので，近年の動向も踏まえた調査と分析を行うことも今後の課題である。

注
1) 辻琢也・荒川絹子「出先機関の再編」『地方財務』563号（2001年4月号），347-349ページ，および，荒川絹子『都道府県の地方出先機関に関する実証研究―北海道支庁制度改革の提言』(1998年)，19ページ。なお，今回のアンケート調査では，「企画調整型」に該当する都道府県はみられなかった。
2) このアンケート調査は，「都道府県の地方事務所等の総合型出先機関等に関するアンケート調査」という内容で，2008年12月末に，47都道府県の組織改革関係の担当課長宛に郵送し，2009年2月中旬までに回収したものである。完全個別型に該当する1県は未回答であった。アンケート調査票の作成と分析において，兵庫県が平成19年度と20年度に行った「都道府県別総合事務所等の設置状況」に関する調査内容とその結果を参照した。また，筆者たちの調査と兵庫県の調査との違いは，①兵庫県調査が総合型出先機関の設置状況を地方自治法の第155条第1項の規定に基づくものに限定しているのに対して，それ以外に同法の第156条第1項などによる福島県の地方振興局や埼玉県地域振興センターも総合型出先機関として分析すること，②兵庫県調査が主な所管事務を9項目分類であるのに対して，筆者たちは16項目に分類していること，③筆者たちは総合出先機関の機関長権限についても調査したこと，などがある。なお，全国的なサーベイについては，他に山之内稔「都道府県における総合出先機関の変遷と地方分権」『地方自治研究』Vol.23, No.2，2008年8月，がある。
3) 辻・荒川，前掲論文，および荒川，前掲，による。

4) 辻・荒川，同上，349ページ。
5) ここで完全総合型というのは，今回のアンケート調査において16所掌事務すべてを含んでいるということではなく，庶務，企画調整，地域振興や農林水産関係事務，保健や福祉，土木など主要な所管事務をほぼ含むものとする。
6) アンケート調査より。山之内，前掲論文，参照。
7) 鹿児島県『組織機構改革方針』(2005年12月)，6ページ。
8) 岩手県『これからの広域行政の圏域と地方振興局』(2006年3月)。岩手県では，2016年現在では4広域振興局体制となっている(総務省ウェブサイト「都道府県の出先機関（知事部局）の数に関する調（平成26年4月1日現在）」(www.soumu.go.jp/main_content/000355374.pdf, last visited, 30 August 2016)，参照)。
9) 三重県ホームページ「平成18年度組織改正等のポイント」(2006年2月16日)。
10) 第29次地方制度調査会第19回専門小委員会資料「市町村合併の状況について」(2008年12月16日)。
11) 荒川，前掲，参照。
12) 同上，34-53ページ。
13) 同上。
14) こうした予算の分類はその後に変更されており，2005年度予算編成からは地域の企画経費・維持管理経費を統合して枠配分する「総合支庁地域予算」を創設した。2008年度当初予算においては，4支庁合わせて49億円の予算要求を行い，46億円が認められている。
15) この点に関して，辻・荒川，前掲，は，「情報や組織が限られているために，予算要求権や人事権（係長以下）を持っていても形式化してしまう」という例があることを指摘している。
16) 愛媛県「地方局再編整備計画」(2007年10月)。
17) 一方，いったんは完全総合型であった広島県や滋賀県などが2009年度に個別型に移行することが予定されているなどの動きもみられた。完全総合型から個別型に移行する論理は，本庁において総合的に調整することにより総合行政を確保するという考え方であろう。
18) 鹿児島県人事課行政管理室におけるヒアリング(2009年2月2日実施)，および提供資料による。
19) 秋田県の行政資料。

第3章 地域産業振興政策における都道府県出先機関の機能分析

都道府県出先機関に対するアンケート調査をもとにして

1 はじめに

　本章では，都道府県出先機関に対して行った地域産業振興政策に関するアンケート調査の結果を整理・分析することで，これまでの都道府県出先機関の機能に関する研究の内容を補完することを目的にしている。主な分析の項目としては，地域振興ビジョンなどの計画策定のあり方や政策実施のあり方など都道府県の政策形成過程における都道府県出先機関の機能，および都道府県出先機関の独自財源のあり方など予算編成過程や予算執行のあり方に関することがらである。

　なお，アンケート調査は，2014年2月27日に47都道府県の出先機関の473か所の地域産業振興関係部課の部課長宛にアンケート調査用紙を郵送し，返信用封筒での同年3月14日までの返送とした。302か所から回答を得て，回収率は63.8％であった。アンケート調査用紙を送付するにあたっては，地域振興局などの総合出先機関を複数設置している都道府県の場合は3か所（都道府県内の出先機関エリアが2地域の場合は2か所）の総合出先機関エリアを選び，その出先機関内の地方振興部，農林振興部，水産振興部など，あるいは地域政策課や農業振興課，林業振興課，商工観光課などと呼称されている地域産業振興関係の政策領域ごとの部長あるいは課長宛にそれぞれアンケート調査用紙を送付した。総合出先機関は設置せず個別出先機関をもつ都道府県の場合は，3地域（都道府県内の出先機関エリアが2地域の場合は2か所）を選び，そのエリアにある農林水産事務所や農政事務所などと呼称されている地域産業振興関係個別出先機関の政策領域ごとの部長あるいは課長宛にそれぞれアンケート調査用紙を送付した。その際，個別出先機関でも試験研究機関などは，知事の権限を地域的に分掌する行政機関などではないので対象としなかった。

以下では，まず2節では，出先機関エリアにおける地域産業振興に関する計画やビジョンの策定のあり方と，管内市町村や諸団体との協議の場のあり方について，総合出先機関と個別出先機関といった出先機関類型別にアンケート調査の結果を分析するとともに，総合出先機関における「地域振興・観光」と「農林水産業」などの政策領域別に整理・分析する。3節では，都道府県出先機関の予算に関する機能を出先機関類型別に分析するとともに，総合出先機関における政策領域別に予算権限のあり方を分析する。4節では，出先機関の地域産業振興政策を担当している部課長が，出先機関の機能である事業立案機能と事業実施機能，利害調整機能，政策総合化機能，圏域の関連諸団体の意見取り込み機能をどの程度発揮しているか，あるいは発揮できると考えているかといった意識について，アンケート調査の結果を出先機関類型別と総合出先機関における政策領域別に分析する。5節では，出先機関の地域産業振興政策を担当している部課長が，管内の市町村を含む多様な諸機関等とのつながり・関係をどの程度もっていると考えているかに関してアンケート調査の結果を分析する。そのあとで，まとめに代えて若干の考察を行うことにする。

2　地域産業振興の計画策定と諸団体との協議の場

　都道府県の地域産業振興政策における都道府県出先機関の機能に関するアンケート調査の結果を順次，整理・分析していこう。
　まず，今回のアンケート調査における回答者・出先機関の基本属性をみたあと，総合出先機関と個別出先機関の出先機関類型別に比較分析してから，総合出先機関における政策領域別の比較分析を行うことにする。

(1) 基本属性

　都道府県の出先機関の類型は，有効回答数302のうち，「総合出先機関（地方事務所・地域振興局など）」が約55％（166出先機関）を占め，「個別出先機関（農林事務所など）」が約45％（135出先機関）であった。
　所属する出先機関の部課が主に担当している政策領域については，「地域振興・観光」が全体の約23％（70出先機関）で，「農林水産業」が約72％（218出先機関），「商工労働」が約2％（7出先機関），「その他」が約2％（6出先機関）

であった（表3-1）。

「農林水産業」が7割を占めているのは，「農林水産業」関係部課は農業や林業，水産業など政策領域ごとに部課が設置されているために，アンケート調査用紙を送付した出先機関の関係部課の数がもともと多かったことが考えられる。また，総合出先機関ではな

表3-1　政策領域別の回答数と割合

1	地域振興・観光	70	23.2%
2	農林水産業	218	72.2%
3	商工労働	7	2.3%
4	その他	6	2.0%
無回答		1	0.3%
総　計		302	100.0%

出所：筆者作成。

く個別出先機関を設置する都道府県では，「農林水産業」関係の出先機関は設置するが，「商工労働」関係の政策領域に関する出先機関は設置せずに本庁だけで所管する場合が比較的多いため，アンケート調査用紙を送付した「商工労働」関係の部課の数がもともと少なかったことが考えられる。さらに，「商工労働」関係の部課では，「商工観光課」など商工労働政策と観光政策をともに所管している部課があり，その場合に政策領域としては「地域振興・観光」と回答される場合がみられたことも影響していると考えられる。

（2）出先機関類型別の分析

　総合出先機関と個別出先機関の出先機関類型別に，地域計画のあり方と協議・交流の場のあり方についてアンケート調査の結果を比較分析してみよう。なお，以下では，いずれの項目でも無回答の数は1から3つとごく少数であったために分析結果にほとんど影響しないと考えられるので，回答から除外して分析することにした。

　①出先機関エリアの地域振興計画　　まず，都道府県全体の総合計画や戦略・方針のなかに出先機関エリアの地域振興ビジョン・構想や包括的な地域振興に関する計画があるかどうかについての質問項目に関する結果をみる（図3-1）。それを出先機関類型別にみると，総合出先機関の約8割，個別出先機関の約7割が「ある」との回答でいずれも高い割合であるが，総合出先機関の方が少し高かった。

　出先機関エリアの地域振興ビジョン・構想や包括的な地域振興に関する計画は，都道府県内の出先機関エリアごとの特色や課題が反映されて策定されたも

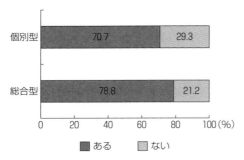

図3-1 出先機関類型別のエリア計画の有無

個別型 70.7 29.3
総合型 78.8 21.2

■ある　□ない

出所：筆者作成。

のであると考えられるので，総合出先機関と個別出先機関の両方のエリアでは，都道府県の全体計画に加えて何らかの地域性を反映した計画が高い割合で策定されていることがわかる。

②出先機関エリアの地域振興計画の具体例　出先機関エリアの地域振興ビジョン・構想や包括的な地域振興に関する具体的な計画は，総合出先機関と個別出先機関別にみると，次のようなものがあった。

総合出先機関では，まず，都道府県の総合計画の地域計画としては，県民計画（アクションプラン），県基本計画地域別計画，などである。都道府県の政策領域別の計画の地域計画としては，県森林・林業・木材産業基本計画，県農林業・農山村活性化計画，県離島振興計画，県東日本大震災津波復興計画，県・中山間地域づくりビジョン，などである。出先機関エリアの計画の包括的な計画としては，地域振興計画，連携地域政策展開方針，地域振興局重点施策推進方針，地方振興方針，地域の施策推進プラン，地域振興ビジョン，などである。出先機関エリアの政策領域別の計画として，広域振興圏農業振興方針，地域農林ビジョン，などであった。

個別出先機関では，都道府県の総合計画などの地域計画としては，県5か年計画・地域別版，地域アクションプログラム，地域ビジョン推進プログラム，などがあった。出先機関エリアの政策領域別の計画として，県農林業・農山村振興ビジョン地域プログラム，県産業振興計画・地域アクションプラン，農林事務所ビジョン推進戦略，普及活動計画，地域農林業振興方針，などがあった。

③地域振興計画の策定：本庁と出先機関　さらに，出先機関エリアの地域振興計画などが「ある」との回答に対して，その地域振興ビジョンなどの具体的な内容がどのように策定されているかを，「1．本庁の行政内部で策定」，「2．

第3章 地域産業振興政策における都道府県出先機関の機能分析

表3-2 類型別のエリア計画策定（本庁，出先）

	1 本庁	2 出先	3 その他	計
総合型	28	58	35	121
個別型	32	47	13	92
計	60	105	48	213

出所：筆者作成。

表3-3 類型別のエリア計画策定：調整後（本庁，出先）

	本庁	出先	本庁・出先	その他	計
総合型	29	71	18	3	121
個別型	32	50	7	3	92
計	61	121	25	6	213

出所：筆者作成。

出先機関の行政内部で策定」，「3その他」の選択肢から回答してもらった結果が，表3-2である。そこでは「3その他」が比較的多く，その中身をみると，「出先が原案を作成し，本庁が策定」や「出先機関と協議の上，本庁で策定」，「1，2の両方」，「出先機関の行政及び管内の関係団体で策定」などと書かれていた。

それらを考慮して，「1，2の両方」などを回答結果の分類上で新たに「本庁・出先」として分類項目を設けるとともに，「出先が原案を作成し，本庁が策定」など実質的に出先機関で策定している場合は「出先機関の行政内部で策定」に再分類するなどして調整して再整理したのが，表3-3である。

調整前の結果をみると，総合出先機関も個別出先機関もともに「2．出先機関の行政内部で策定」が約半分を占めており，「1．本庁の行政内部で策定」は，総合出先機関では約1/4であるのに対して個別出先機関では1/3であった（図3-2）。

調整後の結果をみると（図3-3），「本庁の行政内部で策定」の割合は両出先機関とも調整前とあまり変わらない。調整後に作った分類項目の「本庁・出先」の割合は，総合出先機関で約15％，個別出先機関では約8％を占める。また，総合出先機関では，「出先機関の行政内部で策定」が約6割に増えた。「本庁・

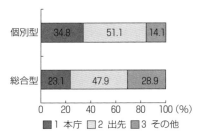

図3-2 類型別のエリア計画策定（本庁，出先）

出所：筆者作成。

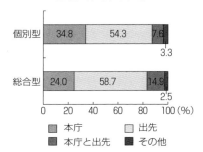

図3-3 類型別のエリア計画策定：調整後（本庁，出先）

出所：筆者作成。

出先」に該当する回答の場合は，地域振興ビジョンなどの策定で出先機関が実質的に計画策定に参画していると考えられるので，「出先機関の行政内部で策定」とを合わせてみてみると，個別出先機関は約6割と高い割合であるが，総合出先機関はそれより約10ポイント高い7割強となっていた。

地域振興ビジョンなどの計画策定では，出先機関が関与している割合が高いが，総合出先機関の方が個別出先機関より少し高い割合で政策立案の機能を担っていることがうかがえる。

④ 事業立案・実施で主として依拠する計画　次に，出先機関の部課長が所管する事業の立案や実施で，主として依拠する計画に関して，「1．総合計画や県の戦略・方針」，「2．総合計画や県の戦略・方針の地域ビジョンなど」，「3．出先機関の地域振興ビジョンなど」，「4．その他」の4つの項目の中から回答してもらった結果が，図3-4である。都道府県域全体の計画である「1．総合計画や県の戦略・方針」は，総合出先機関が約43％，個別出先機関が約35％と総合出先機関の方が高かった。「2．総合計画や県の戦略・方針の地域ビジョンなど」と「3．出先機関の地域振興ビジョンなど」は，都道府県全体の視点に加えて都道府県内の出先機関エリアごとの特色や課題が反映され策定された計画・ビジョンであるので，両方を合わせた割合は，総合出先機関が約53％，個別出先機関が約60％であった。

出先機関が所管する事業の立案や実施で主として依拠する計画は，出先機関

図3-4 事業の立案・実施で依拠する計画　　図3-5 協議の場の有無

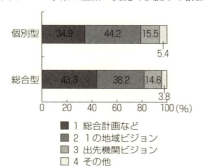
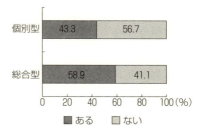

出所：筆者作成。

エリアごとの地域の特色や課題が反映されて策定された計画・ビジョンである場合が両出先機関とも半分以上であり，個別出先機関の方が総合出先機関よりもその割合が少し高かった。

⑤協議・交流するプラットホーム・協議会の有無　所属する出先機関の部や課が設置する，管内の地域団体や企業，市町村などが参加して地域産業振興のあり方について協議・交流するプラットホームのような場・協議会などの有無についての回答結果は，図3-5である。協議・交流するプラットホームが「ある」と回答したのは，総合出先機関が約6割で，個別出先機関が4割強であり，総合出先機関の方が15ポイントほど高かった。

(3) 総合出先機関における政策領域別の比較

次に，総合出先機関にしぼって，政策領域別にアンケート調査の結果をみてみよう。

総合出先機関の政策領域別の回答割合をみると，「地域振興・観光」が約40％で，「農林水産業」が約54％と，この2つの政策領域でほとんどの割合を占め，「商工労働」は約4％で，「その他」が約2％などと少数であった（表3-4）。

以下では，「商工労働」は回答数が6つと少なく，「地域振興・観光」と「農林水産業」との有意な比較が困難であり，「その他」と無回答はごく少数であ

表3-4　総合出先機関の政策領域別の回答数と割合

		回答数	割合
1	地域振興・観光	66	39.8%
2	農林水産業	89	53.6%
3	商工労働	6	3.6%
4	その他	4	2.4%
	無回答	1	0.6%
	総　計	166	100.0%

出所：筆者作成。

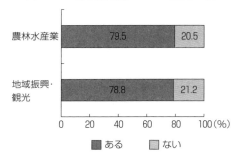

図3-6　政策領域別のエリア計画の有無

出所：筆者作成。

り分析結果にほとんど影響しないので，「商工労働」と「その他」，および無回答は分析する回答から除外して，「地域振興・観光」と「農林水産業」の2つにしぼって比較分析することにする。

①出先機関エリアの地域振興計画　　総合出先機関における政策領域別に，都道府県全体の総合計画や戦略・方針の中に出先機関エリアの地域振興ビジョン・構想や包括的な地域振興に関する計画があるかどうかについての回答の結果が，図3-6である。「ある」との回答は，主に担当している政策領域が「地域振興・観光」と「農林水産業」の両方とも約8割と高い割合であった。

②地域振興計画の策定：本庁と出先機関　　出先機関エリアの地域振興計画などが「ある」との回答の中で，その地域振興ビジョンなどの具体的な内容がどのように策定されているかを，「1．本庁の行政内部で策定」，「2．出先機関の行政内部で策定」，「3．その他」の選択肢から回答してもらった結果が，表3-5である。前節と同様に，「3．その他」でみられた「1，2の両方」などを回答結果の分類上で新たに「本庁・出先」として分類項目を設けるとともに，「出先が原案を作成し，本庁が策定」など実質的に出先機関で策定している場合は「出先機関の行政内部で策定」に再分類するなどして調整して再整理したのが，表3-6である。

調整後の結果の割合をみると（図3-7），調整後に作った分類項目の「本庁・出先」の割合は，「地域振興・観光」で16%，「農林水産業」では約19%を占め

表3-5　総合型の政策領域別のエリア計画策定（本庁，出先）

	1 本庁	2 出先	3 その他	計
地域振興・観光	15	16	19	50
農林水産業	11	41	13	65
計	26	57	32	115

出所：筆者作成。

表3-6　総合型の政策領域別のエリア計画策定（本庁，出先）：調整後

	本庁	出先	本庁・出先	その他	計
地域振興・観光	15	26	8	1	50
農林水産業	10	43	12	0	65
計	25	69	20	1	115

出所：筆者作成。

る。また，「出先機関の行政内部で策定」は，「地域振興・観光」では約半分であるのに対して，「農林水産業」は約2/3と14ポイントほど高い。「本庁・出先」に該当する回答の割合と「出先機関の行政内部で策定」とを合わせて，総合出先機関が政策領域別で地域ビジョンや地域計画の策定に関わっていると考え

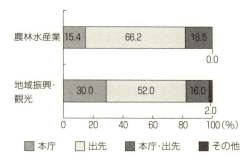

図3-7　総合型の政策領域別のエリア計画策定（本庁，出先）：調整後

出所：筆者作成。

られる割合は，「地域振興・観光」は約7割と高い割合であるが，「農林水産業」は約85％とそれよりさらに17ポイントほど高かった。

③事業立案・実施で主として依拠する計画　次に，総合出先機関における政策領域別に，その部課長が所管する事業の立案や実施で，主として依拠する計画に関するアンケート調査結果は，図3-8である。

都道府県域全体の計画である「1．総合計画や県の戦略・方針」と回答したのは，「地域振興・観光」が約半分で，「農林水産業」が約4割であった。出先機関エリアごとの特色や課題が反映されて策定された計画・ビジョンである「2．総合計画や県の戦略・方針の地域ビジョンなど」と「3．出先機関の地域振興ビジョンなど」の両方を合わせた割合は，「地域振興・観光」が約45％であるのに対して，「農林水産業」が60％とそれより高い割合であった。

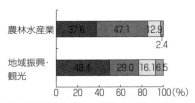

図3-8 政策領域別に事業の立案・実施で依拠する計画

出所：筆者作成。

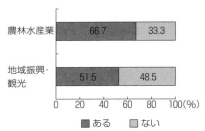

図3-9 政策領域別に協議の場の有無

出所：筆者作成。

④ 協議・交流するプラットホーム・協議会の有無　総合出先機関の政策領域別に，管内の諸団体などが参加して地域産業振興のあり方について協議・交流するプラットホームのような場の有無についての回答結果が図3-9である。協議・交流するプラットホームが「ある」と回答したのは，「地域振興・観光」では半分であるのに対して，「農林水産業」では約67％と2/3の割合を占めて，「地域振興・観光」より高かった。

（4）小　括

都道府県全体の総合計画や戦略・方針の中に出先機関エリアの地域振興ビジョン・構想や包括的な地域振興に関する計画が「ある」との回答は，出先機関類型別では総合出先機関が約8割，個別出先機関が約7割であり，総合出先機関における政策領域別でも「地域振興・観光」と「農林水産業」の両方とも約8割と，いずれも高い割合で出先機関エリア単位の地域振興に関する計画・ビジョンが策定されていた。

地域振興ビジョンなどの計画策定では，出先機関が関与している割合は，総合出先機関は約74％で，個別出先機関は約6割であり，総合出先機関の政策領域別では，「地域振興・観光」は約7割で，「農林水産業」は約85％と高かった。地域振興ビジョンなどの計画策定・政策立案の機能については，個別出先機関では約6割と比較的高い割合で担っているが，総合出先機関はそれよりも高く，ほとんどの総合出先機関が地域振興ビジョンなどの計画策定・政策立案の機能を担っていると考えられた。

表3-7 地域産業振興の計画策定と諸団体との協議の場
(単位:％)

	総合型	個別型	総合型	
			地域振興等	農林水産業
地域振興計画あり	79	71	79	80
計画策定出先関与	74	62	68	85
依拠する計画・地域	53	60	45	60
協議会の場あり	59	43	52	67

出所：筆者作成。

　出先機関が所管する事業の立案や実施で主として依拠する計画が，出先機関エリアごとの地域の特色や課題を反映して策定された計画・ビジョンである場合は，総合出先機関が約53％，個別出先機関が約60％で，総合出先機関における政策領域別では，「地域振興・観光」が約45％であるのに対して「農林水産業」が約60％であり，いずれも半分前後であった。

　管内の諸団体などが参加して地域産業振興のあり方について協議・交流するプラットホームが「ある」との回答割合は，総合出先機関が約6割で，個別出先機関が4割強であり，総合出先機関の政策領域別では，「地域振興・観光」では約半分であるのに対して「農林水産業」では約7割を占めていた。出先機関エリアで出先機関が設置している諸団体との協議の場があるのは，個別出先機関より総合出先機関の方が16ポイント高く，総合出先機関の「農林水産業」で高かった。

　これらを表にまとめたのが，表3-7である。

　地域振興ビジョンなどの計画策定で出先機関が関与している割合と，管内の諸団体などが参加して地域産業振興のあり方について協議・交流するプラットホームがある割合は，総合出先機関の方が個別出先機関より高かった。そして，その総合出先機関を政策領域別でみると，この2項目とも，「農林水産業」の方が「地域振興・観光」より高かった。

3　都道府県出先機関の予算に関する機能

　都道府県出先機関のほとんどは本庁の財政部局に対する予算要求権をもた

表3-8 都道府県出先機関の予算権限の有無

(単位：%)

	ある	ない	計
出先機関の独自予算の有無	29.6	70.4	100.0
出先機関が立案し、予算化できる事業の有無	41.7	58.3	100.0
出先機関が配分権限をもつ補助金等の有無	39.3	60.7	100.0

出所：筆者作成。

図3-10 独自予算を有する都道府県出先機関の割合（類型別）

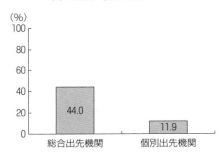

出所：筆者作成。

ず、執行機関に過ぎないという評価が一般的である。しかし、そうした評価は、都道府県出先機関がもつ実質的な機能に対する過小評価につながる。実際には、都道府県出先機関が制度上予算要求権をもたずとも、実質的に事業立案し、予算化を行う場合があったり、市町村や管轄地域の各団体等に対する交付金・補助金等の配分権限をもっていたりする場合があった（第2章）。さらには、出先機関の裁量で使える独自予算を有する場合もあった。

今回、筆者らが実施した都道府県出先機関アンケート調査結果によれば、約3割の出先機関が独自予算をもっており、出先機関の部課が実質的に事業立案し、予算化できる事業がある場合が約4割あった。また、出先機関が交付金・補助金等の配分権限をもつ場合が約4割あった（表3-8）。

（1）都道府県出先機関の類型と予算権限

こうした予算権限は出先機関の類型でいえば、個別出先機関に比べて総合出先機関の方が有している場合が多い。独自予算の有無でみれば、個別型が約12％であるのに対して、総合型は44％であった（図3-10）。出先機関の部課が実質的に事業立案し、予算化できる事業をもっているかどうかについては、もっている個別出先機関が約12％であるのに対して、総合出先機関は約66％で

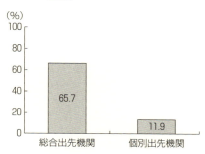

図3-11 立案，予算化できる事業を有する都道府県出先機関の割合（類型別）

出所：筆者作成。

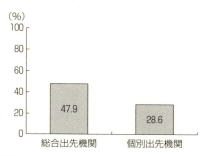

図3-12 配分権限をもつ補助金等を有する都道府県出先機関の割合（類型別）

出所：筆者作成。

あった（図3-11）。

また，出先機関が配分権限をもつ補助金等がある場合は，個別出先機関が約29％であるのに対して，総合出先機関は約半分であった（図3-12）。いずれも総合出先機関の方が予算権限をもつ場合が多い。総合出先機関の方が個別出先機関より予算権限が強いことは，地域総合行政を進めるための総合出先機関の機能が重視されていることを反映しているものと推察される。

（2）総合出先機関の政策領域と予算権限

次に，総合出先機関の政策領域別の予算権限について，「地域振興・観光」と「農林水産業」を比較してみると，独自予算の有無については，「地域振興・観光」部課が約2/3で「ある」のに対して，「農林水産業」部課は約1/4にとどまっていた（図3-13）。

総合出先機関が配分権限をもつ補助金等があるかどうかについては，「地域振興・観光」分野が6割弱であるのに対して，「農林水産業」分野は約4割にとどまっていた（図3-14）。このことは，「地域振興・観光」分野に分類される総合出先機関の部課の多くが企画・地域政策系の部課であり，総合的な地域振興を図ったり，管内市町村や諸団体と協働するための独自予算や補助金の配分権限をもつ必要性が高いことを反映したものと推察される。

ただし，総合出先機関の部課が実質的に事業立案し，予算化できる事業を

図3-13 独自予算を有する都道府県総合出先機関の割合（政策領域別）

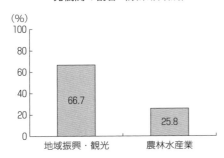

出所：筆者作成。

もっているかどうかについては，「地域振興・観光」分野が約7割，「農林水産業」分野が6割強と，いずれも高い割合となっていた（図3-15）。このことから，総合出先機関の部課が現場に即した事業立案を行うことの重要性がうかがえる。

（3）都道府県出先機関の予算権限の具体例

次に，都道府県の出先機関の予算権限についての具体例を紹介する。まず，総合出先機関（地域振興・観光分野）の独自予算については，兵庫県の「地域の夢推進費」，愛媛県の「地方別予算」，青森県の「地域活性化推進費」，群馬県の「地域振興調整費」，秋田県の「振興局調整費」，長野県の「地方事務所長総合調整推進費」，神奈川県の「地域課題対策費」，福島県の「地域づくり総合支援事業費」，鳥取県の「総合事務所等地域課題解決事業費」，長崎県の「地域づくり活動事業費」，京都府の「振興計画推進費」，新潟県の「地域戦略推進事業調整費」，鹿児島県の「地域振興推進事業費」，熊本県の「地域振興局活動推進費」，岡山県の「地域振興事業調整費」，岩手県の「地域経営推進費」，山形県の「地域企画総合推進費」，などがある。総合出先機関（農林水産分野）の独自予算については，兵庫県の「ふるさとづくり推進事業費」，岡山県の「地域活力創出事業費」などであった。なお，山形県や愛媛県は，総合出先機関が本庁に直接予算要求していた。

総合出先機関の部課が実質的に事業立案・予算化できる事業の「地域振興・観光」分野の具体例としては，長野県の「地方事務所長からの施策提案事業」，大分県の「地域課題枠事業」など，「農林水産分野」の具体例としては，北海道の「地域政策推進事業費」，宮崎県の「地域産業振興事業費」，青森県の「重点枠事業費」，鳥取県の「農業未来づくりプロジェクト事業費」，などである。

総合出先機関が交付金・補助金等の配分権限をもつ具体例としては，長野県の「地域発元気づくり支援金」，愛媛県の「新ふるさとづくり総合支援事業費」，

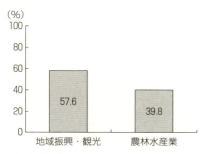

図3-14 配分権限をもつ補助金等を有する都道府県総合出先機関の割合（政策領域別）

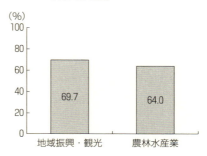

図3-15 立案，予算化できる事業を有する都道府県総合出先機関の割合（政策領域別）

　青森県の「市町村元気事業補助金」，北海道の「地域づくり総合交付金」，大分県の「地域活力づくり総合補助金」および「里のくらし支援事業補助金」，宮城県の「市町村総合補助金」，和歌山県の「地域・ひと・まちづくり補助事業」，などがあった。

　補助金の配分権限については，総合出先機関のみでなく個別出先機関の場合も補助金等の配分権限をもつ場合が一定程度ある。また，森林整備や農村振興総合整備事業などのハード整備に関する補助金の配分権限をもつ出先機関もあり，岡山県のようにほとんどの補助金の配分権限をもつ場合もある。

4　都道府県出先機関の機能に関する意識分析

　次に，出先機関において事業担当を担う部課長が，出先機関の機能である事業立案機能と事業実施機能，利害調整機能，総合化機能，圏域の関連諸団体の意見取り込み機能をどの程度発揮していると考えているかといった意識について，「1．おおいにできる」，「2．まあまあできる」，「3．あまりできない」，「4．まったくできない」など4区分で質問した結果について分析してみよう。出先機関類型別の分析を行ったあと，総合出先機関の政策領域別にみる。

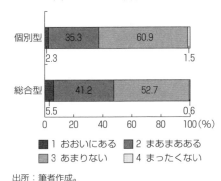

図3-16 立案機能の程度

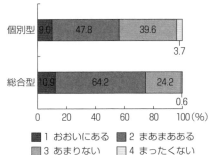

図3-17 事業実施の程度

（1）出先機関類型別の分析

まず，出先機関類型別の分析である。

① 事業立案機能の程度　所属する出先機関の部や課が，地域ニーズを反映して本庁の事業立案の転換を促進したり事業の間口を広げるような影響力や事業の立案機能がどの程度あると思っているのかについての回答結果が，図3-16である。「1．おおいにある」と「2．まあまあある」を合わせて「ある」と回答したのは，総合出先機関で約半分であったのに対して，個別出先機関ではそれよりも少なく約1/3であった。他方で，「3．あまりない」が個別出先機関で約6割となっていた。「4．まったくない」は両方ともほとんどなかった。

② 地域ニーズに沿った事業実施機能の程度　次に，所属する出先機関の部や課が，独自に裁量を行使することによって地域ニーズに沿って効果的に事業実施を行うことがどの程度できると感じているのかについての回答結果が，図3-17である。

「1．おおいにできる」と「2．まあまあできる」とを合わせて「できる」と回答したのは，総合出先機関では3/4が，個別出先機関では約6割ができると思っていた。「3．あまりできない」は，総合出先機関では1/4，個別出先機関では約4割で，「4．まったくできない」は両方ともほとんどなかった。

第3章 地域産業振興政策における都道府県出先機関の機能分析

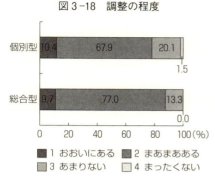

図3-18 調整の程度

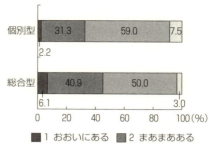

図3-19 総合化の程度

③利害調整機能の程度　所属する出先機関の部や課が事業を実施する際に，市町村役場の関係部局や関連地域団体などの多様な意見や利害を調整することがどの程度できると感じているのかについての回答結果が，図3-18である。「1．おおいにできる」と「2．まあまあできる」を合わせて，総合出先機関では約9割が，個別出先機関では約8割ができると，両方とも高い割合であった。「4．まったくできない」は両方ともほとんどなかった。

④総合化機能の程度　所属する出先機関が，本庁や出先機関における関係部局の「縦割り」行政のあり方を横串にして連携や総合化する機能を，どの程度発揮することができると感じているのかについての回答結果は，図3-19である。「1．おおいにできる」と「2．まあまあできる」を合わせると，総合出先機関では約半分ができると考え，残り半分が「3．あまりできない」と感じている。それに対して個別出先機関では，総合出先機関より少なく，約1/3ができると考え，逆に8％の「4．まったくできない」を含めて約2/3ができないと感じていた。

総合化の機能は，個別出先機関よりも総合出先機関が高いが，それでも半分の総合出先機関の部課長は総合化機能をあまり果たすことができないと感じているのである。

⑤圏域の関連諸団体の意見取り込みの程度　次は，事業やビジョンの立案と

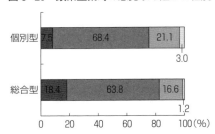
図3-20　政策立案時の意見取り込みの程度

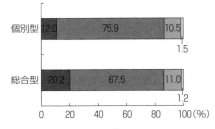
図3-21　政策実施時の意見取り込みの程度

その実施の2面において，所属する出先機関が市町村や地域団体などの意見をどの程度組み込んで実施していると思っているのかについての回答結果である。

事業やビジョンの立案における意見取り込みの程度においては，総合出先機関で「1．おおいにしている」は約2割あり，「2．まあまあしている」の6割強と合わせて約8割強でエリアの諸団体の意見を取り込んでいると考えていた（図3-20）。個別出先機関では，「1．おおいにしている」は1割弱と総合出先機関よりは少ないが，「2．まあまあしている」の約7割と合わせると約3/4が意見を取り込んでいると考えていた。ただ，両者とも，2割前後が意見取り込みを「あまりしていない」と考えていた。

事業やビジョンの実施における意見取り込みの程度については，事業やビジョンの立案と同様に，総合出先機関で約2割が「1．おおいにしている」と思っており，「2．まあまあしている」の約7割と合わせて約9割と高い割合でエリアの諸団体の意見を取り込んでいると考えていた（図3-21）。個別出先機関でも，「1．おおいにしている」は1割強と総合出先機関よりは少し少ないが，「2．まあまあしている」の約3/4と合わせると約9割になり，総合出先機関と同じぐらいの高い割合で意見取り込みを行っていると考えていた。

（2）総合出先機関の政策領域別の分析

それでは，総合出先機関にしぼって「地域振興・観光」と「農林水産業」の

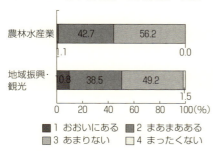

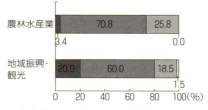

出所：筆者作成。

2つの政策領域別にアンケート調査の回答結果を比較してみよう。

① 事業立案機能の程度　先と同様に，総合出先機関の部課長は事業の立案機能がどの程度あると思っているのかということに関する政策領域別の結果は，図3-22である。

「地域振興・観光」では，「1．おおいにある」が約1割で，「2．まあまあある」が約4割，合わせて「ある」と回答したのは約半分であった。「農林水産業」では，「1．おおいにある」がほとんどなく，「2．まあまあある」が4割強と，「地域振興・観光」より少し少なかった。

② 地域ニーズに沿った事業実施機能の程度　総合出先機関の部課長が独自に裁量を行使することによって地域ニーズに沿って効果的に事業実施を行うことがどの程度できると感じているのかについての回答結果が，図3-23である。

「地域振興・観光」では「1．おおいにできる」が約2割，「2．まあまあできる」が6割で，合わせて「できる」と回答したのは8割と高かった。「農林水産業」では，「1．おおいにできる」があまりなく，「2．まあまあできる」が約7割と高かったが，合わせて「できる」と回答したのは約74%と「地域振興・観光」より少し少なかったが，高い割合であった。逆に，「地域振興・観光」では，「3．あまりできない」と「4．まったくできない」を合わせて約2割が「できない」であった。「農林水産業」では，「4．まったくできない」はないが，「3．あまりできない」が約1/4あった。

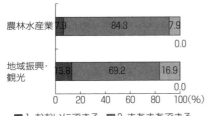

図3-24 政策領域別に調整の程度

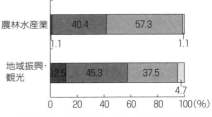

図3-25 政策領域別に総合化の程度

出所：筆者作成。

③ 利害調整機能の程度　総合出先機関の部課長が事業を実施する際に，市町村役場の関係部局や関連地域団体などの多様な意見や利害を調整することがどの程度できると感じているのかについての政策領域別の回答結果が，図3-24である。「地域振興・観光」では「1．おおいにできる」が約14％あり，「2．まあまあできる」が7割で，合わせて「できる」と回答したのは8割強と高かった。「農林水産業」も高く，「1．おおいにできる」が約8％で，「2．まあまあできる」の約84％と合わせて「できる」と回答したのは9割強と，「地域振興・観光」より約10ポイント高かった。逆に，「地域振興・観光」では，約17％が「3．あまりできない」と感じていた。両者とも「4．まったくできない」はなかった。

④ 総合化機能の程度　総合出先機関の部課長が「縦割り」行政のあり方を横串にして連携や総合化する機能を，どの程度発揮することができると感じているのかについて政策領域別の回答結果が図3-25である。

「地域振興・観光」では「1．おおいにできる」が約13％あり，「2．まあまあできる」が約45％と合わせて「できる」と回答したのは6割弱であった。その逆で，「4．まったくできない」が約5％あり，「3．あまりできない」の4割弱と合わせて，4割強が「できない」と感じていた。「農林水産業」は，「1．おおいにできる」はほとんどなくて，「2．まあまあできる」が4割であった。その逆の「3．あまりできない」が6割弱と，「できない」方が2割多かった。

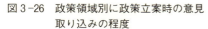

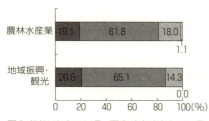

図3-26　政策領域別に政策立案時の意見取り込みの程度

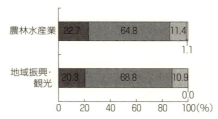

図3-27　政策領域別に政策実施時の意見取り込みの程度

⑤圏域の関連諸団体の意見取り込みの程度　事業やビジョンの立案とその実施の2面において，総合出先機関がエリアの諸団体の意見をどの程度組み込んでいると思っているのかについての政策領域別の回答結果をみてみよう。

事業やビジョンの立案における意見取り込みの程度に関しては，「地域振興・観光」と「農林水産業」がともに，「1．おおいにしている」は約2割であり，「2．まあまあしている」の6割強と合わせて約8割強であった（図3-26）。

事業やビジョンの実施における意見取り込みの程度については，その立案よりも「地域振興・観光」と「農林水産業」の両方でさらに高く，「1．おおいにしている」と「2．まあまあしている」を合わせて約9割であった（図3-27）。

（3）小　括

ここまでみてきた内容で，機能項目ごとに出先機関類型別と総合出先機関の政策領域別に簡略化した割合を整理したものが，表3-9である。

まず，都道府県出先機関の類型別でいえることは，総合出先機関と個別出先機関のいずれも，③利害調整機能（出先機関の部課長が事業を実施する際に市町村役場の関係部局や関連地域団体などの多様な意見や利害を調整する機能）を発揮できると考えている割合と，⑤圏域の関連諸団体の意見取り込み機能（事業やビジョンの立案と実施の2面において，出先機関がエリアの諸団体の意見を組み込む機能）を発揮していると考えている割合が，約8割から9割とたいへん高かった。続い

表3-9 出先機関部課長の各機能に関する意識「できる」等の割合

(単位：％)

	総合型	個別型	総合型	
			地域振興等	農林水産業
①事業立案機能	47 [6]	38 [2]	49 [11]	44 [1]
②事業実施機能	75 [11]	57 [9]	80 [20]	74 [3]
③利害調整機能	87 [10]	78 [10]	83 [14]	92 [8]
④総合化機能	47 [6]	34 [2]	58 [13]	42 [1]
⑤-1 意見取込：立案	82 [18]	76 [8]	86 [21]	81 [19]
⑤-2 意見取込：実施	88 [20]	88 [12]	89 [20]	88 [23]

注：[ ] 内は、「1．おおいにできる（ある，している）」の割合。
出所：筆者作成。

て，②地域ニーズに沿った事業実施機能（出先機関の部課長が独自に裁量を行使することによって地域ニーズに沿って効果的に事業実施を行う機能）を発揮できると考えている割合は，総合出先機関が個別出先機関より少し高いが，いずれも6割から7割と高かった。①事業立案機能（出先機関での事業の立案機能）があることと，④総合化機能（出先機関の部課長が「縦割り」行政のあり方を横串にして連携や総合化する機能）を発揮することができると考えている割合は他の機能よりも低いが，総合出先機関では両機能とも約半数が発揮することができると考えているので，まあまあ高い割合であると考えられる。しかし，個別出先機関ではそれぞれ約4割と3割強であるので，半分にも満たない。

総合出先機関の政策領域別にみると，「地域振興・観光」と「農林水産業」のいずれも，②地域ニーズに沿った事業実施機能，③利害調整機能，⑤圏域の関連諸団体の意見取り込み機能の割合が，約7割から9割とたいへん高かった。①事業立案機能と④総合化機能に関しては，「地域振興・観光」で5割ないし6割であるのに対して，「農林水産業」ではいずれも4割強と半分にも満たない。

なお，総合出先機関の「地域振興・観光」では，すべての機能で，「1．おおいにできる」が1割ないし2割程度みられたことは注目しておきたい。

5　都道府県出先機関の部課からみたネットワーク

　ここまでみてきたように，都道府県出先機関は単なる執行機関ではなく，一定の計画・立案機能や予算権限をもっている。その場合，管轄地域内を中心に多様な諸機関等との協力・連携関係をもちながら，その役割を果たしているものと推察される。次に，都道府県出先機関の部課の責任者に対して，多様な諸機関等とのつながり・関係の程度を問うアンケート調査項目の結果を分析する。

(1) 都道府県出先機関の部課長の関係先とのネットワークの程度

　表3-10から表3-23は，都道府県出先機関の類型別にみた出先機関の部課の責任者が職務上で関わる相手とのつながり・関係の程度をきいた結果である。まず，総合出先機関と個別出先機関を合わせた全体をみておこう。

　つながり・関係が「おおいにある」が50％以上であるのが，「市町村の関係部課」（81％），「都道府県本庁の所管部局」（75％），「所管内の商工会・JAなど地域団体」（55％），の順となっている。「おおいにある」と「まあまあある」を合わせて50％を超えているのは，「市町村の関係部課」（99％），「都道府県本庁の所管部局」（97％），「所管内の商工会・JAなど地域団体」（89％），「所属する都道府県出先機関の他部課」（83％），「市町村長」（70％），「所管地域内の民間企業・事業者」（63％），「都道府県の外郭団体・第3セクター」（61％），の順となっていた。

　「おおいにある」と「まあまあある」を合わせて50％以下となっているのは，「NPOや市民活動団体」（47％），「大学・高等教育機関やその研究者」（41％），「所属地域外の都道府県出先機関」（39％），「国の出先機関」（38％），「所管地域内の他の都道府県出先機関」（37％），「都道府県本庁の所管部局以外の部課」（26％），「所管地域内の自治会など」（26％），の順となっている。

　以上のように，都道府県の出先機関の部課の責任者は多様な団体とのネットワークをもっており，そうしたネットワークが事務事業を進めるうえで不可欠なものとなっていることが推察される。つながりの程度については，本庁の所管部局や市町村の関係課といった，いわゆる「縦割り」の関係が強いことがうかがえるが，他方で，他部課や都道府県の外郭団体等，他地域の都道府県出先

表3-10 所属都道府県出先機関の他部課とのつながりの程度
(単位:％)

	おおいにある	まあまあある	あまりない	まったくない	計
総合出先機関	34.5	53.3	11.5	0.6	100.0
個別出先機関	27.8	48.1	19.5	4.5	100.0
全体	31.5	51.0	15.1	2.3	100.0

表3-11 所管地域内の他の都道府県出先機関とのつながりの程度
(単位:％)

	おおいにある	まあまあある	あまりない	まったくない	計
総合出先機関	6.7	33.3	38.0	22.0	100.0
個別出先機関	2.3	31.8	45.7	20.2	100.0
全体	4.7	32.6	41.6	21.1	100.0

表3-12 所管地域外の都道府県出先機関とのつながりの程度
(単位:％)

	おおいにある	まあまあある	あまりない	まったくない	計
総合出先機関	4.3	38.7	41.1	16.0	100.0
個別出先機関	3.0	30.1	45.9	21.1	100.0
全体	3.7	34.8	43.2	18.2	100.0

表3-13 都道府県本庁の所管部局とのつながりの程度
(単位:％)

	おおいにある	まあまあある	あまりない	まったくない	計
総合出先機関	73.9	24.2	1.2	0.6	100.0
個別出先機関	76.9	19.4	2.2	1.5	100.0
全体	75.3	22.1	1.7	1.0	100.0

表3-14 都道府県本庁の所管部局以外の部課とのつながりの程度
(単位:％)

	おおいにある	まあまあある	あまりない	まったくない	計
総合出先機関	6.1	24.5	57.7	11.7	100.0
個別出先機関	2.3	18.8	63.2	15.8	100.0
全体	4.4	22.0	60.1	13.5	100.0

表3-15 国の出先機関とのつながりの程度
(単位:％)

	おおいにある	まあまあある	あまりない	まったくない	計
総合出先機関	3.6	35.8	47.9	12.7	100.0
個別出先機関	6.7	29.9	47.8	15.7	100.0
全体	5.0	33.1	47.8	14.0	100.0

表3-16 市町村長とのつながりの程度
(単位:％)

	おおいにある	まあまあある	あまりない	まったくない	計
総合出先機関	23.6	50.3	24.8	1.2	100.0
個別出先機関	18.8	46.6	27.8	6.8	100.0
全体	21.5	48.7	26.2	3.7	100.0

表3-17 市町村の関係部課とのつながりの程度
(単位:％)

	おおいにある	まあまあある	あまりない	まったくない	計
総合出先機関	81.8	17.6	0.0	0.6	100.0
個別出先機関	78.8	19.7	0.8	0.8	100.0
全体	80.5	18.5	0.3	0.7	100.0

第 3 章　地域産業振興政策における都道府県出先機関の機能分析

表 3-18　都道府県の外郭団体・第 3 セクターとのつながりの程度
（単位：%）

	おおいにある	まあまあある	あまりない	まったくない	計
総合出先機関	8.6	49.7	34.4	7.4	100.0
個別出先機関	14.2	50.0	29.9	6.0	100.0
全体	11.1	49.8	32.3	6.7	100.0

表 3-19　所管地域内の商工会・JA など地域団体とのつながりの程度
（単位：%）

	おおいにある	まあまあある	あまりない	まったくない	計
総合出先機関	50.9	39.4	8.5	1.2	100.0
個別出先機関	59.7	27.6	9.7	3.0	100.0
全体	54.8	34.1	9.0	2.0	100.0

表 3-20　NPO や市民活動団体とのつながりの程度
（単位：%）

	おおいにある	まあまあある	あまりない	まったくない	計
総合出先機関	10.9	47.9	30.9	10.3	100.0
個別出先機関	5.2	27.6	47.0	20.1	100.0
全体	8.4	38.8	38.1	14.7	100.0

表 3-21　所管地域内の民間企業・事業者とのつながりの程度
（単位：%）

	おおいにある	まあまあある	あまりない	まったくない	計
総合出先機関	24.2	44.2	27.9	3.6	100.0
個別出先機関	15.7	40.3	38.1	6.0	100.0
全体	20.4	42.5	32.4	4.7	100.0

表 3-22　所管地域内の自治会などとのつながりの程度
（単位：%）

	おおいにある	まあまあある	あまりない	まったくない	計
総合出先機関	2.4	22.6	46.3	28.7	100.0
個別出先機関	3.7	23.1	46.3	26.9	100.0
全体	3.0	22.8	46.3	27.9	100.0

表 3-23　大学・高等教育機関やその研究者とのつながりの程度
（単位：%）

	おおいにある	まあまあある	あまりない	まったくない	計
総合出先機関	9.1	38.2	44.2	8.5	100.0
個別出先機関	3.7	28.4	51.5	16.4	100.0
全体	6.7	33.8	47.5	12.0	100.0

出所：全て筆者作成。

機関など，「ヨコ」の関係性もかなりあることがうかがえる。

　また，市町村長とのつながりの程度もかなりあることから，出先機関が一定の政治的・政策的調整機能を発揮していることが推察される。

　さらに，都道府県出先機関は，民間企業・事業者，NPO・市民活動団体，大学・高等教育機関など，地域の諸団体とのネットワークもかなりあることがうかがえる。ただし，自治会などとのネットワークは比較的少ないようだ。

（２）都道府県出先機関の類型別にみた部課長のネットワークの程度

　総合出先機関と個別出先機関の類型別で，おおむね有意な差はなかったが，差のある項目も少しあった。最も差があったのが「NPOや市民活動団体」とのつながり・関係の程度であり，「おおいにある」と「まあまあある」を合わせて総合出先機関は約59％に対して，個別出先機関は約33％にとどまっていた。それにつづいて，やや差がみられるのが「大学・高等教育機関やその研究者とのつながり」であり，「おおいにある」と「まあまあある」を合わせて総合出先機関は約47％に対して，個別出先機関は約32％にとどまっていた。

　調査対象とした総合出先機関の部課においては，企画・地域政策を担当する部課が多く含まれていたことから，NPOや市民団体，あるいは大学・高等教育機関とのネットワークが強いものと推察される。

6　おわりに

　本章では，47都道府県の出先機関に対して行ったアンケート調査の結果を中心に分析してきた。最後に，ここでは，それらの分析のまとめとして，いくつかの知見を指摘しながら考察を加えたい。

　①ほとんどの出先機関は出先機関エリアの地域振興ビジョン・構想や包括的な地域振興に関する計画をもっており，それらの計画策定で出先機関が関与していた割合は，個別出先機関で6割と比較的高かったが，総合出先機関では8割とさらに高かった。また，管内の諸団体などが参加して地域産業振興のあり方について協議・交流するプラットホームを設置している割合が総合出先機関で6割と，個別出先機関の4割よりも高かったが，出先機関はそのような協議・交流を通して得た地域課題や地域ニーズをもとに政策形成を行っていることが推測される。これらのことから，総合出先機関の方が個別出先機関より高い割合ではあったが，都道府県出先機関が管内の諸団体などと協議・交流しながら，現場での地域計画の策定を通して政策形成機能を担っている実態を確認することができた。

　また，これらのことを総合出先機関の政策領域別でみると，地域振興ビジョンなどの計画策定で関与している割合は「農林水産業」と「地域振興・観光」の両方とも高かったが，協議・交流するプラットホームが「ある」割合は，「地

域振興・観光」の5割よりも「農林水産業」では7割と高かった。これは，農林水産政策に関する出先機関の現場では普及指導員などの専門職が多く働いており，そのような専門職公務員の機能による面が関連しているかもしれない。このことの検証は，今後の課題の1つとなる。

②都道府県出先機関の予算編成過程や予算執行のあり方については，実質的に予算権限を有する場合が相当程度あり，なかでも総合出先機関の約3分の2では実質的な事業立案・予算化の機能を担っていたし，また総合出先機関の5割近くが補助金等の配分権限をもっていた。こうした事実は，都道府県出先機関が単なる執行機関に過ぎないという見方が一面的であることを示唆するものとなっている。

③都道府県の総合出先機関と個別出先機関の区別なく都道府県出先機関のほとんどの部課長が，利害調整機能と圏域の関連諸団体の意見取り込み機能を発揮していると考えていた。地域ニーズに沿った事業実施機能については，総合出先機関で個別出先機関より少し高いが，6割から7割と多くの部課長がその機能があると考えていた。これらのことから，地域的分権により都道府県機能を現場で担っている都道府県出先機関の部課長は，現場で多様な諸団体の意見を取り込むよう努めながら多様な利害を調整して，一定程度の裁量権を行使しながら事業実施を行っている実態の一端が浮かび上がってくる。都道府県本庁とともに都道府県出先機関もまた，地方自治の媒介機能を発揮しているといえそうだ。

また，事業立案機能と総合化機能の発揮に関する出先機関の部課長の意識については，総合出先機関が個別出先機関よりも高い割合で，約半数が発揮することができると考えていることは，地域・現場でそれらの機能を担うことを目的に設置されている総合出先機関が，実際に目的達成に向けて機能していることが確認できた。他方で，残り半数の総合出先機関の部課長は，そのような機能をあまり発揮できないといった意識をもっていることは問題ではある。

④また，都道府県の出先機関は，総合型か個別型かを問わず，多様なネットワークをもっており，つながりの程度については，本庁の所管部局や市町村の関係課といった「タテ」の関係が強いものの，他他課や都道府県の外郭団体等，他地域の都道府県出先機関など「ヨコ」の関係も一定程度あり，事業立案や執行過程をつうじて，多様な協力関係を築いて調整などを行っていることがうか

がえた。このことは都道府県出先機関の存在意義にもつながるものであると考えられる。

第4章　都道府県出先機関の機能の実証分析
長野県の松本地方事務所の事例をもとにして

1　はじめに

　本章では，「平成の大合併」の動向を経て転換期を迎えた地方自治システムにおいて都道府県の総合出先機関がどのような機能・役割を実際に果たしているのかを，住民・地域・コミュニティや「コモンズ」という視点を重視しながら県政を行って2006年4月から組織改革を実施した長野県の松本圏域における松本地方事務所の機能・役割について分析することで，その一端を明らかにしたい。2006年10月現在で，その事例から，県の出先機関の機能・役割や県本庁・出先機関と市町村との相互関係や垂直連携のあり方をいくつかの視点から整理・分析し，都道府県出先機関が重層的自治システムの構成要素・アクターとして果たしている機能・役割について再検討してみたい。

　なお，長野県は，出先機関の形態からは，保健所や建設事務所などは地方事務所には統合されない個別出先機関として設置されている「一部個別型」の総合出先機関に類型化されるが，長野県ではその出先機関を一般に「現地機関」と表現している。長野県の現地機関を分析する本章では，長野県の出先機関を表現する場合などは，県の現地機関と表現することにする。

2　長野県の広域行政圏と現地機関

　まず，長野県における現地機関をとりまく圏域や制度と，後に分析する松本圏域の現地機関の概要などについて簡単にみておこう。

（1）10広域行政圏と現地機関
　長野県は，面積が1万3585平方キロと全国で4番目に広い県で，人口が218

万9603人（2006年9月1日現在）で全国16番目に多い県であり，世帯数は78万7416世帯で，高齢化率は23.6％（2005年現在，全国平均20.0％）である。

　長野県の広域行政圏は，老人福祉圏域や第二次保健医療圏とも同じ圏域であり，県内に10地域（佐久，上小，諏訪，上伊那，飯伊，木曽，松本，大北，長野，北信）が設定されている。各地域の人口や面積，市町村数などは多様であり，地方事務所や保健所などが設置されている。また，10地域すべてには，その同じエリアに市町村の広域行政事務を担う組織として広域連合が管内市町村により設置されている。

　長野県の現地機関には，本庁部局の主要な現地機関として一部個別型の総合出先機関である地方事務所や保健所，建設事務所，教育事務所，福祉事務所，地域農業改良普及センターなどがあり，その他に県立病院，大学・短期大学，試験場，福祉施設など，あわせて70種類ぐらいある[1]。

　長野県における本庁と現地機関の職員の現在員（2006年4月1日現在）[2]は，知事の事務部局（病院は除く）合計は5505人で，その内訳は本庁の知事の事務部局が1503人で，現地機関が4002人であり，現地機関には本庁の約2.66倍の職員が配置されている。その現地機関のうち，地方事務所計は1539人，保健所計は328人，建設事務所計では767人であり，地方事務所だけでも本庁とほぼ同じ人数の職員がおり，これら3所計は2634人で，本庁の約1.75倍の職員が配置されているのである。

　長野県では，本庁組織と，地方事務所や保健所，建設事務所を統括する地域本部長を置く構想を含めた組織改革に関する条例案を知事側から2005年9月議会に提案したが，議会において否決された経緯がある。そのため，条例によらないで規則による組織改正を2006年4月から行った。2006年4月現在の地方事務所の組織編成は図4-1のとおりで，県内の10地方事務所はすべてほぼ同様である。しかし，同年8月の知事選挙において田中康夫氏に代わって村井仁氏が新しい知事に当選したため，再度11月に本庁と地方事務所などの現地機関の組織改正が行われ，主要な現地機関の組織はおおむね2006年3月時点の組織編成にもどり地方事務所組織は6チーム（課）が8課になったが，現地機関が担う事務や機能・役割は基本的には大きくは変わらなかったようである。

　なお，本章の事例分析は，主として2006年4月に行われた本庁と現地機関の組織改正が通用していた時期におけるヒアリング調査などをもとにしており，

第 4 章　都道府県出先機関の機能の実証分析

図 4-1　地方事務所の組織改革

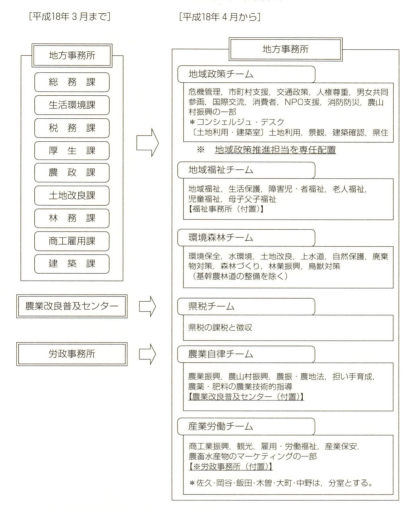

出所：長野県経営戦略局行政システム改革チーム資料より。

部局名などはその当時のもので表記し，分析・考察も2006年度現在である。

（2）松本圏域と現地機関

　長野県の松本圏域には，松本市（人口22万6731人，面積919平方キロ［2006年4月

図4-2　松本圏域の市町村

出所：松本地方事務所。

現在]），塩尻市（6万8095人，290平方キロ），安曇野市（9万6391人，332平方キロ），および東筑摩郡にある波田町（1万4898人，59平方キロ），麻績村（3189人，34平方キロ），生坂村（2120人，39平方キロ），山形村（8267人，25平方キロ），朝日村（4848人，71平方キロ），筑北村（5680人，100平方キロ），の3市1町5村が含まれており，管内人口計は43万219人，管内面積は1869平方キロである（図4-2）。

　松本圏域にある県の現地機関には，松本合同庁舎に入っている松本地方事務所（松本福祉事務所，松本農業改良普及センター，中信労政事務所，付置），松本保健所，松本建設事務所，松本教育事務所，計量検定所，奈良井川改良事務所，中信会計センターの他に，松本空港管理事務所，信濃学園，松本児童相談所，波田学院，松本勤労者福祉センター，松本技術専門校，こども病院，松本食肉衛

生検査所,松本家畜保健衛生所,松本消費生活センター,松本文化会館,工業技術総合センター情報技術部門,畜産試験場,中信農業試験場,水産試験場,林業総合センター,安曇野建設事務所,犀川コモンズ・砂防センター,松本平運動公園,松塩水道用水管理事務所,総合教育センター,生涯学習推進センター,体育センター,などがある。なお,松本管内には建設事務所は松本建設事務所と安曇野建設事務所の2つがあり,安曇野建設事務所は安曇野市を管轄しており,それ以外を松本建設事務所が管轄している。

3　松本圏域の現地機関の機能・役割

それでは,松本圏域の現地機関である松本地方事務所を中心に,松本保健所,松本建設事務所などにおける現地機関の機能・役割についていくつかの事業・施策などを取り上げてみよう[3]。なお,これら3つの現地機関は,いずれも松本合同庁舎のなかにある。

松本地方事務所の組織は,先の図4-1のとおりであり,地域政策チーム,地域福祉チーム(福祉事務所付置),環境森林チーム,県税チーム,農業自律チーム(農業改良普及センター付置),産業労働チーム(中信労政事務所付置)の6チーム(課)に編成されている。松本保健所は,総務チーム,健康づくりチーム,食の安全・生活衛生チーム,検査チームの4チーム(課)からなる。松本建設事務所は,総務チーム,維持管理チーム,整備チーム,用地チームからなり,関連する組織として奈良井川改良事務所が合同庁舎の同じ階に入っている。

現地機関の職員数は,松本地方事務所では,現在員は220名(市町村派遣職員12名などを含む,2006年4月現在)である。松本保健所は45名(安曇野支所を含む)で,内訳は,行政職が16名で,それ以外の29名は専門職であり,医師1名,保健師10名,管理栄養士2名,薬剤師5名,獣医師5名などである[4]。松本建設事務所は66名で(市町村派遣職員を含む,2006年8月現在),内訳は事務職23名,技術職37名,技能労務職6名である[5]。それ以外に付置機関の奈良井川改良事務所には12名(内訳は,技術職11名,技能労務職1名)がいる。

(1) 予算案策定と予算執行

　県の予算策定過程における本庁と現地機関との相互関係では、各地方事務所の各チームごとや建設事務所単位、保健所単位で本庁の関係各部と情報のやり取りや連絡調整を行い、それらをもとにして本庁の関係各部で予算案が策定されていくことがほとんどである。つまり、予算案を策定するのは本庁の各部局であり、それらと現地機関が縦系列でつながって、その縦系列で調整して予算案が基本的には作られているのである。

　議会で議決された予算の執行は、予算案策定過程と同様に、基本的にはほとんどの事業が本庁と現地機関の縦系列の関係で実施されていくという。あくまでも感覚的な感想ではあるが、地方事務所のすべての事業・職務の90％以上が縦系列で動いており、10％にも満たないものが地方事務所の2、3のチーム（課）で連携して動いているという感想があった。[6]

(2) 地方事務所長の機能・役割

　地方事務所の所長は、保健所や建設事務所など圏域にある他の現地機関の所長とは、制度上は対等である。しかし、災害時に圏域において設置される災害対策本部松本地方部の組織編成では、地方事務所長が地方部長になり、副地方部長には保健所長や建設事務所長など他の現地機関の所長が配属されることや[7]、圏域の公的な行事において来賓や挨拶を求められことなどにみられるように、権限や権力とは関係なく、地方事務所長は管内における県行政のリーダー的な存在で、一定の存在感や権威がある。

　地方事務所長の制度上の機能・役割についてみてみよう。

　①年度の重点事項と組織目標の提示　　地方事務所長は、知事とのヒアリングなどで年度ごとの「重点事項」としていくつかのポイントを提示している。松本地方事務所長は、2005年度の重点事項として、①長年の懸案事項（廃棄物など）の解決（案件別のタスクフォースの設置、一件でも多く解決する、本気、毅然たる態度で臨む）、②市町村との関係強化（広域連合長会への参加、市町村職員に真に頼られる組織づくり）、③2006年度組織再編の事前着手（現地機関3所の連携強化、組織を間断なく磨く）、④人財育成（リーダーシップ力の強化、状況を変えようとする強い意志と行動や仕事に対する気概と熱い思いのある目指すべき職員づくり）、をあげて

いた。[8]

　松本地方事務所の「組織目標」としては，①組織の一体感の確立（より効率的，合理的，実践的な組織にする），②各チームの懸案事項の円滑な実施と迅速な解決，③地域の優位性を活かした新たな戦略による地域づくり，④人財づくり（職員のモチベーションが高まるような組織環境，人間環境をつくる），の４つがあげられていた。

　地方事務所におけるトップリーダーである所長の考え方や重点事項，組織目標などは，地方事務所の行政のあり方や権限・裁量の範囲内での政策実施において一定の影響力をもち，10地方事務所ごとの特色や独自性と差異が自ずと表れてくると考えられる。

　②松本地域政策推進会議　　地方事務所と保健所と松本建設事務所は，松本管内の主要な現地機関であり，３所といわれている。松本地域の県の現地機関が連携して地域の総合政策を検討するために「松本地域政策推進会議」が，要綱に基づいて設置されている。３所の所長と副所長（次長）および地方事務所の地域改革推進幹をもって構成されている。この事務局は地方事務所地域政策チームに置かれており，会議は地方事務所長が招集し，必要の都度開催されることになっている。[9] この会議は，現所長が就任する以前には松本圏域には正式にはなかったもので，現所長が要綱を作成して制度化した。組織が異なる県の現地機関同士を圏域において公式に連携・協働させるのに重要な役割を果たしている。

　ただ，年間に数回，開催されるもので，この会議以外にも，松本地域政策推進会議としてではなく，必要があればその都度，３所の所長同士が相互の事務所を適宜に訪問して２所長同士で，あるいは必要な場合は３所長が会って，実質的に連絡・調整や協働を行っている。

　③地方事務所長の直接提案による予算化　　これまで地方事務所・所長が知事に直接提案して予算化する事業はなかった。「曼荼羅の里」活性化プロジェクトは，2006年度予算から圏域において地方事務所として重要な事業だということで地方事務所長名で直接提案して，知事ヒアリングを受けて採択され予算化されるようになった事業である。松本地方事務所では複数事業を提案し，その

うち1つが採択され，全県で5，6事業が採択されたという。実際の事業実施に当たる担当課は，地域政策チームである。

　このプロジェクトの趣旨は[10]，筑北・生坂地域（麻績村，生坂村，筑北村）の住民と3村・松本地方事務所（県）とが協働して地域の活性化策について検討・実施し，地域の魅力を広くPRしながら，様々な地域資源を活かして交流人口（観光や農業体験など地域を訪れる人）の増加を図る取り組みなどを展開し，地域全体を活性化することを目指す事業である。プロジェクトを進めるにあたって，村職員と地方事務所職員の検討会や，地域住民との意見交換会，打ち合わせ会などを経て，2006年5月に地域住民を中心とする「曼荼羅の里を輝かす会」が発足した。この会には，農業者，特産品や地域活性化に取り組んでいる住民，商工会などの団体，村や地方事務所職員など約35名が参加し，地域活性化のための企画案などについて検討を行った。この会では，関東地方を中心とした人たちに対して地域を訪れ体感してもらうための無料のモニターツアーを企画し，10月に2泊3日で実施した。この事業の効果としては，①地域の資源を再構築し，地域外へ発信し，各村における地域の魅力についての再発見と地域の一体感の醸成，②交流人口が増加して地域のファンの増加による定住者の増加を期待，③新たなコミュニティビジネスの創出の可能性，④地域住民が体験観光等のインストラクターになることで，高齢者などが地域で活躍できる場を創出するなどにより，麻績村と筑北村と生坂村の地域の活力をアップすることを目指している。

　この事業は，村職員と地方事務所職員（県職員），そして地域住民といった3者が協働して地域の活性化・地域づくりに取り組むものである。地方事務所が協働しながら，市町村とコミュニティの両方を支援していく事業なのである。

　④プロジェクトチーム方式　あるチーム（課）から地方事務所長に事業などの相談・報告があって，所長が他のチーム（課）と関連があり連携した方が適切だと考えた場合には，そのチーム（課）の枠を越えて関連するチーム（課）の担当者・窓口を決めて，それらとのプロジェクトチーム・タスクフォースを組むよう指示・命令をだすことがある。これまでに，例えば，産業廃棄物の山の中での不法投棄の問題については環境森林チームの環境保全ユニットと林務ユニットでプロジェクトチームを組んだ。プロジェクトチームという形ではな

いが，農地転用問題などでは農業自律チームと建設事務所との連携がとられたという。

(3) コモンズ支援金（信州ルネッサンス革命推進事業）

　コモンズ支援金は，「未来への提言～コモンズからはじまる，信州ルネッサンス革命～」の具現化を図るため，地域に軸足を置いた施策や協働して行う創意工夫ある取り組みなど，提言の理念に基づき市町村や公共的団体等が行う事業に対して，必要な経費を支援するものである。支援対象団体は，市町村，広域連合，一部事務組合，公共的団体等（県内に事務所を有する公共的活動や地域づくり活動を行う NPO，協議会等）である。支援対象事業は，12区分されており，安心・安全な暮らしの支援，地域交通の確保，県境地域等の活性化，やさしいまちづくり，健康な暮らしの応援，美しいまちづくり，魅力ある観光の創出，コモンズビジネスの支援，ゆたかな森林づくり，協働型のむらづくり，特色ある学校づくり，その他地域の活性化に関するものである。支援内容（交付額）は，ソフト事業は10分の10以内，ハード事業は3分の2以内で，予算額は2006年度当初予算で総額10億円，配分は地域枠が7億円，全県枠が3億円で，2006年度は1次と2次の事業採択を行った。この事業は，申請方式であるので，採択にあたっては事業ヒアリングを行い，その際申請者が自らプレゼンテーションを行う。県の担当者は適切な助言を行うが，基本的には政策の実施と評価を申請した団体が自ら行い，その内容を自分たちでホームページや会報などで公開するとともに，今後の改善につなげていくことが求められている。申請者・団体が計画づくり，実施，政策評価，そしてフィードバックと事業過程のすべてにわたって自分たちで考え，行動するものであり，住民や地域の団体の自治能力を育成し底上げすることを目指すものである。

　地域枠も全県枠も地方事務所における担当・窓口は地域政策チームであり，申請・ヒアリングに当たって，あるいは採択後においても，申請者が属する管内の地方事務所の関係各課と保健所や建設事務所が，濃淡はあるにせよ，助言・支援している。事業採択にあたっては，基本的には，地域枠は，各地方事務所でコモンズ支援金選定要領等を作成し選定基準を設けて，それに基づいてヒアリングを行い，選定委員会により審査のうえ採択事業を決定し内示通知を送付する。全県枠は，申請者の管内の地方事務所において本庁の職員が出向い

てヒアリングを行い，本庁での選定委員会により審査のうえ採択事業を内定し，その後地方事務所からの内示通知を送付する。

この事業の松本管内における2005年度事業実績は，地域枠51件（市町村40件，一部事務組合・広域連合2件，公共的団体等9件）で，計6680万円，全県枠は6件（市町村3件，一組・広域連合0件，公共的団体等3件）で，計1282万円であった。[13]

コモンズ支援金事業の一連の政策過程において，地方事務所や保健所，建設事務所は，助言・支援などを行うことを通して市町村や地域の団体・グループと相互関係があり，本庁と市町村・地域住民との結節点において一定の役割・機能を担っているのである。

（4）市町村合併支援と市町村自律支援

平成の大合併のなかで松本管内では，2005年10月1日に，豊科町，穂高町，三郷村，堀金村，明科町が新設合併して安曇野市ができ，同年10月11日には，本城村，坂北村，坂井村が新設合併して筑北村が誕生した。これらの合併にいたる過程で本庁（市町村チーム）と松本地方事務所（地域政策チーム）は，合併前町村に対してその合併協議会において一定の必要な助言・支援を行った。合併協議会組織における支援のあり方を，筑北村の合併過程において簡単にみてみよう。

合併協議会は関係市町村の首長や議員などにより構成されて，地方事務所長がオブザーバーとして参加した。その協議会の前段階において任意設置の「幹事会」が設置され，各村の総務関係課長などの職員が参加し，合併に伴う様々な案件をざっくばらんに議論し積極的な意見交換を行い，実質的に連絡調整を行った。その幹事会に地方事務所の地域政策チームの企画関係職員がオブザーバーとして参加し，合併に伴う様々な幹事会における疑問点や問題点について回答したり相談に乗ったりした。合併予定の旧村間に利害のぶつかり合いや問題が生じた場合に意見を聞かれた時などは，第三者的立場から意見を述べるなどアドバイスをしたり，仲介や行司役を果たす場合もあったという。市町村からみれば「アドバイザー」としての機能・役割を担っていた面があった。幹事会と「事務局」とは一体的に活動し，その事務局には，県からの派遣職員が配置され，合併関連の資料づくりなどを担った。さらに，筑北村の旧村の総務関係職員のなかに，以前に本庁市町村課に研修派遣にいった経歴のある職員がお

り，その職員は財政問題などに精通していた。その旧村の職員と合併協議会の事務局にいた県の派遣職員とも連携がとられていたし，オブザーバーの地方事務所職員は本庁（市町村チームなど）とは連絡や情報交換をしっかりと行って合併協議会事務局の県職員とも連絡・連携がとれていたという。

このように，市町村合併において地方事務所は，合併市町村に対して支援機能や時には構成市町村の利害の調整機能を果たしていた。また，市町村と本庁との連絡調整機能も担っていたのである。

市町村自律プランづくりなど市町村自律支援においても，市町村合併支援とほぼ同じ枠組みで行われ，市町村に県職員が派遣され，その職員と地方事務所地域政策チームの企画関係の職員が，市町村において自律プランづくりを担当する市町村職員を支援する場合があった。小規模町村の行財政運営サポート事業が1つの市町村支援事業で，町村の要請に基づいて，財政状況の厳しい小規模町村に対して本庁の市町村チーム・まちづくり支援室および地方事務所が連携・協力し，行政改革支援（行財政改革プランの企画・立案・実施，能力・実績主義の人事管理制度の構築など），財政健全化支援（歳入確保策や歳出削減策，財政の将来推計や財政運営など），税収確保支援（課税・徴税に係わる課題解決，滞納整理方針の策定・滞納処分の実施など），まちづくり支援（広域行政や事務の共同化，住民自治に立脚した地域づくり推進など）など当該団体のニーズに応じた事項について意見交換・助言をし，当該団体の自主的，自律的な行財政運営を支援したのである。[14]

（5）松本障害保健福祉圏域調整会議

松本障害保健福祉圏域調整会議は，松本障害保健福祉圏域・松本管内における障害保健福祉施策の推進方策等について調査検討するために設置されており，①圏域における障害保健福祉施策の現状および課題の把握，②障害保健福祉施策の総合的な基盤整備の推進，③市町村等関係機関の連携体制の確立，④障害保健福祉施策の広域的な展開の推進，⑤その他，障害保健福祉施策の推進に関し必要な事項について協議するものであった。[15] 会長は松本地方事務所地域福祉チームのチームリーダー（課長）である。委員は，同チームリーダー（課長），松本保健所健康づくりチームリーダー（課長），松本市をはじめ管内9市町村の保健福祉関係課長，松本広域連合事務局介護審査課長，である。必要に

応じて会長は委員や幹事以外の者の出席を求め，説明や意見を聞くことができる。庶務は，松本地方事務所地域福祉チームで行われた。

　2006年度の会議では，2007年度からの松本障害保健福祉圏域における障害者自立支援法に基づく市町村の地域生活支援事業に関する相談支援体制をどのように作っていくか，相談支援事業に係わる市町村負担金をどうするか，などについて協議した。2006年9月21日の会議には，管内にある障害者自立支援センターや障害者総合支援センターの3所長に加えて，本庁障害者自律支援チーム主査が参加していた。

　この相談支援体制のあり方や負担金のあり方は，構成市町村などの利害や障害者サービスの質に関わる重要な問題であり，地方事務所（地域福祉チーム）の相談・支援機能や企画・調整機能が重要な役割を担ったようだ。また，長野県内の他の圏域における取り組みなどとの関連もあったので，本庁の担当課（職員）の情報提供・支援も欠かせないものであったという。

（6）農政関係の情報収集と補助事業

　長野県の農政部の事業には，いわゆる「ゼロ予算事業」で「集落どこでも農声部」がある。これは，中山間地域における農業・農村が有する多面的機能や集落の活力を取り戻すため，集落の住民と本庁農政部職員と地方事務所農業自律チーム職員が直接意見交換を行い，農業生産活動を基本とした集落の自律的な活性化の取り組みに働きかけて支援するとともに，農政に対する意見・要望を把握して集落の声を農政に反映させるための事業である。これまで長野県の農政部などでは，農業に関する情報は基本的には市町村やJAなどの団体を通して取り入れていたが，田中知事の時代に，市町村を通さず集落に直接行って県民・農業者と直接結びつく方法もとられるようになった。市町村職員とともに集落に行くケースもあるが，地方事務所職員が農業者に農業施策の説明を行い，施策を活用しながら現場での解決方法を提案・助言し，さらには必要な施策を検討し新たな施策創設に結びつけるのである。

　また，長野県の「信州モデル」事業のなかに，「信州農業再生戦略プロジェクト事業」があった。これは，環境に負荷を与える農業から自然と共生する農業へ転換するための取り組みを県民とともに行い環境に優しい農業の推進を図ることを目指す事業である。その中の1つの事業に「レス50実証支援事業」が

あり，レタス・セルリー・キャベツ・ハクサイを対象に生産現場と協働して大規模な化学肥料・農薬の使用量を50％削減栽培の実践および検証をする事業である。「レス技術導入支援事業」は，事業主体は生産者グループ，実施地区数は県内33地区（2006年度）で，野菜・果樹を対象に環境負荷を軽減する栽培技術の導入および取り組み面積の拡大を支援する事業である。松本圏域に限らず一般的な傾向として，これらの事業については，地方事務所農業自律チームが地元へのPRや実施地区数の確保という機能・役割を担っていた。ただ，品目によっては50％削減が容易でないことから，地域の状況をよく知る現地機関・職員としては，地域や現在の事情を考慮して事業を勧めることが必要であり，本庁に対して現場での問題点などを指摘したり，地域の状況に応じた推進方策を取ることもあるという。

「集落どこでも農声部」事業や「信州農業再生戦略プロジェクト事業」などをみると，地方事務所が本庁と地域の現場・住民の間に立って，本庁の政策意図を現場において実体化する連結管の機能・役割や，本庁の事業・施策推進方針を踏まえながら現場・住民のための調整や緩衝装置の役割，あるいはその逆のベクトルで，現場・住民の要望を受けて本庁に対して政策提言を行う導管の機能といった両方向の機能があるといえる。

（7）保健所の機能・役割

松本圏域では，松本市も保健所政令市ではないので，県（衛生部）の現地機関として松本保健所が管内全域の保健所機能を担っている。2点だけ簡単にみてみよう。

① 「健康づくり計画 健康グレードアップながの21 松本地域版」　この計画は，国の健康づくり施策の「健康日本21」・「健やか親子21」と長野健康づくり計画「健康グレードアップながの21」に対応して，松本管内の市町村をはじめ関係機関などの協力を得て策定されたもので，松本地域の特色や独自性を反映して総合的な健康づくりを推進するものであった[16]。

この計画の推進における関係機関の連携体制として，医師会や看護協会などの保健医療専門家や国民健康保険団体などの保険者等，マスメディア，民間企業，食生活改善推進協議会などの非営利団体，学校保健関係の小・中学校や市

町村教育委員会，保育所や公民館などの地域・家族，国や市町村関係部局などの行政機関というように広範囲に及んでおり，それらの連携・調整を県が行っている。圏域におけるその県の現地機関としては保健所（健康づくりチームなど）が中心になり，地方事務所（地域福祉チーム・福祉事務所など），教育事務所，児童相談所と連携して，市町村保健福祉関係部局などとも協力しながら，圏域において多様な団体・組織の調整を行って計画の実施に取り組んでいた。

②「信州楽食運動」　信州楽食運動とは，いつまでも食を楽しみ，健康寿命日本一を目指した取り組みを，食生活改善運動と歯の健康を組合せながら，部局横断的に連携してすすめる運動・事業であった。[17] 推進体制は，本庁に，本部長が副知事，事務局が企画局チームERで，県の行う楽食運動に関する施策について総合的な企画と調整に関する事務をつかさどる信州楽食運動推進本部があり，経営戦略局，総務部，社会部，衛生部，生活環境部，商工部，信州ブランド・観光戦略局，農政部，林務部，教育委員会事務局が入っていた。この事務の円滑な実施を図るために，県内10圏域にそれぞれ信州楽食運動推進地方部を置き，保健所長，農業改良普及センター所長，地方事務所長，教育事務所長が部員となって，各圏域では実際の事業は保健所が呼びかけながら進めていた。

松本圏域でもこの運動・事業の担当窓口は保健所で，「健康グレードアップながの21　松本地域版」の普及と実践活動に関する事業において取り組んでいた。具体的な信州楽食運動の事業として「野菜を食べようキャンペーン」（ゼロ予算事業）は，健康増進普及月間（9月）と食生活改善普及運動（10月）に併せて野菜摂取量増加のためのキャンペーンを実施するもので，保健所が地方事務所などの関係機関と連携して行われた。「地元食材のプラスワンメニュー」（ゼロ予算事業）は，多くの県民が利用する学校や病院，特養ホームなどの給食施設に対し，地元食材を利用したプラスワンメニューを広めるもので，保健所と教育事務所などが連携していた。「信州楽食キャラバン隊」は，健康長寿を実現するための基本である「食」の大切さを認識し健全な食生活を身につけてもらうために楽食キャラバン隊を派遣し情報発信を行うもので，保育所や学校，職場や地区の集会など要請があればどこへでもでかける事業だった。実施体制は，保健所，地方事務所，教育事務所，食生活改善推進協議会等地域の実

践集団などであった。

（8）建設事務所の機能・役割

　松本建設事務所における2006年度の施策展開の方針は，道路整備や橋梁耐震対策などの「安心して暮らすことができる災害に強い社会基盤づくり」，道路の維持管理や道路河川の清掃，防災・土砂災害危険個所点検などの「既存の社会基盤を有効活用する維持管理の重点実施」，歩道設置・街路整備・歩道のバリアフリー化や木製ガードレールの設置などの「人中心のコンパクトなまちづくり，自然と共生する資源循環型の地域づくり」，観光振興を支援する道づくりなどの「魅力ある地域づくりと観光・交流を促進する交通基盤整備の推進」，公共事業の透明性・公平性の確保や入札制度改革などの「地域とともに生きる建設産業の支援」などであった。このように松本建設事務所をはじめ建設事務所[18]は，社会基盤の整備・維持管理やハード中心のまちづくり・地域づくりが主要な任務である。

　建設・土木技術関連の事業は，一定の専門性を必要とする事業であり，先にみたように松本建設事務所の現員が66名で，そのうち技術職が37名，技能労務職が6名いたことにみられるように，建設・土木技術などの技術職中心の現地機関である。それに対して地方事務所の所長は行政職・事務職であり，建設・土木技術などに関する知識が少ない場合が多いので，建設事務所から地方事務所・所長に対して話しをもっていく必要のある事案はそれほどはないという。したがって，建設事務所の組織編成のあり方としては，岩手県の地方振興局のような建設事務所・土木事務所を含んだ完全総合型の現地機関・出先機関に組織改革することに関しては，あまりメリットはないと考えられていたようだ。建設事務所が単独の組織で所長も技術職であるので，ほとんどすべての決裁は建設事務所長から得られる。もし完全総合型の現地機関の組織編成で地方事務所長や地方振興局長のもとに「建設部」のような組織が編成されるようであれば，現地機関のトップ・所長などに対してその現地機関の建設部長がさらに説明したり決裁を求めたりすることが常時必要になり，政策・施策の立案・実施などにおいてその事務処理でスピーディさを欠くことになりかねないかもしれない。現在の松本合同庁舎におけるように，地方事務所などと建設事務所が同じ建物の中にあり，それらの連携がとれ，情報交換を適宜に実施できれば，む

しろその方が効率的・効果的に機能するのではないかと考えられる面がある。

　また，松本管内は，県内有数の観光地である上高地や乗鞍高原を抱えており，そこにいたる国道や周辺の工作物などの維持補修，国立公園の自然環境保全事業などが必要であるので，国の出先機関である国土交通省関東地方整備局長野国道事務所や環境省関係，林野庁関係の事務所などとも連携や連絡調整を行うことが多い。

4　現地機関の機能・役割分析

　それでは，松本圏域における県の現地機関の機能・役割について，上記で整理したことがらと，**第 1 章で整理した都道府県出先機関のインプット機能とアウトプット機能や，微視的フィードバック機能と巨視的フィードバック機能，さらには出先機関の総合性，行政分権と政治分権などの視点や見方とつき合わせながら考えてみよう。あわせて本庁-現地機関-市町村・地域（住民）の関係を図式化してみたい。

（1）現地機関の機能・役割とインプット・アウトプット，フィードバック
　①　予算案の策定と政策実施　　予算策定と政策実施のほとんどは，本庁と地方事務所全体との相互関係（図 4-3-①）というイメージよりも，本庁と地方事務所の各チーム，さらには市町村の関係各課といった縦系列の相互関係のもとで動いていると考えられる（図 4-3-②）。

　②　地方事務所（所長）の直接提案事業　　地方事務所長の直接提案事業は，地方事務所の関係各チーム（課）が連携しながら地方事務所の重点事業としてとりまとめて提案した予算化の段階では，本庁と地方事務所全体との相互関係（図 4-3-①）でイメージでき，フィードバックのあり方は巨視的フィードバック機構が機能し，事業実施の段階では微視的フィードバック機構のもとで機能したと考えられる。

　③　コモンズ支援金　　コモンズ支援金における本庁-地方事務所-市町村・地域の相互関係では，全県枠では巨視的フィードバック機構のもとにあり，地域

図4-3 本庁・地方事務所・市町村の相互関係のイメージ図

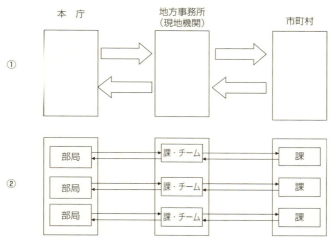

出所:筆者作成。

枠では微視的フィードバックが中心になっている。地域枠の方の相互関係をさらに子細にみると,現地機関は市町村だけでなく,地域・「コモンズ」を直接支援する機能・役割も果たしていた(図4-4)。

④ 市町村合併支援と市町村自律支援　市町村合併における地方事務所の機能・役割における本庁−地方事務所−市町村の相互関係は,市町村の合併協議会が主要な場・起点であり,そこに地方事務所職員が本庁職員とともに参加したり,本庁職員が派遣されたりしながら,3者が協働していたということから微視的フィードバック機構を中心としながらも巨視的フィードバックもみられた(図4-5-①と②)。市町村自律支援も同様の枠組みであった。

⑤ 障害保健福祉圏域調整会議　障害保健福祉圏域調整会議における地方事務所の機能・役割と本庁−地方事務所−市町村の相互関係では,地方事務所における調整会議の場に市町村が共同で参加し,必要な場合はそこに本庁職員が来て,3者が協働していたということから微視的フィードバックを中心としながらも,一部巨視的フィードバックもみられた(図4-5-③)。

図4-4 コモンズ支援金（地域枠）における地方事務所の機能

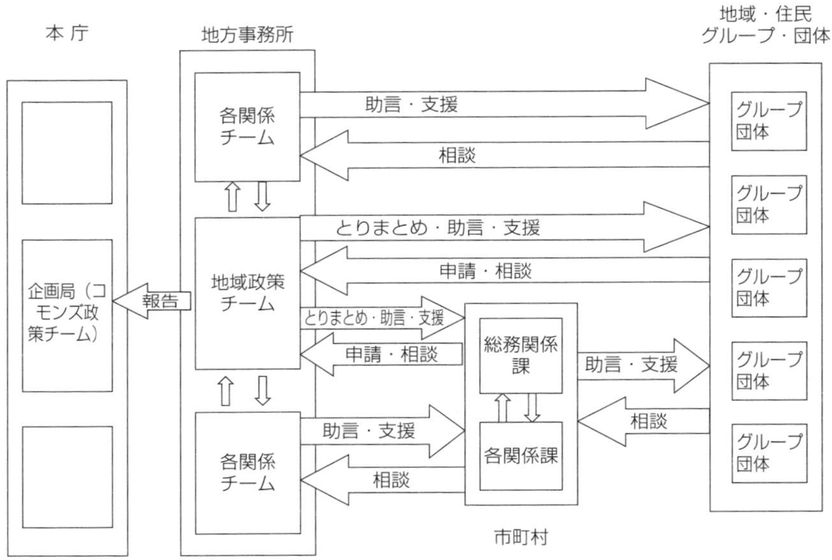

出所：筆者作成。

⑥「集落どこでも農声部」事業・「信州農業再生戦略プロジェクト事業」　「集落どこでも農声部」事業は，地方事務所が直接地域・住民の声を聞き，その情報を本庁に伝えて政策化に結びつけていたので，地方事務所が巨視的フィードバック機構のなかで「政策のイノベーションの源泉」としての機能を担っていたと考えられる。

「信州農業再生戦略プロジェクト事業」も，巨視的フィードバック機構において地方事務所が本庁と地域の現場・住民の間に立って，時には本庁の事業・施策推進に対して現場・住民のための調整や緩衝装置の機能・役割を担っていた。これはある面で，現地機関一般が潜在的にもつ政治分権の「本庁の意図を制約する役割」の発現であるといえる。他面で，本庁の政策意図を現場において実体化する連結管の機能・役割を担って行政分権の機能も当然に果たしていた。

⑦信州楽食運動関係事業　信州楽食運動関係事業を含む「健康グレードアッ

図4-5　市町村合併と障害保健福祉圏域調整会議における地方事務所の機能と相互関係

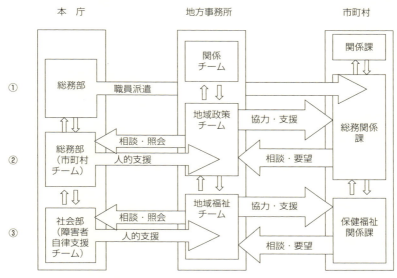

出所：筆者作成。

プながの21　松本地域版」の実践事業における本庁-現地機関-市町村（地域）の相互関係は，健康づくりという一定程度専門性が必要な現場での事業実施であるので微視的フィードバックがメインで，圏域の他の現地機関（地方事務所や教育事務所など）や地域団体・住民とも連携しながら行っていた。

⑧建設事務所の機能　建設事務所は，ハードの公共事業を中心とした事業を担う県の現地機関であることから，全般的には，巨視的フィードバック機構において縦系列で機能していたと考えられる。

(2) 現地機関の機能・役割の分析

これまでの内容を少し整理して分析してみよう。
①地方事務所をとりまく本庁-地方事務所-市町村の相互関係では，全体的なイメージは，本庁-1つの地方事務所-市町村というものよりも，縦系列の本庁関係部-地方事務所関係チーム（課）-市町村関係課が中心であった。

図4-6　本庁–地方事務所–市町村の相互関係における地方事務所の機能・役割

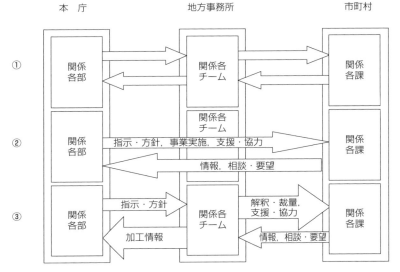

出所：筆者作成。

②その際，地方事務所のインプットとアウトプットは，巨視的フィードバック機構のなかで作動していた（図4-6-①）。そして，そのインプットとアウトプットは，地方事務所がほとんど何も加工を施さないでスルーするもの（図4-6-②）ではない。市町村へのアウトプットの場合は，情報伝達や政策実施において地域事情を考慮し反映して何らかの解釈・判断を加え，裁量を行使しながら役割・機能を果たしていたと考えられる（図4-6-③）。現地機関は，政治分権における「政策のイノベーションの源泉」としての機能や「本庁の意図を制約する役割」，あるいは「自由の培養器」の機能を果たす場合もあるのである。

また，保健所や建設事務所などの現地機関は，基本的には，本庁–地方事務所–市町村の相互関係のなかで機能・役割を担っていた（図4-7の白抜きの矢印）。

③ただ，地方事務所（所長）の直接提案事業や信州楽食運動関係事業などでみられたように，これまでの縦系列中心での事業実施のあり方では充分に対応することができない課題や施策・事業が近年増えてきており，地方事務所のチーム（課）同士だけでなく圏域の現地機関同士が協働しながら事業を行うような場面が増え，その重要性が増してきていると思われる（図4-7の黒い線の

図4-7 各現地機関と本庁との相互関係

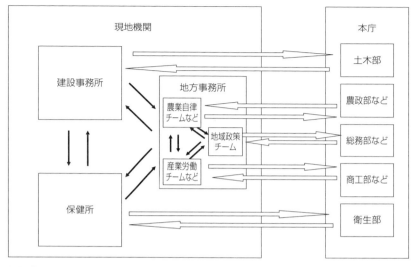

出所：筆者作成。

矢印）。

④現地機関をとりまくアクターの全体的相互関係（インプットとアウトプット関係）においては，保健所はこれまでも対人サービスを主として担ってきたので当然であるが，県の現地機関として地方事務所が，コモンズ支援金や「集落どこでも農声部」事業などでみられたように，住民や地域，NPO，コミュニティ組織に直接関わる場面が増えてきているようだ。ただ，この直接相互関係では，市町村の頭越しに行われていたと捉えられる面があり，時に県・地方事務所と市町村の間に摩擦が生じることもあったという。

現地機関をとりまくアクターの全体的な相互関係のイメージは図4-8のとおりであり，広域連合とも相互関係があった。特に長野県では，10圏域・地方事務所管内と同じエリアに10広域連合が設置されていたので，県の現地機関と広域連合との相互関係は強いものがある。松本圏域では，先にみた障害保健福祉圏域調整会議の委員に広域連合の事務局職員が入っていたし，この当時，松本地方事務所長が松本広域連合長会議へのオブザーバー参加をしていた。

⑤本庁-現地機関-市町村（地域）の相互関係のなかで，現地機関がその結節

図4-8　現地機関をとりまくアクターの全体的相互関係のイメージ

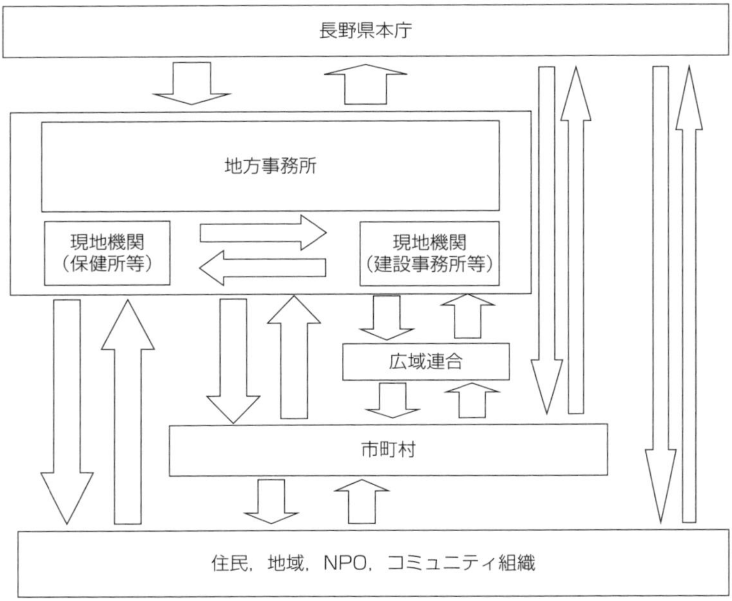

```
┌─────────────────────────────────────┐
│           長野県本庁                │
└─────────────────────────────────────┘
    ↓↑
┌─────────────────────────────────────┐
│  地方事務所                          │
│  ┌──────────┐    ┌──────────┐      │
│  │ 現地機関  │ ⇄ │ 現地機関  │      │
│  │(保健所等) │    │(建設事務所等)│   │
│  └──────────┘    └──────────┘      │
│                    ↓↑              │
│                ┌────────┐          │
│                │ 広域連合│          │
│                └────────┘          │
└─────────────────────────────────────┘
     ↑↓              ↓↑
┌─────────────────────────────────────┐
│            市町村                   │
└─────────────────────────────────────┘
            ↓↑
┌─────────────────────────────────────┐
│   住民，地域，NPO，コミュニティ組織 │
└─────────────────────────────────────┘
```

出所：筆者作成。

点においてどちらのアクターの立場に立って，あるいは姿勢で機能・役割を担うのかによって，実際の政策の効果や事業・サービスの質が大きく異なってくると考えられる。かつての機関委任事務の執行などでは，県が中央官庁・中央政府の意向に沿って行い，それに伴って県の出先機関・現地機関も同様に中央官庁や県の立場から市町村・地域に対していた場合が一般的にはみられたと考えられる（図4-9-①。図表のなかの点線で囲まれたアクター間には，連帯関係があることをイメージしている）。当時の長野県では，田中県政の影響あるいは現地機関の存在根拠からか，少なくとも現地機関・職員は市町村・地域の立場・視点に立って考え事業実施を行っていた面が比較的強くみられたようだ（図4-9-②）。

　県庁職員が地域や市町村のことを，本庁でみるのと現場・地方事務所でみるのとでは，同じ対象でもみえるものや見方が異なってくる場合があるという。地方事務所などの現地機関・職員は，地域に近いところで市町村や地域，住民

図4-9　結節点における現地機関のあり方

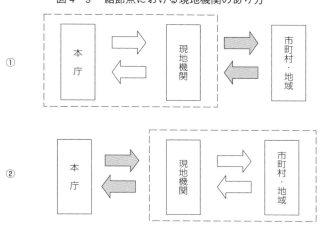

出所：筆者作成。

団体や住民の話しを直接聞いて地元・地域の立場に立って，本庁（関係各部）における予算策定や政策立案の場に地域の情報・意見を伝えることを任務と考える傾向があったことに関連しているからかもしれない。

⑥現地機関・職員の立場と関連して，職員の「現場主義」のあり方についても少しみておこう。当時の田中県政においては，県庁職員が県民の立場で考え，県民の目線で事業・サービスを考えてみようという「現場主義」の考え方が強く打ち出され，県の出先機関は本庁の単なる出先ではなく，現場の第一線で機能する現地機関だということで，地方事務所の機能向上につながった面があったという。それまでは，職員のなかには問題意識をもっていても，県庁組織・官僚制組織のなかではその意識をもとに積極的に議論して政策や事業の問題点を改善していこうという行動に移しにくい面があったが，トップ・知事の意識が「現場主義」に変わったことで，職員が自律的に動いて問題意識を反映して政策・事業実施ができる風土が県庁組織の中で以前より広がりつつあったという[19]。

それを促進する契機となった事業の1つが「ゼロ予算事業」であり，県庁職員の市町村への「研修派遣」であったと考えられる。ゼロ予算事業は，「人件費こそ最大の事業費です！」という考え方に基づいており，「職員自ら汗をか

き，智恵を出して進めていく」事業で，「予算がなければ事業ができないという固定観念を捨て，職員一人ひとりが，県民の皆様が真に求めるサーヴィスのために，意欲をもって力を尽くして」いくことを目指す事業であった。2003年度から取り組まれており，3年目の2005年度では，200近い事業が各課，各現地機関で考案され，実施された。知事の命令により県庁各課では，ゼロ予算事業に該当する事業を絞り出してきて，「やらされている」面はあったが，各課同士で，あるいは地方事務所同士で，ゼロ予算事業を打ち出すための競争のようなものが出てきていたという。また，人件費を県が負担する県職員の研修派遣により，県から市町村へ2006年度は135名（2004年度152名，2005年度121名）もの県職員が市町村の現場で，市町村の立場に立って仕事を行っていたのである。

ちなみに，県庁職員の人事異動は，本庁と現地機関を行ったり来たりする場合がほとんどで，田中県政においては県職員が人事異動で現地機関を経験することが増えたようだ。そのことで，本庁で働いていても現地機関の状況や様子は一定程度知っており，逆の場合もまた同様であったという。ただ，その時就いているポスト・働いている場所により立場は自ずと変わってくることは，一般的にはありうることである。

以前は，市町村支援とは，市町村の首長や職員を支援しその人たちのためになることであったが，田中知事になって少し変化がみられた面があったという。市町村の首長や職員の意見と住民の意見とは必ずしも同じではなく，市町村の首長・職員の向こうにいる住民の存在が浮かび上がってきて，市町村において多様な意見をもつ住民や団体・地域をダイナミックに支援することも大切だと考える職員も少なからず新たに出てきたという。

⑦地方事務所長・現地機関の所長のあり方やその影響はどうだろうか。地方事務所長によると，地方事務所の機能は予算化された当該年度の事業を，予算どおりに着実に円滑に実施することであるという。その際に，地方事務所長には，地域の現状と将来を見据えて，進展する方向性を自信をもって示せるリーダーシップが必要であり，その場合，理念と哲学がいるという。所長は本庁ではなく「現場」にいるので，現場・地域の幅広い意見や視点からリーダーシップを発揮することが求められていた。政策や事業の目的と現場の実態がより適合するように，計画と実行の間で地元の意見を反映しながら執行することが大

切であるようだ。今後は，所長の権限と責任をより大きくすることも都道府県制度改革の1つの方向性であると考えられる。

　長野県には，10圏域と10地方事務所がある。巨視的フィードバック機構や微視的フィードバック機構のインプットとアウトプットにおいて各圏域で行政のリーダーとして小さくない機能・役割を担っている地方事務所長や現地機関の所長の考え方やあり方は，都道府県全体の政策形成や施策・事業の実施効果やサービスの質に影響を及ぼしていると考えられる。同じ県内でも各地方事務所・現地機関には多様性があり，それぞれのパフォーマンスには少なからず差異が生まれていると考えられるのである。

5　おわりに

　本章の背景にある問題意識としては，「平成の大合併」や「三位一体の改革」といった動向により都道府県や市町村のあり方が大きく変化しつつあった時期において，①中山間地域などで小規模町村を多く抱える県にとっては，広域連合による水平連携の機能とともに都道府県出先機関のあり方が重要な役割・機能を担っているのではないかということ，②地方自治システムにおいて都道府県出先機関・現地機関は，垂直連携によって市町村の自治に対して重要な役割・機能を担っており，「自治の総量」のあり方を規定するポイントの1つではないかということ，③そして，そのあり方が道州制論に対する1つのオルターナティブになるのではないか，ということがあった。本章で整理・分析したことと関連して，これらについて，仮説の提示も含めて，少し触れておきたい。

　①については，長野県では，『長野県市町村「自律」支援プラン』(2003年9月)において県や広域連合による市町村事務の機能補完の1つのあり方について提示していた（図4-10）。「町村連合」などは実際には制度化されなかった。これまでの県・現地機関と市町村との相互関係の整理・分析を通して，県・現地機関による市町村支援・補完機能や垂直連携のあり方の一端を明らかにすることができたと考える。図4-10を参考にして本庁・現地機関による市町村支援・補完機能のイメージを考えてみると，図4-11のように，基本的には主として現地機関がその機能を担っているととりあえず単純にイメージできるかもしれない。

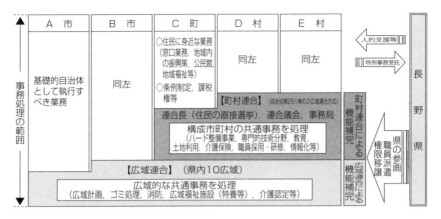

図4-10　市町村の機能補完のイメージ図

出所：長野県『長野県市町村「自律」支援プラン』（2003年9月）。

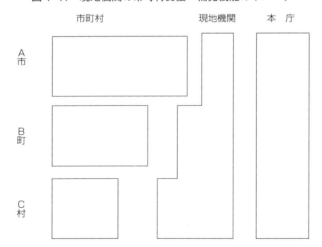

図4-11　現地機関の市町村支援・補完機能のイメージ

出所：筆者作成。

②の「自治の総量」については，磯部力の視点をもとに考えている（**序章**）。磯部によると，「自治の総量」における「総量」とは，「単に自治事務の量だけでなく，中央政府とは区別された自治システムの総体としてのパフォーマンスのこと」を指しており，「憲法の要求している『地方自治の本旨』に沿った自治組織とは，従前の経緯からしても，伝統的な『市町村プラス都道府県』の自治の総量を標準として」いるという。そして，「自治の総量の拡充を目指すことが分権構想の目的である限り，わが国の社会で十分に定着している市町村と都道府県の二層自治体の存在を前提に，その双方を強化することこそが，最もバランスのとれた方策」であり，「都道府県と市町村は車の両輪にほかならず一方の犠牲において他方を拡充することには，大きな危険もありうることに注意すべき」だという。さらに，「自治の総量は，各自治体の実力の足し算で得られる総和にとどまるのではなく，むしろ自治政府間の協力や競争という掛け算によって得られるもの」であると指摘していた。

そうすると，図 4-11 でイメージした現地機関の市町村支援・補完機能は，少し修正した方がよいかもしれない。県の現地機関は，圏域・現場において，市町村事務の執行を代替するというよりも，事務を執行する市町村に対して情報提供や人的支援，関連市町村との利害の調整・連絡などを通して支援・補完することで，市町村の「自治の量」を増加させることができると考える方が正確であるかもしれない。同時に，本庁-現地機関-市町村（地域）の相互関係における巨視的フィードバック機構のなかの結節点で，現地機関は重要なインプットとアウトプット機能を発揮しながら本庁の政策形成機能を補強したり，現地機関の事務の執行能力を強化している面もある。図 4-12-①の点線で囲まれている自治の空白領域は，現地機関が市町村と協働しながら機能・役割を果たすことで市町村の「自治の量」と現地機関・県の「自治の量」がともに増加し，それによって埋められることになると考えられる。仮説として，図 4-12-②の黒い領域は，現地機関・県と市町村の協働により増加した「自治の量」であり，今日の自治体間連携の時代では，垂直連携だけでなく市町村同士の水平連携である連携中枢都市圏や定住自立圏の取り組みと広域連合などによるものも考えられ，それらを含めて全体が「自治の総量」だと考えられるのではなかろうか。

③の道州制論に対する1つのオルターナティブということについては，図 4

図4-12　現地機関・県と市町村による「自治の裁量」

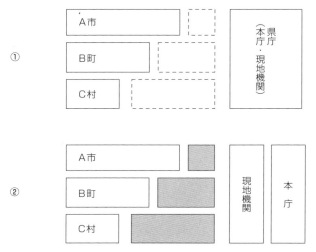

出所：筆者作成。

-12-②の黒い領域は、本庁-現地機関-市町村（地域）の相互関係のあり方により伸縮しうるものであり、道州制によらずとも「自治の総量」を増加させることができるかもしれない。各都道府県は、地域性、風土、規模、気候、歴史などにおいて多様性があり、その都道府県の管内には同様に多様な市町村が存在している現状において、「本庁-出先機関・現地機関-市町村」システムは、地方自治システムとして柔構造をもち、地域や自治体の多様性に対してけっこう柔軟性をもって対応・適応できる制度であると考えられる。これら3つの視点・仮説の考察と実証は、今後の調査研究のなかでさらに深めていきたい。

なお、田中知事の時代は「コモンズ」という考え方を基盤の1つにした全国的にも特色のある県政・地方自治であったが、そのような県政・政治が都道府県出先機関・現地機関の機能・役割のあり方に与えるインパクト・影響はどのような面でどの程度あったのか、都道府県出先機関の長のリーダーシップのあり方やそれに対する本庁・知事による民主的統制をどうするのかなど、「本庁-出先機関・現地機関」関係における政治と行政関係や民主制・民主的統制に関する考察も今後の課題として残されている。

第4章　都道府県出先機関の機能の実証分析

注
1) 長野県組織規則による（2006年10月現在）と，第56条第1項の現地機関には，長野県白馬ジャンプ競技場，長野県短期大学，地方事務所，長野県消防学校，長野県消防防災航空センター，福祉事務所，長野県福祉大学校，長野県社会福祉総合センター，児童相談所，長野県知的障害者更生相談所，長野県波田学院・長野県諏訪湖健康学園・長野県信濃学園（児童福祉施設），長野県女性相談センター，県立ときわぎ寮，長野県男女共同参画センター，長野県立総合リハビリテーションセンター，長野県西駒郷，長野県障害者福祉センター，労政事務所，勤労者福祉センター，野外趣味活動センター，長野県工科短期大学校，技術専門校，保健所，長野県看護大学，長野県公衆衛生専門学校，長野県立病院，長野県介護老人保健施設，長野県看護専門学校，長野県精神保健福祉センター，長野県動物愛護センター，長野県文化会館，長野県農業大学校，長野県病害虫防除所，地域農業改良普及センター，家畜保健衛生所，長野県林業大学校，長野県営総合射撃場，長野県都市公園，がある。また，同規則第56条第2項の現地機関には，長野県自治研修所，長野県東京事務所，職員サポートセンター，長野県西駒郷地域生活支援センター，長野県若年者就業サポートセンター，食肉衛生検査所，消費生活センター，長野県環境保全研究所，長野県諏訪湖事務所，長野県計量検定所，長野県工業技術総合センター，創業支援センター，長野県松本空港管理事務所，長野県木曽農林振興事務所，長野県農業総合試験場，長野県農事試験場，長野県果樹試験場，長野県野菜花き試験場，長野県畜産試験場，長野県中信農業試験場，長野県南信農業試験場，長野県水産試験場，長野県林業総合センター，建設事務所，長野県千曲川流域下水道建設事務所，河川改良事務所，ダム管理事務所，コモンズ・砂防センター，会計センター，がある。
2) 長野県経営戦略局行政システム改革チームの資料「条例定数と配置人員の関係について」，による。なお，「現在員」には，市町村，県，国および民間での研修，自治法派遣，条例派遣（退職派遣除く）等の職員を含む。
3) 以下の内容は，主として，筆者の水谷が2006年9月11日から22日までの2週間，松本地方事務所や松本保健所，松本建設事務所などにおいて行ったヒアリング調査の内容や収集した資料をもとにして，水谷の責任で整理したものである。また，同年8月21日に本庁関係各課，8月22日に下伊那地方事務所においてヒアリング調査と資料収集を行った内容なども含まれている。
4) 松本保健所『平成18年度　事業概況書』（2006年5月）。
5) 松本建設事務所・奈良井川改良事務所『管内概況書』（2006年9月）。
6) 下伊那地方事務所でのヒアリングの内容。
7) 「長野県災害対策本部松本地方部組織及び運営規定」，松本地方事務所資料「防災対策の充実強化について」，参照。
8) 松本地方事務所長の資料「17年度の重点事項」。
9) 松本地方事務所「松本地域政策推進会議設置要綱」。
10) 松本地方事務所資料「『曼荼羅の里』活性化プロジェクト～筑北・生坂地域の活力アップ事業～」より。
11) 長野県経営戦略局コモンズ・地域政策チーム作成資料，および長野県ウェブサイト（http://www.pref.nagano.jp/keiei/comosei/sienkin/sienkin.htm, last visited, 10 October 2006）。なお，2005年11月28日にコモンズ・地域政策チームにヒアリング調査を行った内容を含

んでいる。
12)　松本地域信州ルネッサンス革命推進事業支援金（コモンズ支援金）選定要領，参照。
13)　松本地方事務所地域政策チームの資料。
14)　長野県総務部市町村課資料より。
15)　松本地方事務所「松本障害保健福祉圏域調整会議設置要綱」。
16)　松本保健所「健康づくり計画　健康グレードアップながの21　松本地域版」（2002年5月），参照。
17)　松本保健所「平成18年度市町村保健衛生等担当課長会議資料」など参照。
18)　松本建設事務所・奈良井川改良事務所「平成18年度の主要事業等」（2006年9月）など。
19)　下伊那地方事務所でのヒアリングなど。
20)　長野県ウェブサイト（http://www.pref.nagano.jp/keiei/seisakut/zero/zero-yosan.htm, last visited, 10 October 2006），参照。
21)　下伊那地方事務所でのヒアリングの内容。
22)　長野県松本地方事務所地域政策チーム資料，参照。なお，田中県政が終わったあとは，徐々に県から市町村への派遣人数は減っていった。
23)　磯部力「『分権の中味』と『自治の総量』」『ジュリスト』No.1031，1993年，36-37ページ。

第5章　都道府県出先機関の事例分析

愛媛県地方局と鳥取県総合事務所の事例をもとにして

1　はじめに

　本章では，前章の長野県における事例分析を補足・補完するものとして，いずれも総合型出先機関類型である愛媛県における地方局制度と鳥取県の総合事務所制度における都道府県の本庁・出先機関関係や都道府県出先機関への「地域的分権」のあり方について整理・分析することで，都道府県出先機関の機能に関する考察を深める素材を提供したい。

　なお，この章での分析は，少し時間が経過しており，愛媛県に関するものは2010年12月現在で，鳥取県は2007年3月現在での事例分析であるが，都道府県出先機関の機能を考察するためには参考になると思われる。

2　愛媛県の地方局制度

　愛媛県では，1980年に設置された総合出先機関である5地方局を，2008年度に「現地即決・現地完結」型の地方機関として東予地方局（4市1町），中予地方局（3市3町），南予地方局（4市5町）の3局体制に再編した。[1]

（1）地方局再編のあり方と組織

　愛媛県では，総合化と地域振興と行政改革を目的に組織改革が行われたが，背景には，①合併の進展に伴う市町村数の減少，②県と市町との役割分担の変化，③財政状況の悪化があった。新しい地方局は，「県民サービス提供の最前線拠点」であり，「現地即決・現地完結」を主眼にして機能・権限が強化されて「広域行政の中核拠点」と位置づけられた。地方局の「部局横断的な行政執行体制」や「企画調整機能の拡充・強化」，「地域ニーズを的確に地域政策に反

映させるシステムの整備」，積極的な権限委譲，「地方局自らが予算編成に参画できるシステムの構築」などの機能強化が図られた[2]。

　地方局の主管課は本庁総務部総務管理課で，3地方局の局長は部長級であった。地方局には，総務企画部，健康福祉環境部，産業経済部，建設部の4部があった。総務企画部には地域政策課が設置され，地方局長の総合調整機能を補完し，管内の事業調整や市町に対する支援・助言，地域振興事業の推進を担当していた。産業経済部には部企画を担う産業振興課を設置し，農林水産と商工観光の融合による部局横断的な事業展開などに取り組む体制を整備し，管内の特性に応じた産業振興を効果的・効率的に推進することを目指していた。また，南予地方局には，伊方原子力発電所への安全監視機能を強化するため「原子力安全室」を設置するなど，地域の特性に配慮した組織づくりを行っていた。また，南予地方局では，2つの旧地方局には支局を設置し，県民への直接的サービス提供部門や現場対応が必要な保健所や土木事務所・農林水産普及組織などの事業実施部門，危機管理部門など，地域に密着した県民サービスの実施機能を維持していた。愛媛県では，地方局への委譲事務は約1000件で，道路の維持修繕工事等の箇所決定権の付与や土木工事の執行に関する権限の拡大も行われた。

（2）企画調整機能の充実・強化

　地方局で企画調整機能を充実・強化するための主な仕組みは，4つあった（図5-1）。まず，①管内の市町や各種団体，企業，NPO法人等の代表者で構成し，地域の行政課題や地域振興に必要な施策などについて意見交換を行う地域政策懇談会である。人選は地方局の裁量であった。

　②地方局長，支局長，各部長等で構成する地域戦略推進会議がある。管内の重要な行政課題への対応策について部局横断的に協議・検討・調整，部局相互の情報共有などを行うものであった。

　③各地方局では，優先的・重点的に取り組む必要がある施策を毎年度「地域振興重点化プログラム」として取りまとめ，その実現に取り組む。例えば，南予地方局では，2008年度にこのプログラムを住民や市町村の代表者で構成する地域政策懇談会の意見や要望を踏まえ，地域戦略推進会議でその方向性や具体的施策を検討し策定した[3]。基本目標は「住んでよし，訪れてよしの元気南予の

第5章　都道府県出先機関の事例分析

図5-1　新地方局（東予地方局）の戦略的な政策展開システム

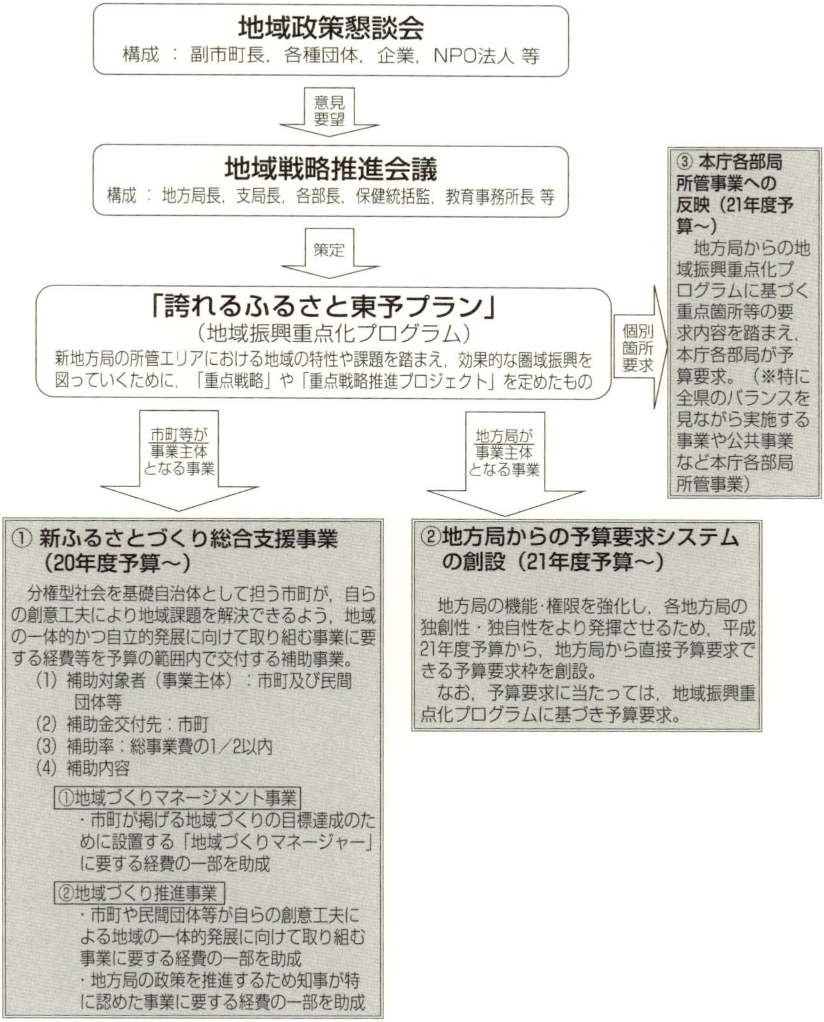

出所：愛媛県東予地方局『誇れるふるさと東予プラン～地域振興重点化プログラム～』（2008年8月）。

創造」で，その実現にその後は取り組んだ。プログラムの対象期間は，2009年度から2010年度までを対象とし，「基本目標」，「4つの重点戦略」，「10の重点戦略推進プロジェクト」で構成されていた。重点戦略推進プロジェクトについては，今後に具体化する事業の効果の検証を行い，地域政策懇談会の意見も踏まえながら新たに対応すべき施策を検討して追加・修正を行うなど，地方局は地域ニーズに即応した事業展開に努めていた。

そして，④「新ふるさとづくり総合支援事業」は，市町や民間団体などが自らの創意工夫により地域課題を解決できるよう，地域が一体となって自立的発展に向けて取り組む事業に必要な経費の一部を助成するものであった[4]。助成事業の主体は，地域づくりマネジメント事業が市町など，地域づくり推進事業は市町，NPO法人，地域づくり団体，実行委員会，協議会などであり，2009年度は全県約1.5億円で，例えば南予地方局には約6600万円が予算配当され，地方局長の権限・裁量により箇所づけがなされたという。

（3）地方局の予算編成参画システム

愛媛県では，地域振興重点化プログラムや重点戦略推進プロジェクトと関連する地方局による予算要求システムがあり，地方局の意思を本庁関係部局経由で予算編成（本庁所管事業と地方局対応施策）に反映させていた。地方局対応施策とされたものは，地方局自らが企画立案・実施する「地方局予算」として地方局内の会議等で横断的な調整を行い，地方局地域政策課が予算要求書を作成し，本庁関係部局を経由して財政課に提出する。例えば，南予地方局では，2009年度の地方局予算は10事業で約1763万円であった。地方局が予算編成に参画することにより，本庁の政策や予算の「間口を広げる」機能を果たしていたという。

また，地方局長は局内の予算配分額の調整ができ，「環境土木緊急処理事業」と「交通安全二種事業」については管内事務所間の予算配分額の調整もできた。

（4）地方局職員と地域との連携：南予地方局南予地域活性化支援チーム

「南予地方局南予地域活性化支援チーム」は，南予地方局の独自組織で，地域が抱える課題や地域活性化施策について職員の自由な発想や創意工夫に基づいて事業を企画・実践するために，南予地方局長が指名した職員で南予地域活

性化への支援に意欲のある若手職員からなる組織であった[5]。南予地方局本局（班員23名，アドバイザー３名），および八幡浜支局（班員21名，アドバイザー５名）に各１チームが設置された。地方局の職員が地域住民や地域組織の活動・事業に主体的・積極的に参加して，自らの担当や仕事を越えて職員同士のネットワークを広げ，地域に対する関心・知見や地域ネットワークを拡大させていた。地域活性化を支援しながら，間接的に各自の職務・仕事に役立っているといっていた。

（5）３地方局体制による変化

　新しい地方局制度が導入されて，予算編成に地方局が関わるシステムができたことで，地方局が単なる執行機関から執行機関プラス企画調整機関へと変化したという。地方局の事務事業に関する権限も拡大したため，地域の実情に合わず使いにくい事業も，執行過程で規則の範囲内で一定程度「崩して」，地域の実情に合わせて裁量を行使することができるようになったようだ。また，地方局が機能するには，職員の意識改革や資質の向上がポイントの１つであるが，地方局での日常業務・各種研修や本庁と地方局との積極的な人事交流などを通して，組織の活性化が図られていた。地方局の権限拡大により，本庁の方針通り執行するというより「予算を自ら立てて，執行」し，次の予算や政策立案を念頭に置いて主体的に仕事をする面が強まってきたという。

（6）小　括

　愛媛県における都道府県出先機関のあり方について，整理しておこう。
　愛媛県における本庁・出先機関関係を，総合出先機関がもつ執行権だけでなく予算や地域振興計画，人事に関する権限などのリソースに注目して水平的政治競争モデルの視点でみると，３つの地方局同士が本庁（財政・総務関係部や関係各部）との関係で，あるいは３地方局と本庁関係各部とが互いに知事との関係で水平的政治競争を行っている実態を指摘することができると思われる。都道府県出先機関と本庁・関係各部や管内の市町村・地域・住民との相互関係のなかに政治競争のダイナミズムが少なからず存在していたのである。
　地方自治の機能に関しては，愛媛県では，社会・経済・文化圏の異なる３地域に分散して「現地即決・現地完結」型の「広域行政の中核拠点」として総合

出先機関・地方局を設置し，地域ニーズを地域政策へ反映するシステムの整備や積極的な権限委譲，地方局が予算編成に参画するなどの機能強化を図っていた。地方局が「自由の培養器」として3地域の多元性と独自性を維持し，本庁からの「防波堤」となっていた面もあったと思われる。県総体として国との関係で抑制の機能を担い，県内ではさらに地方局が分散して本庁に対して抑制の機能を担っていたので，総合出先機関・地方局は本庁を補完して圏域で抑制の機能を担っていたといえる。

　媒介の機能については，本庁の割拠性・部局の縦割り行政に対して部局横断的な行政執行体制として地方局が設置され，局内の企画調整機能と行政サービスの総合化機能は地方局長や地域政策課と地域戦略推進会議などが担い，地域課題や地域振興などに関する県・地方局と市町村・地域団体関係の政治的調整機能は地方局長や地域政策課と地域政策懇談会などが担い，市町村に対する支援・助言は地域政策課が行い，県と市町村で融合している行政サービスの調整を地域政策課や関係各部の部企画が日常業務の多様な場面で市町村関係各課と行っていた。また，各地方局の地域振興重点化プログラムの策定や地方局が企画立案・実施する地方局予算と本庁関係部局経由予算などの予算要求システムには，本庁の政策や予算の「間口を広げる」機能＝「実験室としての地方自治」の機能（「政策のイノベーションの源泉」機能とも重なる）がみられた。地方局などの総合出先機関は，結節点で圏域の地域ニーズや地域課題に対する応答性をもちながら，愛媛県庁内で本庁との，そして市町村や地域との相互関係において，双方向の媒介機能を担っていたと考えられる。

　地方自治の参加の機能については，地方局圏域の地域振興重点化プログラム策定過程などに副市町長や地方団体・住民の代表などが参加していたので住民が地域政策の立案過程に直接あるいは間接的に参加していた面があったといえる。また，地方局が予算配分権をもって執行する「新ふるさとづくり総合支援事業」により，市町や民間団体などが地域づくり事業の政策立案と実施を行うことを支援していた。このように，地方局・総合出先機関が都道府県制度において基盤性をもちつつ，地方局の政策立案や実施過程に住民の直接参加や市町村参加の機会が少なからずみられたことから，総合出先機関は都道府県における参加の機能を圏域や現場で体現することができるといえる。

　愛媛県において，都道府県出先機関・地方局が本庁と分担・分有しながら県

総体として抑制・媒介・参加の機能を担っていたので，愛媛県において県本庁・地方局関係は民主主義と関連した政治的な地方自治の関係・空間であったといえる。したがって，愛媛県は，企画調整機能や地域振興計画策定と幅広い予算要求などに関する権限が実質的に委譲されている完全総合型の出先機関類型の都道府県で，本庁・地方局関係は分権的分散システムに該当し，総合型Ⅱ，あるいは総合型Ⅲぐらいに類型化（図1-6）できると考えられる（第1章）。

3　鳥取県の総合事務所体制

(1) 出先機関改革の変遷

　鳥取県では，2012年度までは，県内を東部・八頭・中部・西部・日野の5つのブロックに分け，それぞれに総合事務所を設置して，完全総合型の出先機関制度を採用していた[6]。2000年度までは，鳥取県の出先機関は，地域振興や県土整備，農林など各分野の単独地方機関・個別出先機関が設置され，同一地域にありながら相互連携が必ずしも機能せず，いわゆる縦割り行政となっていたという[7]。2000年度中に発生した鳥取県西部地震後の対策において，地域の司令塔機能を担う部署があいまいであり混乱が生じたことなどが契機となり，同一地域内の課題について分野を超えた横断的な機能・「ヨコ串機能」をもたせ，「中央官庁型の縦割り組織にとらわれず，住民に近いところで行政を完結」することを目指して，2001年度から日野総合事務所をまずはじめに設置し，その後順次総合事務所を設置してきたのである。

　直近では，2013年度の改革で，「地方分権の進展や県民の生活圏域の実情などを踏まえ，市町村との一層の連携と役割分担を図り，より良いサービスを提供する県民のパートナーとしての県組織とするため，東部・中部・西部の3圏域を基本に総合事務所を集約・再編」する形で，東部・八頭地域の地域振興機能は本庁の元気づくり総本部内に集約し，2総合事務所・1振興センター体制になり，現在にいたっている[8]。具体的には，本庁に東部地域と八頭地域の地域振興機能を集約して担当する「東部振興監」（および東部振興課）を設置し，農林局や県土整備局などの機能は引き続き現地に存置している。「中部総合事務所」体制は維持しつつ鳥取中部ふるさと広域連合との連携を強化し，西部全域を所管する新たな「西部総合事務所」体制を構築するとともに，そのもとに日

野地域の専属課題に対応する「日野振興センター」を設置した。

　以下では，2000年度以降2012（平成24）年度までの県内5総合事務所体制における都道府県出先機関のあり方を中心に整理・分析するもので，主として2007年3月現在の事例分析である。したがって，2013年度改革以降の鳥取県における本庁・出先機関と市町村などの自治体間連携の分析は，今後の課題としておく。

（2）総合事務所体制の特徴

　総合事務所は，基本的には県民局，県税局，福祉保健局，生活環境局，農林局，県土整備局で構成されていたが，地理的条件や地域の行政ニーズにより，一律的な組織とはなっていなかった。例えば，日野総合事務所は，県民局，福祉保健局，農林局，県土整備局で構成されていた。一般的には，土木事務所や福祉事務所などの専門的な機能を担う個別出先機関であれば縦割りで直接本庁の部局・部局長と迅速に情報交換や連絡調整ができるが，総合事務所を設置すると総合事務所長は各個別出先機関に関するような専門的な知識をあまりもっていない事務職である場合が多く，本庁関係部局（長）と総合事務所（長）の二重行政・二度手間になり迅速な対応の妨げになるといった意見が時々聞かれるが，鳥取県ではどうだったか。鳥取県の関係職員によると，総合事務所型の出先機関であった方がむしろ連絡調整や決定が迅速になるといっていた。例えば，農村部で駅前広場を建設するという事業を考えたときに，圏域の都道府県出先機関が個別型の出先機関体制であれば公園や道路や林地などそれぞれの出先機関と本庁関係各部を通して調整する必要がある。それに対して総合出先機関型であれば，本庁から総合事務所長に一度だけ指示・命令を出せば，総合事務所長が地域性を考慮しながら所内の関係部署を統括して「ヨコ串」機能を発揮し，迅速に連絡調整を行い適切に対応することができるということであった。

　総合事務所は地域住民に近いところで迅速に行政サービスを提供することを目指しており，各種の決裁権限は本庁の指示によらずとも出先機関・総合事務所で完結できることが望ましいという考えから，鳥取県では本庁から総合事務所や単独出先機関への権限委譲を積極的に行ってきた。また，市町村への権限委譲の過渡的なものが総合事務所に委譲されている場合もあったという。権限

委譲を受けることができない小規模町村などにとっては，総合事務所が市町村にかわって本庁から権限委譲を受けることで圏域の市町村と協働しながら事業を行うこともできる場合があったという。

もし本庁に権限があり出先機関に権限がない場合は，出先機関は単なる窓口にすぎないが，総合事務所に権限委譲がなされると所長の名前で決裁を行うので，所長や事務所職員は自分の頭で考えなければならなくなるという。そのことによって現場職員の意識が，指示待ちの受け身の姿勢から能動的な姿勢・意識に変化する面があったことが指摘されていた。また，個別出先機関体制の時には，例えば農林関係事務所であれば農林行政の視点だけで仕事に取り組んでいたが，総合事務所ができたことによって，担当する農林行政の視点・専門性に加えて，自らが所属する総合事務所の関係部局の仕事に関心をもちながら「地域」や「地域政策」といった視点で仕事に取り組むようになったという。総合事務所体制は，職員の意識改革に影響を及ぼしていたのである。

（3）総合事務所の予算と人事

予算策定過程での予算要求の仕方については，ソフト事業が中心ではあるが，本庁部局長と同様に総合事務所長が財政課に対して直接に独自要求を行うことが認められており，総合事務所が地域ニーズや現場の要求に即して予算化して機動的に対応できる面をもつ体制となったということである。全県的な内容に関わる予算要求項目の場合には，地方事務所の各局から要求するときは一般的には本庁関係部局を通して予算化するが，本庁関係部局が予算要求の必要がないと判断して却下した場合などに，それでも地域ニーズがあると地方事務所（長）が判断すると，地方事務所（長）による直接要求として財政課に要求することができるようになったとのことである。財政課サイドからみれば，地方事務所（長）の直接要求項目で全県的な内容である場合などでは，一地方事務所の要求としてだけ考えるのか，それとも全県的に取り組む必要があるかどうかを検討せざるをえない場合も出てきたという。

総合事務所の職員の人事に関しては，総合事務所長には，本庁部局長と同様に，本庁総務部職員課にどのような能力をもった職員が必要かなどに関する直接提案・要求権があり，職員課から総合事務所長に現場の実態に即した人事情報が入ってくるという。なお，総合事務所長人事では，所長は役職上は部長級

であるが，実際に本庁の部長を経験した職員を多く配置していた実態があった。

（4）総合事務所の機能

　総合事務所長は，圏域の市町村長と直接に双方向の情報交換ができる。個別出先機関体制をとっていた時に，各出先機関長は市町村の関係各課の課長と情報交換や連携はできたが，首長とは直接にはあまりできなかったという。総合事務所長には，市町村・首長からの要望・情報が直接に入ってくるので，それらに応えるためには，本庁部局（長）と総合事務所・所長の意見・考え方が異なっていても，所長は圏域の市町村の立場に立って地域の独自性を本庁に対して主張しながら，県の政策に反映させるために与えられた権限の範囲内で本庁に対する「反抗心」をもつことも時には必要であるということであった。また，総合事務所長だけでなく，鳥取県では，例えば日野総合事務所には，総合事務所県民局県民課に地域振興担当（2006年度まで。2007年度から地域振興係と名称変更）が3名配置されて，各担当者が週に1日ぐらいは担当する市町村役場に直接行って市町村総務課長などと話しをし，県の情報を伝えたり市町村の情報をもらったり相互に情報交換・連携を行い，日常的に信頼関係をつくる工夫をしていたという。個別出先機関体制であった時には，各個別出先機関（長）には，それぞれ市町村の関係各課・課長との情報交換の機会はあったが，市町村の総務企画関係課長と直接に意見交換・連絡調整する機会や部署も出先機関にはなかったという。

　また，国の補助事業などは，中央省庁－県の関係部局－市町村の関係課といった縦割り的な繋がりが存在しており，これを県庁・本庁レベルで「ヨコ串」に総合化することの困難さがあったという。求められる「ヨコ串機能」を，圏域・地域においては地方事務所・所長が一定程度，本庁に代わって担うことができるようになったという。また，現在の地方自治においては地域住民の要求・ニーズは，本庁や地方事務所の1つの部署だけで対応できず，縦割り的な対応だけで解決できない課題が増えてきたという。例えば，1つの道路整備事業であっても，その道路を含めてその地域をどうしていくのかという視点が求められているからである。縦割り的に個別出先機関で事業を行うよりも，総合出先機関である総合事務所が所内の関係部署で連絡調整を行いながら「ヨコ串機能」

を発揮して,「地域政策」として様々な事業に取り組むことができるようになった面があったというのである。

　鳥取県の日野総合事務所圏域である日野郡には,日野郡での諸課題に関する住民の意見を県政に反映させて地域の発展と住民福祉の向上を目指す1つの手段として,日野郡民行政参画推進会議が設置された。この会議の役割は,郡内における総合的な指針,県の事業,県政に関する様々な課題などについて調査・審議し知事に意見を述べることであった。第2期委員では,委員の任期は2年で23名おり,男性11名と女性12名など性別と年齢構成に配慮されていた。2005年度は,本会議を4回開催し,視察を1回行った。本会議の県側の出席者は,知事や日野総合事務所,西部教育事務所,日野高等学校,圏域の警察署の関係職員などであった。この会議は,総合事務所に対する圏域の住民による直接的な民主的統制の手段の1つであったといえる。

　鳥取県の市町村数は,「平成の大合併」前は,4市31町4村の39市町村であったが,2007年度現在では,4市14町1村の19市町村(減少率は51%)になった。合併せずに単独で存続したのは9市町村で,うち人口1万人未満は7町村であった。鳥取県では市町村合併はこれで一段落したと考えて,今後は基礎的自治体としての市町村のあり方を考えるなかで市町村などの地域づくりに向けた助言・支援のほか,必要な取り組みを検討していくという。その一環で住民自治の推進に向けて本庁の企画部地域自立戦略課は,地方事務所県民局と協力しながら様々な事業を行っていた。2006年度には,「住民自治の推進に係る市町村実態調査　実施結果」をとりまとめて各市町村に配布し,県政だよりで「地域のことは地域で決めていく！」を掲載して三朝町や南部町の自治組織充実の先進的な取り組みを紹介するなど県民への啓発を行った。日野郡では,過疎化・少子高齢化が急速に進行し,基幹産業である農林業をはじめ産業が低迷するなかで,地域の活性化と若者が定住できる地域づくりが求められている。そのため日野総合事務所と日野郡3町や関係団体との連携を強化しながら,2005年度には,広域観光事業,そば振興対策事業,日野川の源流と流域を守る会支援事業,日野郡男女共同参画活動支援事業,日野地域の活性化に関するシンポジウムの開催など,日野地域活性化推進事業を実施した。

(5) 小 括

　鳥取県の総合事務所体制では，本庁と総合事務所，さらに市町村の相互関係は，縦割り型相互関係で機能している部分もあるが，総合事務所長と圏域の市町村の首長，および総合事務所の総務関係課と市町村役場の総務関係課長などと直接に情報交換・連絡調整するパイプがあった。本庁に向かっては総合事務所長が直接に知事や本庁総務・企画関係部局長や他の部局長および財政課長などとの直接の情報交換・連絡調整ルートをもっていた。鳥取県の本庁−総合出先機関−市町村関係においては，総合出先機関には縦割り型に加えて総合型・トップ型の相互関係があり，「縦割り型と総合型の相互関係」がみいだされた。

　また，鳥取県では，県が当該地域の特性や地域ニーズを考慮してきめ細かく市町村支援補完機能や地域づくりを行うために，日野総合事務所圏域の日野郡だけであるが，日野郡民行政参画推進会議を設置して総合事務所に対する圏域の住民による直接的な民主的統制の手段を工夫するなど，住民自治・住民参加を制度化して組み込んでいた。

4　おわりに

　第4章とこの章で，長野県と愛媛県，鳥取県における都道府県出先機関機能に関する事例分析を行ってきた。そこには，大都市部とは少し異なった都道府県−市町村関係がみられた。わが国の地方自治制度は，厳密には一国多制度とはいえないが，地方自治制度のなかに地域ごとの多様性や社会の変化と課題に対応して一国多制度「的」に制度設計がなされる余地・柔軟性がもともと埋め込まれていたと考えられる。その柔軟性を生み出す仕組みの1つが都道府県出先機関制度の設計のあり方であり，そのような柔軟性により，少なくとも戦後地方自治法が施行されてから約70年間，新しい多様な課題に対応しながら都道府県のエリアと枠組みが維持され，国民の間に都道府県の制度が定着していると思われる。

　総合出先機関型と個別出先機関型のどちらを選ぶのか，都道府県内の小規模市町村を支援するのかしないのか，市町村合併を勧めるかどうかなどに関して，知事の考え方は，自治システムの制度設計を構想する際に最も重要な要因の1つであると思われる。例えば，田中康夫知事時代の長野県は，地方事務

所・総合出先機関において「コモンズ」・地域や市町村との協力・連携を強化する方針をとり，合併するしないにかかわらず自律を目指す市町村に対しては県が積極的に支援する姿勢と具体的な事業・プログラムを実施した。

　本章の考察からすると，自治体は受け皿づくりや枠組みに関する改革に振り回されるのではなく，都道府県には一定の圏域に行政責任をもつ総合出先機関を設置・強化するなどの組織改革を行って，具体的な政策・事業の内容を充実して住民の生活を豊かにする個別の政策の充実に重心を移し，都道府県と市町村と地域・コミュニティの「自治の総量」を拡大することに積極的に取り組むことが求められる場合があると考える。

注
1）　愛媛県『地方局再編整備計画―地方分権時代を見据えた新しい地方局制度の構築』（2007年10月），愛媛県「新しい地方局の誕生」。
2）　以下の内容は，愛媛県，同上，愛媛県，同上，参照。また，2009年7月21日に愛媛県総務部人事課と愛媛県中予地方局，同年8月18日に愛媛県南予地方局で行ったヒアリング調査の内容，および，水谷利亮「府県の本庁・出先機関関係と地域的分権」『立命館法学』第333・334号，2011年，による。
3）　愛媛県南予地方局『地域振興重点化プログラム』（2009年）。
4）　愛媛県「新ふるさとづくり総合支援事業費補助金交付要綱」。
5）　愛媛県南予地方局「南予地方局南予地域活性化支援チーム設置要綱」（2008年5月16日）。
6）　鳥取県庁の本庁と日野総合事務所の関係部署に対するヒアリング調査を2007年3月26～27日に行った。以下の内容は，鳥取県庁と日野総合事務所において入手した様々な資料と，ヒアリング調査の内容による。水谷利亮「府県の出先機関機能と『自治の総量』」大阪市立大学法学会『法学雑誌』54巻2号，2007年，参照。
7）　鳥取県総務部行政経営推進課資料「総合事務所の位置づけなど」より。
8）　鳥取県ウェブサイト「平成25年度に向けた主な組織の概要（詳細版）」(http://www.pref.tottori.lg.jp/secure/790059/h25_soshiki_gaiyou.pdf, last visited, 11 September 2016)。

第6章　地域産業振興政策における都道府県出先機関と自治体間連携

長野県諏訪地域を事例として

1　はじめに

　グローバル化のなかで地域経済や地域産業をいかに維持し，新たな発展の条件をつくっていくかは，自治体政策の中心課題の1つとなっている。自治システムにおける地域産業振興・中小企業支援政策の主要なアクターとして市町村および都道府県があげられるが，一定の産業集積のある都道府県内の圏域においては，特に市町村の枠を超えた支援組織としての都道府県出先機関の役割が重要であると考えられる。都道府県出先機関は，都道府県本庁と市町村との結節点において，都道府県出先機関がもつ独自権限の活用や「政策のイノベーションの源泉」としての機能，「本庁の意図を制約する役割」など地方自治の抑制・媒介・参加の機能を本庁と分担・分有しながら担っていたことを第1章においてみた。こうした都道府県出先機関がもつ機能・役割について，政策各論として地域産業振興や中小企業支援という具体的な政策領域に即して検討することが必要である。

　また，地域産業振興・中小企業支援政策においては都道府県の外郭団体や民間組織の役割も重要であり，多様な機関・団体が関わっている。それらが相互に補完し合って総体として地域経済・地域産業を維持・発展させながら，圏域における「自治の総量」を形成・拡大していると考えられる。しかしながら，こうした重層的・複合的な自治システムの視点からの地域産業振興・中小企業支援政策に関わる諸機関・団体の間の補完関係や連携のあり方に関する包括的な研究が，これまで十分になされているとは言い難い。

　本章では，都道府県出先機関の機能に関する個別政策領域の研究として，地域産業振興政策における都道府県本庁・都道府県出先機関と基礎的自治体の機能に関して長野県諏訪地域において検討するとともに，ローカル・ガバナンス

として民間団体を含む多機関連携や自治体間連携のあり方の一端を明らかにする。なお，本章における分析・考察の内容は，2010年12月現在のものとなっている。

2　都道府県出先機関と地域産業振興政策

(1) 自治体独自の地域産業政策・中小企業政策の展開

　高度経済成長期までの自治体による従来の産業振興は，多くの場合，農林漁業支援や商店街振興，伝統的地場産業の振興等を除けば，企業誘致を中心に置いたものであった。中小企業に対しては地域経済を牽引する積極的な中小企業観はあまりみられず，自治体は積極的な中小企業政策を行っていなかった。積極的な中小企業政策や地域産業政策は1970年代から1980年代にかけて東京大都市圏で始まり，1990年代には大阪大都市圏においても展開されるようになったとされる[1]。

　特に，ものづくり中小企業が集積する市町村において積極的な地域産業支援・中小企業支援策が展開された。産業集積を抱える地域においては，産業構造の変化やグローバル化のなかで危機に直面した地域産業に対して，既存の産業集積を活かしながら，地域産業の振興，中小企業支援とイノベーションを支援する自治体の政策展開が強く求められてきたからである。地域産業支援・中小企業支援策の主な内容は，次の通りである[2]。①人的支援体制の強化であり，自治体における専門的知識をもった人材を育成し，配置していくことを含めた職員体制の強化が重要である。②「産業振興会議」(墨田区)などの官民による組織の設立であり，自治体だけでなく地域の中小企業や経済団体が参加して政策立案を行い，推進していくことである。③地域産業・中小企業実態調査であり，研究者の協力を得ながら独自の実態調査を実施し，それを政策立案につなげていくことである。④「中小企業振興基本条例」・「産業振興ビジョン」などによって自治体が地域産業振興・中小企業振興を行政の柱にすることを明確化することであり，墨田区の中小企業振興基本条例 (1979年)，大阪府八尾市の中小企業地域経済振興基本条例 (2001年) などが代表的事例である。⑤地域産業・中小企業支援施設の設置であり，工業団地・工場アパートの整備，インキュベータの設置，産業支援センター・中小企業支援センターの設置などがある。

⑥産学官連携の推進であり，産学連携によるプロジェクトや研究会などを自治体が支援したり，人材育成面での大学等のプログラムを活用するなど，様々なタイプがある。

（2）都道府県の産業振興策と総合出先機関

　基礎的自治体の領域を超えた地域経済圏域において一定程度の地域産業のまとまりが認められる場合には，都道府県による産業振興策の重要性が高まる。都道府県の産業振興策は，およそ3つの要素からなると考えられる。第1に，広域的自治体としてその領域における特定産業をターゲットとした独自の産業振興を行うものである。第2に，国の産業政策・中小企業政策に基づき，都道府県における実施の受け皿としての役割である。第3に，市町村の産業振興策の補完機能であり，市町村が地域企業に寄り添ったよりきめ細かな支援策を展開するのに対して，都道府県がより専門的資源を活用して補完的な支援を行うことである。

　こうした都道府県の地域産業政策・中小企業支援策を執行する機関として本庁とともに出先機関が存在する。都道府県出先機関には産業振興関連の部課が設置され，本庁の産業振興関連部局や産業振興関連の都道府県外郭団体とも連携しながら任務を果たすのである。都道府県の出先機関や関連機関のブランチの役割も，先の3つの要素に対応したものとなる。第1に，都道府県独自の産業振興策については，総合振興計画やそれに基づいた産業振興計画などを策定する場合がある（農業，観光などは個別の計画を策定する場合もある）。その場合，都道府県内の出先機関に対応した圏域ごとに産業振興計画等の地域版を策定することがある。例えば岩手県の場合には，広域的な産業振興は都道府県出先機関である広域振興局に任されており，広域振興局長が予算要求権をもつ広域振興事業には「ものづくり」・「食産業」・「観光」が位置づけられている。また，都道府県は工業技術試験所（工業技術センター）や産業振興センターなどを圏域単位に設置し，特定産業に対する専門的・技術的支援，財政支援などを行う。第2に，国の産業振興策の「下請け」の側面については，工業立地法等に基づく規制行政と制度融資が中心となるが，これらの事務については都道府県出先機関が担う場合が多い。第3に，市町村の産業振興策・中小企業支援策への補完については，工業技術センターなどによる試作・検査への支援や産業振興セ

ンターなどによる経営相談，人材育成支援，マーケティング支援などがある。また，産学官連携や市町村間の連携をコーディネートする役割もある。

　以下では，長野県諏訪地域を事例として，地域産業振興政策における都道府県と基礎的自治体の機能と垂直的な自治体間連携の実態，さらに行政と民間団体との関係を含むローカル・ガバナンスのあり方の一端を検討することとする。諏訪地域を取り上げる理由は，この地域が中小企業を中心に産業集積が展開された地域であるとともに，市町村，都道府県（都道府県出先機関を含む），都道府県外郭団体，民間団体など多様な支援機関が地域産業振興・中小企業支援を展開する典型的な圏域とみられるからである。

3　諏訪地域における地域産業の特徴と課題

（1）歴史と特徴

　諏訪地域は6市町村からなり，御柱祭に象徴されるように歴史的に文化的な共通性や住民同士の交流があり，主要産業である工業においても行政区域を超えた集積がある地域である。

　諏訪地域における工業は，製糸工業からの展開と軍需産業や疎開企業からの展開の2つが重なり合って発展した。諏訪地域における近代的産業は明治期から昭和初期にかけて興隆した製糸業を起点とする。片倉組をはじめとした製糸企業は座繰機から機械製糸に展開し，日本における産業革命をリードした。それとともに製糸工場向けのバルブを生産する北沢製作所が創業し，後に多くのスピンオフ企業を生むことになる。世界恐慌下で製糸工業が衰退するなかで，戦時期には製糸工業の空工場や倉庫を利用する形で軍需産業（帝国ピストンリングなど）や疎開企業（第二精工舎，オリンパス光学など）が立地し，戦後，疎開企業の工場が継続し，そこからスピンオフ企業（ヤシカ，三協精機など）も現れ，下請工場が増え，精密機械工業が発展した。精密機械の主なものとしては，時計（諏訪精工舎など），カメラ・顕微鏡（オリンパス光学工業，ヤシカ，チノンなど），オルゴール（三協精機など）がある。精密機械工業の発展により諏訪地域は「東洋のスイス」と呼ばれ，各大企業を中心とするピラミッド構造の形成のもとで下請け工場も増加した。[3]

　1970年代から80年代には産業構造の転換が起こり，諏訪地域の工業の中心は

精密機械から電機・機械金属へとシフトした。例えば，中核的企業であるセイコーエプソンはプリンターや半導体などを主力とするようになり，チノンもカメラからオーディオ機器・パソコン周辺機器などに転換した。ピラミッド構造の形成のもとで下請け工場も電機・機械金属製品に対応する各種の基盤技術をみがいていった。[4]

（2）工業の現状

1990年代以降は，中核企業の生産拠点の海外・他地域への移転，あるいは域外企業への吸収合併などが相次ぎ，ピラミッド構造の頂点に立つ企業がすべて消え去り，下請け企業は自立を余儀なくされた。諏訪地域工業の主要な担い手は中堅・中小企業へと転換し，取引先の多角化が進められた。

2008年における諏訪地域の工業出荷額は約7000億円で，従業員4人以上の事業所は約1000あった。[5]製造業の事業所は20人以下がほとんどであり，小規模・零細企業は地域内や長野県内の受注先が多い。高年齢化や後継者不足が共通した課題であり，また共同受注グループはほとんどない。[6]

精密微細加工の大量生産技術，多品種少量生産技術については多業種が集積しており，特に光学機器設計・開発・製造技術（デジカメ，プロジェクター，医療機器，監視装置，携帯電話）に優位性をもつ中堅企業が存在する。

基盤的技術企業としては，めっき，溶接，鍛造，部材結合，金属プレス加工，金型，切削加工，プラスティック成形加工，実装，位置決め，動力伝達，真空，熱処理，染色加工などが揃っているが，特に切削加工が多い。

近年の状況としては，諏訪地域においてもリーマンショックを契機とする世界不況の影響は深刻であり，一時期は仕事が8割減少したといわれている。人員削減により雇用が破壊され，仕事が来ても単価を下げられ，利益が減少したという。[7]リーマンショック以前は有効求人倍率が1を超えて県平均を上回っていたが，2008年11月には1を割り込み，2009年5月には0.35と急降下し，県平均よりも低くなった。[8]さらに世界不況のなかで，諏訪地域の中規模企業の中国進出による空洞化も進行した。

このように，諏訪地域の工業と中小企業の課題は，グローバル化と経済不況に対して，いかに経営と雇用を守りながら技術・経営を強化してイノベーションを起こしていくかであり，そのための人的・資金的支援等が自治体の支援課

題となっていた。

4　長野県の産業振興政策と総合出先機関：諏訪地方事務所の事例

（1）長野県の産業振興戦略

　長野県全般における地域産業の特徴や状況は，諏訪地域におけるそれと重なる部分が多い。長野県の現在につながる産業振興政策は，1984年に提唱されたテクノハイランド構想が起点となる。この構想は先端技術拠点の形成に力点があり，諏訪地域が構想推進のための圏域として位置づけられ，地域企業の技術の高度化やネットワーク化を支援した。また，1997年に長野県創業支援センターが設立され，岡谷にインキュベーション施設が設置された。[9]

　2010年度現在，長野県は産業振興戦略プランを策定し，2007年度から5年間の計画で4つの基本戦略と8つの重点プロジェクトを進めていた。基本戦略の第1が産業集積戦略であり，産学官連携による信州型スーパークラスターの形成（超精密・超微細・超小型部品，超高性能部品，ナノテクなど）と地域資源活用型産業の創出を目指す。第2に，マーケティング戦略であり，マーケティング力の強化のための人材育成やマッチングの場づくり，情報支援などを重視する。第3に，サポート戦略であり，工業技術総合センターの機能充実などによる基盤技術のサポート体制の充実，創業，第二創業への資金支援，企業誘致などである。第4に，人材育成戦略であり，大学等と協働した人づくりを推進する。

　これらの基本戦略を推進するための8つの重点プロジェクトは，①産学官連携とナノテク・材料活用支援センターの設置，②地域資源活用製品開発支援センターの設置と基金組成，③マーケティング支援センターの設置，④工業技術総合センター設備の拡充強化，⑤企業誘致強化プログラム，⑥投資型ファンドの展開，⑦中核企業の育成と産産連携，⑧産業人材育成プログラム，となっていた。[10]

　以上のように，グローバル化においてものづくり産業への様々な支援が求められるなかで，長野県は各種の専門的アドバイス・研究支援体制を整備するとともに，支援施設の設備拡充や人材育成に力を入れていた。これらの支援策では，本庁や長野市に立地する外郭団体の本部だけで実施するのではなく，県内の圏域における企業現場や市町村行政に近い場所に立地する県庁や外郭団体の

ブランチの役割が求められたのである。

（2）諏訪地域における県関係機関による産業支援政策の展開

　諏訪地域における産業支援に関わる県の関係機関としては，諏訪地方事務所と工業技術総合センターであり，その他に県の外郭団体である長野県テクノ財団の諏訪テクノレイクサイド地域センターと財団法人長野県中小企業振興センターの支所が存在した。そのうち諏訪地方事務所の機能としては，法規制関係と融資等の行政施策がある。法規制関連事務については産業保安関係や工業立地関係が主なものとなっており，知事から地方事務所長に委任され，地方事務所を中心に執行していた。中小企業への融資等のあっせんなどのサービスも地方事務所が担当する。さらに地方事務所の機能としては，国・県の施策情報を市町村や企業に周知することや管内市町村や各機関間・団体間の調整機能がある。定期的に市町村担当課やアドバイザーとの情報交換のための会議も開催されていた。ただし予算面では，地方事務所には独自予算はない。一方，企業誘致や大規模な開発などは，本庁が主導した。

　長野県工業技術総合センターは，主に中小企業の技術支援を担当しており，技術相談，依頼試験，分析装置などの施設提供，共同研究，受託研究，研究員派遣などを行っていた。岡谷には，精密・電子部門のブランチが配置されていた。岡谷のブランチは元々1957年に設置された長野県精密工業試験場であり，テクノハイランド構想の一環として試験場の設備の近代化が図られた。精密工業試験場は地域企業の活動に貢献しており，依頼試験の件数をみると1996年度で5000件にのぼった。[11] また，工業技術総合センターには創業支援センターが附置されており，岡谷にもインキュベーション施設が設置されている。財団法人長野県中小企業振興センターにおいては専門的アドバイザーがブランチに配置されており，また本部にマーケティング支援センターが設置されるとともに経営支援や中小企業再生支援などが行われていた。[12]

　長野県テクノ財団のブランチである諏訪テクノレイクサイド地域センターは，主に新産業の創出のための支援・共同研究や人づくりを担当しており，コーディネーターが配置されている。代表的なプロジェクトとして，DTF研究会（小さい部品を小さい機械でつくるというコンセプト）がある。テクノ財団のブランチだけでなく本部においてもプロジェクトをもっており，諏訪地域の企

業も参加している。また，大学との連携（東京理科大学，信州大学など）を進めたり，技術シーズを支援し，国からの資金支援につなげる役割も果たしている[13]。

NPO諏訪圏ものづくり推進機構は，2005年に設立され，地元企業・個人からなる会員制の組織であり，企業OBをアドバイザーとして登録し，人材育成のために中小企業に派遣するなどの支援を行っている。

諏訪地域において各機関が共同した取り組みとして特筆すべきは，諏訪圏工業メッセ（商工会議所，6市町村，長野県）であり，2002年から毎年開催されていた。メッセは部品加工技術に特化した展示会であり，諏訪地域の企業の技術を発信することで，年間を通じた商談を進めるためのコアになる場となっていた。2002年の来場者が1万2000人，出展企業が174社，229ブースであったが，2009年には来場者が2万4000人，出展企業が252社，440ブースと規模が拡大し，参加企業において商談に結び付く割合が7割前後という成果をあげていた[14]。

以上のように，諏訪地域における広域的な産業振興政策では，県や県地方事務所，県の外郭団体による各種の支援策とともに，民間主導のネットワーク組織による支援が機能しており，とりわけ，官民の共同事業としての諏訪圏工業メッセは地域産業振興の核となる取り組みとなっていた。また，県や外郭団体にアドバイザーが配置されるとともに，民間組織であるNPO諏訪圏ものづくり推進機構にもアドバイザーが配置されており，いわば官民で重層的な人的支援体制が整備されていることも特徴的であった。これらの関係をイメージしたのが，図6-1である。

5　岡谷市・諏訪市の産業振興政策

次に，基礎的自治体における産業振興政策について，諏訪地域の工業における中心都市である岡谷市と諏訪市の取り組みを検討してみる。

(1) 岡谷市

岡谷市は，全国的にみても早くから独自の産業・工業振興政策を展開している自治体である。1952年に工場誘致条例を制定し，1960年代前半には市独自の

図6-1 諏訪地域における産業振興,中小企業支援の組織関係(イメージ図)

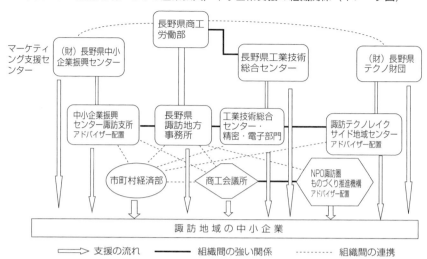

出所:諏訪地方事務所におけるヒアリングをもとに筆者作成。

中小企業向け融資制度も導入した。また,1960年代後半には市による受注仲介事業が始められ,1981年には岡谷市中小企業経営相談所が設立されるなど,自治体独自の積極的な地域産業振興・中小企業支援政策が拡充されてきた[15]。

現在においても岡谷市は,諏訪地域のなかでも最も手厚い産業振興・中小企業支援を行っている。産業振興政策の推進体制として,副市長2人のうち1人が産業振興専門の副市長であり,2008年には産業振興戦略室を設置した。職員体制は,工業振興課15人,産業振興戦略室6人と充実したものとなっており,専門的知識をもった職員が市役所内に存在した。また,産業活性化のための市独自の拠点施設として「テクノプラザおかや」が2002年にオープンし,工業展や産学コーディネート事業などの自主事業とともに貸し館事業を展開していた[16]。

岡谷市工業活性化計画は,2009年3月に岡谷市と岡谷商工会議所により策定されたものであり,「超精密微細加工の集積地」の形成を目指す方向性を明確にした。そのために地域企業を10人未満の基層企業と10人以上の地域中堅企業(中核企業)に区分して位置づけ,区分ごとの取り組みと重点施策を整理した。

高機能・高性能な超精密・超微細加工部品の技術開発の中心は地域中堅企業であり，試作技術を活かした多様な事業分野の開拓が期待されていた。そのための重点施策としては，①支援機関の充実・連携強化（産学官連携，異業種交流を含む），②人材確保・育成，③新工業インフラ整備（工業用地の確保，企業誘致を含む）の3点を重視していた。

岡谷市の産業振興，工業支援の特徴は，「できることは何でもする」というきめ細かい施策の整備である。具体的な工業振興については，①ものづくり基盤技術強化事業（ものづくりチャレンジ企業応援事業補助金，企業情報データベース，研究会・講座等），②新分野開拓支援事業（展示会への出展支援，営業スキル向上アドバイス，諏訪圏工業メッセなど），③中小企業経営強化支援事業（市内事業所実態調査，環境経営システム構築支援事業補助金，創業者総合支援補助金など），④ものづくり人材育成事業（小中学生向けのロボットコンテスト，工場見学，ものづくり教室など），⑤産業連携・交流推進事業（山梨大学，信州大学等との連携，諏訪地域・県内の連携・交流，中小企業都市連絡協議会，産業のまちネットワークなど），⑥中小企業経営技術相談所（経営技術相談，東京への営業開拓拠点設置，クリーンエネルギー研究会など研究会等の育成），⑦テクノプラザおかや（交流発信プラザ機能，学習センター機能，サポートセンター機能，情報バンクセンター機能），⑧中小企業金融対策事業（岡谷市や長野県の制度資金の斡旋），⑨計量検査事業，⑩緊急経済対策（緊急借換資金，特別経営安定資金の創設，雇用対策，補助金拡充等），の10項目からなっていた。そのうち制度資金斡旋状況（工業以外を含む）をみたのが，表6－1である。これをみると，岡谷市と長野県の制度資金は一部重複しながら相互補完関係にあることがみてとれる。市内中小零細企業は市と県の制度資金を比較検討し，より有利な制度資金を利用していた。その他，産業振興として企業立地，企業誘致促進，設備投資支援，農商工連携支援などを行っていた。[17]

工業振興・産業振興関係の予算については，補助金のみで4億円を超えていた（2008年度）。そのうち予算規模が最も大きいのは工場新設・増設・工場移転などへの補助金であり，2008年度においては合計40件の補助を行っていた。[18]

以上のように岡谷市は地域企業に対して徹底した行政による人的・財政的支援を行っていたが，市による手厚くきめ細かな支援だけでは地域産業の発展が保障されるわけではない。中堅企業独自の努力とともに，圏域内の県や県外郭団体などの関係機関や民間組織との連携を含めた総合的な支援策がかぎとなっ

第6章 地域産業振興政策における都道府県出先機関と自治体間連携

表6-1 岡谷市における中小企業制度資金あっせん状況（2009年度）

市制度資金斡旋状況			県制度資金斡旋状況		
資金名	件数	金額(千円)	資金名	件数	金額(千円)
振興資金（運転）	8	46000	経営健全化支援資金：経営安定対策（運転）	1	16000
振興資金（設備）	3	13000	経営健全化支援資金：経営安定対策（設備）	2	17000
小規模企業資金（運転）	9	21300	経営健全化支援資金：特別経営安定対策（運転）	110	1891000
小規模企業資金（設備）	3	9350	経営健全化支援資金：特別経営安定対策（設備）	21	311270
小口零細企業保証資金（運転）	78	203720	経営健全化支援資金・災害対策（運転・設備）	0	0
小口零細企業保証資金（設備）	20	76090	経営健全化支援資金・緊急雇用対策（運転）	0	0
高度化資金	0	0	創業支援資金（運転）	5	31000
工場用地取得資金	0	0	創業支援資金（設備）	1	5560
関連倒産防止資金	5	36960	新事業活性化：事業展開向け（運転）	0	0
商店近代化資金	0	0	新事業活性化：事業展開向け（設備）	3	106800
おかや環境みらい資金（運転）	0	0	新事業活性化：地域活性化向け（運転）	0	0
おかや環境みらい資金（設備）	0	0	新事業活性化：地域活性化向け（設備）	0	0
先端技術設備導入資金	0	0	新事業活性化：防災・環境調和向け（運転）	0	0
宿舎等建設資金	0	0	新事業活性化：防災・環境調和向け（設備）	0	0
経営安定資金（運転）	171	856695	新事業活性化：企業立地向け（設備）	5	543020
経営安定資金（借換）	78	694813	合計	148	2921650
特別経営安定資金（H21年12月～）	98	832900			
中小小売業活性化特別資金	0	0	市・県合計	716	6625639
開業資金（運転）	3	10500			
開業資金（設備）	1	10710			
緊急借換資金（H21年7月～）	91	891951			
合計	568	3703989			

出所：岡谷市工業振興課資料。

ていたのである。

（2）諏訪市

　諏訪市は，当時，第4次総合計画に基づき，諏訪市工業振興ビジョン（2004年度から5年間の計画）を策定し，それに基づいた工業振興を進めていた。工業振興ビジョンでは，施策のテーマとして，①地域企業の経営力の向上，②諏訪ブランドの構築と全世界への発信，③地域企業の技術革新・新規事業の創出，④魅力と個性のある諏訪地域づくり，⑤諏訪地域に根ざした教育システムづくり，の5点に整理していた（図6-2）。工業振興ビジョンの実施にあたっては，諏訪市工業振興審議会を毎年度開催しており，その答申を受けて施策を進めていた。商工課の独自予算は2010年度で2400万円であり，具体的な予算の中身については工業振興審議会において審議のうえ事業化し，実施していた。2010年度の工業振興事業予算の主な中身は，産業生産品宣伝および受注開拓（展示会出展補助など），企業技術アドバイザーの派遣，インターネット活用促進，技術向上対策（新技術新製品開発補助金，人材育成対策など），企業の育成指導，海外視察，産学官連携事業などとなっていた[19]。なかでも企業情報の発信は早くから取り組まれており，受注開拓のための企業情報冊子は1973年から始められ，1997年度以降は継続的にCD-ROM「諏訪企業ガイド」（その後，「諏訪工業ガイド」）が作成されていた[20]。また展示会にも力を入れており，国内のみならず，中国の大連市開発区展示センターにおいても諏訪ブースを開設していた。

　諏訪市の産業振興のもう1つの柱は，工場等立地促進条例に基づく企業誘致と工場新設への補助（固定資産税額を対象）であった。2007年度から始めており，2010年度現在まで29社が活用していた[21]。

　諏訪市は工業振興とともに観光振興を重視しており，工業振興に係わる職員体制は岡谷市と比べると弱いが，観光振興にも必要な職員配置を行っていた。また，予算についても工業振興と同額の予算を観光振興にも配分しており，インバウンド事業や祭り等のイベント事業を年間を通じて展開していた。観光振興については，諏訪6市町村により諏訪地方観光連盟が組織されており，民間機関も参画している。諏訪市役所には観光連盟の事務局が設置されており，県の観光部や観光協会とも連携した事業を展開していた[22]。

　以上のように，諏訪市における工業振興政策は，審議会をつうじて企業や団

図6-2　諏訪市工業振興ビジョンの体系図

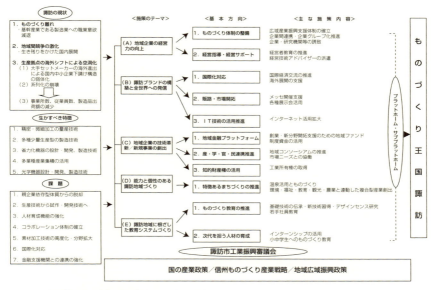

出所：諏訪市「諏訪市工業振興ビジョン」(2004年)。

体と連携を図りながら進められており，単独事業に基づく地域企業への独自の支援策を展開していた。その支援策は，長野県や県の外郭団体の支援とも重なる面があり，ここでも重層的な支援体制が確認できた。また，観光振興においても圏域内市町村との連携と，民間部門や県との連携した取り組みも重視していた。

6　おわりに

　以上の検討を踏まえて，地域産業振興政策における都道府県総合出先機関と基礎的自治体の機能と垂直連携のあり方を諏訪地域に即して整理すれば，以下のようになろう。

　第1に，地域企業の実態に応じた「できることは何でもする」というきめ細かい産業振興・中小企業支援は，基礎的自治体においてこそ実施できるものであり，特に岡谷市の場合には，徹底した人的・財政的支援体制を構築してい

た。その意味で長野県や県の外郭団体は基礎的自治体の施策を補完し，それと連携するという位置づけになろう。

　第2に，産業支援の中身をみれば，市町村，民間組織，県の本庁，県の外郭団体，県の出先機関，あるいは外郭団体のブランチといった組織が，様々な人的・物的・資金的な支援ソースを有しており，官民による多機関連携と自治体間の垂直連携によって総合的に地域産業の振興，地域企業への支援が行われていた。こうして幾重にも支援の網が重なることによって，より柔軟な地域産業への支援と地域産業振興が可能になるといえよう。その意味では，重層的な自治システムのもとで，現場のニーズに対応して各部門の資源・制度が自治体間連携・多機関連携のなかで巧みに調整されることによって圏域の「自治の総量」が増大しうると考えられる。

　ただし，ヒアリング調査からは，圏域内の各機関の情報共有や連携は必ずしも十分になされているとは言い難い側面もみてとれた。特に県の地方事務所自体は専門的なアドバイスを行う人材を配置しておらず，そのような人材は県の外郭団体のブランチに配置される形となっていたことから，公共部門である県組織そのものの位置づけが薄くなっている面があった。そのため，専門的アドバイスやプロジェクトの推進などにおいては，企業や市町村は県の外郭団体との連携を密にする傾向がうかがえた。これは，機動性や柔軟性が求められる地域産業振興政策においては，県組織そのものよりも外郭団体の方が適する面があるからだろう。その一方で，公共性と民主主義を担保するための外郭団体のあり方も問われることになろう。

注
1）　植田浩史ほか『中小企業・ベンチャー企業論』有斐閣，2006年，および植田浩史『自治体の地域産業政策と中小企業振興基本条例』自治体研究社，2007年，参照。
2）　同上，および，関満博『地域産業の未来』有斐閣，2001年，桑原武志「中小企業政策の展開」同上，植田ほか。
3）　岡谷市教育委員会『ふるさとの歴史　製糸業』1994年，山本健兒・松橋公治「中小企業集積地域におけるネットワーク形成―諏訪・岡谷地域の事例」『経済志林』66巻3・4号，1999年，粂野博行「地方都市型産業集積の変化―長野県諏訪・岡谷地域と上伊那地域」湖中齋・前田啓一編『産業集積の再生と中小企業』世界思想社，2003年，中小企業基盤整備機構『技術とマーケットの相互作用が生みだす産業集積持続のダイナミズム―諏訪地域では，なぜ競争力維持が可能だったのか』2010年，参照。

4) 同上，山本・松橋，粂野，および中小企業基盤整備機構，参照。
 5) 長野県の統計データによる。
 6) 長野県諏訪地方事務所におけるヒアリング内容による（2010年8月23日実施）。
 7) 諏訪市商工課におけるヒアリング内容による（2010年8月23日実施）。
 8) ハローワーク資料による。
 9) 山本・松橋，前掲論文，参照。
10) 長野県の産業振興については，黒瀬直宏『地域産業　危機からの創造』白桃書房，2004年，参照。
11) 山本・松橋，前掲論文，109-120ページ。
12) 長野県諏訪地方事務所におけるヒアリング内容，前掲。
13) 同上，および各機関のウェブサイトによる。
14) 諏訪市商工課提供資料による。
15) 山本・松橋，前掲論文，参照。
16) 岡谷市工業振興課および産業支援戦略室におけるヒアリング内容および提供資料による（2010年8月25日実施）。
17) 同上。
18) 岡谷市提供資料による。
19) 諏訪市提供資料による。
20) 山本・松橋，前掲論文，159-169ページ。
21) 諏訪市提供資料による。
22) 諏訪市観光課におけるヒアリング内容による（2010年8月23日実施）。

第7章 都道府県と政令市の「二重行政」と自治体間連携

制度改革論から調整・連携論に向けて

1 はじめに

　政令市である大阪市で，2015年5月に大阪市を廃止して5つの特別区に再編して府の権限を大きくする「大阪都構想」案に対する賛否を問う住民投票が行われ，僅差で反対が賛成を上回り，大阪市はこれまでどおり存続することになった。この案の最大の目的は，大阪府と大阪市の「二重行政」の解消であり，大阪府知事などによると大阪都構想を実現すれば年4000億円の効果があるといわれていた。他方で，他の詳細な試算では経済効果が2億円程度で制度改革に伴う新規の経費を含めるとマイナスとなり[1]，大阪都構想自体に大都市がもつ歴史的役割についての視点がないことが最大の欠陥であると指摘されていた[2]。大阪都構想では，二重行政に関する客観的な分析や考察が不十分で，二重行政がイメージで語られていたことが問題であったと考えられる。

　筆者たちは，融合型地方自治制度のもとでの自治体政策において，主として道府県と政令市との関係におけるいわゆる「二重行政」のあり方に注目して，北海道と札幌市や，新潟県と新潟市，神奈川県と横浜市や川崎市，愛知県と名古屋市，京都府と京都市などにおいて主に企画部門に対してヒアリング調査を実施しながら，「二重行政」に関する自治体現場での議論のあり方と「二重行政」問題に対する具体的な対応策について実証的に調査・研究を行ったことがある[3]。実際の道府県や政令市の現場では，大阪府・市のように「二重行政」問題を二層制の自治制度を改革しないと解決できないと考えるような道府県や政令市はあまりなく，むしろ個々の「二重行政」とみえる事業・施策ごとに都道府県と政令市が自治体間の連携により共同しながら現状と課題を丁寧に議論して具体的な解決方法を模索している場合が多く，そもそも「二重行政」のような状況は存在しないと考えている自治体も少なくなかった。

本章では，都道府県と政令市における「二重行政」に関して自治体組織の主に企画部門による全般的な対応のあり方から一歩踏み込んで，個々の事業における「二重行政」のあり方に対する具体的な考え方や対応策を自治体間連携の問題として捉え直して考えてみたい。これまでの章で主にみてきた総合出先機関などではないが，都道府県と政令市の個別の行政機関である出先機関としての公衆衛生関係研究所の統合・共同化と消防学校の統合・共同化の事例を京都と大阪において具体的に比較分析することで，都道府県出先機関の機能や自治体間連携に関する議論の射程を広げたい。

　以下では，まず，都道府県と政令市における「二重行政」に関する自治体現場での議論のあり方と「二重行政」問題に対する具体的な対応策について，これまでの研究成果を簡単に整理したあと，都道府県と政令市の「二重行政」の具体的事例として京都と大阪における公衆衛生関係研究所の統合・共同化のあり方と消防学校のそれとを比較分析する。その分析は，2016年4月現在である。

　なお，融合型地方自治制度のもとで自治体政策において広域的自治体である都道府県と基礎的自治体である市町村との関係における「二重行政」論に関しては，マスコミを中心とした「二重行政」の非効率やムダなど病理に偏った「二重行政ムダ論」・「悪い二重行政」論の視点に加えて，自治体間連携などによって圏域の「自治の総量」を高めるような「二重行政」の実態・機能といった「良い二重行政」の視点にも注目してみたい。

2　大阪・京都における「二重行政」問題と調整・連携

(1) 都道府県と政令市との「二重行政」の問題状況

　都道府県と政令市との間の「二重行政」が，自治体の現場でどのように認識し，対応しているのかについていくつかの事例を以前に紹介・整理した[4]。そこでは，いわゆる「二重行政」として二重行政を括弧つきで広く対象とするとともに，第30次地方制度調査会専門調査委員会において大都市制度の課題として指摘された「二重行政」に関する類型化を参照した[5]。まず，①「重複型」であり，「任意事務で広域自治体と基礎自治体双方が実施しているものや，法定事務で双方に義務や努力義務が課されているもの」をさす。「重複型」はさらに

「ハード重複型」（広域自治体と基礎自治体が，ともに同一種類の公共施設を整備）と「ソフト重複型」（広域自治体と基礎自治体が，ともに同一施策を実施）に分けられる。②「分担型」は，「同一・類似事務について広域自治体・基礎自治体が事業規模等により役割分担をしているもの」をさす。③「関与型」は，「基礎自治体が行う事務について広域自治体の関与が存在するもの」をさすものである。

　都道府県と政令市との間の「二重行政」問題は，主として政令市側から問題視される場合が多いが，多くの政令市において実際に行政改革の課題として「二重行政」問題を位置づける度合いはそれほど高くない。その背景として，「二重行政」にみえるような施策・事業であっても，歴史的経緯のなかで役割分担と棲み分けが行われている場合が多いという事情がある。実際の関係自治体の行政現場における「二重行政」へのスタンスは，行政改革によらず，道府県と政令市による二元行政の状態を前提にしながら協議と調整を重ねて，つまり自治体間連携を進めることで改善することが現実的であると考えられていた。岡山県・岡山市や宮城県・仙台市などの事例がこれにあたる。また，「特別自治市構想」などを掲げている場合でも，実際には担当部局間の協議と調整による現実的な改善を図っているケースがほとんどであるといってよい。公式，非公式を問わず，道府県と政令市が相互の議論の場を設けて，具体的な事務・事業分野ごとに地道な検討と取り組みを丁寧に行っている実態がある。制度改革に取り組むとしても，「大阪都構想」や「特別自治市構想」といった抜本的な自治制度改革ではなく，現場サイドの個々のケースに即した検討と調整を踏まえた分野ごとの行政改革として，①事業・サービスの共同化あるいは一元化，②施設の共同利用，統合，あるいは共同設置，③類似部門の組織統合，あるいは共同運営組織の創設，④権限委譲による事務事業・サービスの一自治体完結化，といった方法のなかから「最適」な方法を選択することが現実的な対応の仕方であると考えられていたのである。

　この章で紹介する京都府・京都市と大阪府・大阪市の事例は，抜本的な大都市制度改革などではなく，現場サイドでの個々のケースに即した検討と調整を踏まえた分野ごとの事務事業・施設・組織の見直しといったものである。ただし，京都と大阪の事例を比較してみると，京都の場合は抜本的な大都市制度改革を目指さないのに対して，大阪の場合は結果として抜本的な大都市制度改革を目指す一環として事務事業等の見直しを図るといった目標設定に関する大き

な違いがある。そのような違いがあるために，事務事業等の見直しのあり方や施設・組織の見直しの具体的な方向性とあり方にも違いが生じていると思われる。

京都と大阪における府県と政令市によるいわゆる「二重行政」に関わる検討のあり方の枠組みをそれぞれみてから，個別事業の事例をみることにする。

（2）京都府・京都市の連携・調整のあり方

京都府と京都市との間の「二重行政」に関わる検討は，2002年度に設置された「京都府・京都市の協調による効率的な行政を進めるための研究会」に遡る。そこでは府市の関係する事業のあり方に関しては，「二重行政」ではなく「協調」という用語が使用された。その後，2004年度から中小企業融資で府市協調の実施がなされた以外は目立った進展がなかったが，2008年度から府市協働パネルが設置されてから本格的な府と市の事務事業や施設等の調整が展開された[7]。

2008年度以降は毎年度，府知事・市長による懇談会および府市協働パネルによって検討がなされた。具体化された項目の主なものは，①地球温暖化防止条例の共同条例化（2010年度実施），②京都駅ビルの観光案内所を統合した総合観光案内所の設置（2010年度実施），③衛生環境研究所について府の研究所の建替えに合わせて府市の研究所の一体的整備（2016年度着工），④動物愛護センターの府市共同運営でのオープン（2015年度），⑤鴨川河川敷の放置自転車の撤去についての役割分担，⑥市から府への事務委託による計量研究所の共同化（2016年度），⑦消防学校の共同化（2016年度から一部実施，2017年度から本格的共同化の予定），⑧公営住宅の応募相談業務の共同化（2015年9月から）[8]，などである。また，2014年度には，府市の双方が設置していて，府施設が京都市内にある施設のうち27の施設分類について，それらの役割分担のあり方や連携の現状について府・市で調査が実施されていた[9]。

京都府・京都市のケースは，事務・事業，施設，組織に関する包括的な検討と見直しを行うという進め方ではなく，関係部局間の協議・調整と首長のイニシアティブとの相互作用のなかで，毎年度テーマを設定しながらケースごとに丁寧に議論・調整を重ねながら具体的に取り組みを進めているのである。

（３）大阪府・大阪市の連携・調整のあり方

　大阪府と大阪市との間の「二重行政」問題への対応は，「新しい大都市制度」（大阪都構想）実現に向けて，包括的に制度と事業の検討が進められた。そのうえで，「新しい大都市制度」（大阪都構想）の実現を待たずとも実施できるものは先行させる方針がとられた[10]。

　府と市との包括的な制度と事業の検討は，2011年の府市統合本部の共同設置および大阪府市大都市局の共同設置から開始された。2012年2月，府市統合本部は「広域行政」の一元化の進め方を提起した。そこでは，事務・事業のうち「経営形態の見直し」を検討するもの（A項目）として，地下鉄，バス，下水道，病院，一般廃棄物，公営住宅，消防，港湾，大学，市場，文化施設が指定された。また，類似・重複している行政サービスのあり方を検討するもの（B項目）として，出資法人，公設試験施設，集客施設，その他の施設がリストアップされた[11]。さらに，C項目として，A項目・B項目以外の事務事業の政策統合，類型化，見直し等の検討を進めるものとされた。また，「その他」として，府市共同による業務改善や出先機関の統合等を検討するものとされた[12]。

　これらの検討の進め方に関して，特別顧問である上山信一が2012年2月の府市統合本部会議で提出した資料によると，事業の分類・整理を行ったうえで，再配置を検討するとともに，「新しい大都市制度のハコ」と称する事業を実施するサービス主体（制度づくり）の検討を行うというプロセスがとられた。また，対象となる事業，施設，組織ごとに，すぐにできること，横断的にできることなど，統合の深度が多様に存在するとし，サービス向上や効率化が図られるものについては大都市制度の完成を待たずとも積極的に取り組むとされた。統合の深度は，「日常業務の一体的運営→事務事業の共同→人事・組織の一体化→財務・ガバナンスの統合」の順で整理された[13]。実際に組織統合が進められたのは，信用保証協会（2014年5月），消防学校（2014年度），府立公衆衛生研究所・市立環境科学研究所（2017年度実施予定），大阪観光局設置（2013年度），東京事務所の共同化（2012年度），上海事務所の共同化（2013年度）である[14]。

　2015年5月に「大阪都構想」が住民投票で否決されたのを受けて府市統合本部が6月に廃止されたが，その年の12月には副首都推進本部が共同設置され，副首都推進本部会議において府立大学・市立大学の統合の方針などが打ち出された。また，大阪市内府営住宅の市への移管（2015年8月）と大阪市立特別支

援学校の府への移管（2016年4月）が行われた。[15]

　大阪における「二重行政」問題への対応は，京都におけるそれと異なる面があり，特に組織統合や経営形態の見直しといった組織改革を重視している点が大阪における対応の特徴であると考えられる。この点は，大阪では「二重行政」問題への取り組みを「二元行政」の解消と「新たな大都市制度（大阪都構想）」実現のためのパーツ・道具として位置づけて進められたことを反映しているのである。

3　地方衛生研究所の「二重行政」と自治体間連携

　いわゆる「二重行政」と考えて対応がなされた京都と大阪における具体的事例として，まず，公衆衛生関係研究所の統合・共同化のあり方をみてみよう。

(1) 地方衛生研究所の制度と機能
　地方衛生研究所は，法律上の設置根拠はなく，厚生労働省の「地方衛生研究所設置要綱」に基づき，全都道府県，政令指定都市および中核市等に設置されている。「地方衛生研究所設置要綱」における設置目的は，「地方衛生研究所は，地域保健対策を効果的に推進し，公衆衛生の向上及び増進を図るため，都道府県又は指定都市における科学的かつ技術的中核として，関係行政部局，保健所等と緊密な連携の下に，調査研究，試験検査，研修指導及び公衆衛生情報等の収集・解析・提供を行うこと」である。その業務としては，①調査研究，②試験検査，③研修指導，④公衆衛生情報等の収集・解析・提供，が規定されている。

　地域衛生研究所全国協議会加入ベースでみると，全都道府県，全政令指定都市を含む81の地方衛生研究所が存在する。[16] 衛生研究所の設置形態は大きく2つに分かれており，「保健分野単独型」と「保健・環境総合型」がある。すべての地方衛生研究所は自治体の直営である。地方衛生研究所が直営であり，独立行政法人化すべきでない理由について，次のような指摘がある。[17]「地研の担う試験検査業務は，感染症・食中毒事件や食品の違反事例等，地研の試験検査結果に基づき，関係行政部局が公衆衛生上必要な公権力を行使することになる。このことは，地研が公権力行使の基盤を支えていることに他ならず，よって公

権力の行使を行う部署と一体であることが不可欠である」。さらに,「地研は将来の健康危機管理に備えた予見的な研究も実施している。日頃の地道な調査研究が,突発的な健康危機発生時において,医療や原因究明に大きな役割を果している。従って,地研の検査・研究のレベルは,行政処分や風評被害の防止等の根拠として高いレベルが要求される。こうした信頼性のある検査・分析を行うには,採算性の優先よりも確実性・信頼性が求められ,住民の安全・安心に寄与するために日常的に危機管理意識をもって予見的な研究を行うことが必要である。これらは健康被害が生じてからの対応では遅い」からであるというのである。

地方衛生研究所の抱える課題と重要性については,調によると[18],まず,①地方衛生研究所の人員,予算,研究費の減少傾向が続いており,そのため多くの自治体で衛生研究所の機能低下が起こっていること,②人材確保と育成面に関して,地方衛生研究所の所長を医師が占める割合が年々低下するとともに,職員の異動周期が短くなり,技術の蓄積が難しくなっていること,といった2つの課題が大きいという。他方で,感染症対策や食品検査等の地方衛生研究所が実施する行政検査の重要性から,地方衛生研究所の検査レベルの向上や最新の科学的検査法を用いて検査を行う体制を全国的に構築することが日本の健康危機管理にとって必須であるという。地方衛生研究所の現場に立脚した調査研究は,公衆衛生上重要な貢献をなしているというのである。

以上を踏まえ,京都と大阪における府と市の地方衛生研究所の共同化あるいは統合のあり方を簡単にみていこう。

(2) 京都府・京都市による地方衛生研究所の共同化

京都府保健環境研究所と京都市衛生環境研究所は,ともに衛生研・環境研総合型である。両研究所の共同化の背景には,両研究所とも耐震基準の面で課題を抱えており,建て替えの必要が迫っていた[19]。

両研究所の共同化の検討と取り組みの経過は,以下のとおりである。まず,2004年に共同化を検討したが,結果として見送りとなった。2013年9月,知事・市長懇談会において,老朽化による建て替えを府市共同で行うことを検討することとなり,年度内に建て替え用地を選定することで合意した。両研究所の共同化のあり方について,府知事が無理な統合ではなく「二世帯住宅」でやっ

ていくと表明して，両研究所を残しながら施設・機器の共同化を図る方向で検討が進められた。両研究所は類似の業務を行ってきたが，区域で業務が分かれており，「二重行政」ではないという判断があったようだ。具体的には，府市協働パネルおよび実務者レベルのワーキンググループ（府市の課長級，そのもとに実務者レベルの分科会）において，共同化可能な検査業務および機能，想定建物規模，建替用地等を検討した。そのワーキンググループにおいて機器の共同利用による効率化を検討し，基本計画に反映していった。2014年1月，建替用地を現在の府保健環境研究所の敷地内に決定し，2015年10月，基本設計業務に着手し，2017年10月頃に着工予定となっていた。現在の両研究所の延床面積は合計1万1000㎡で，新研究所のそれは9000㎡と狭くなるが，共同スペースや機器の共同化によって実質的には両研究所の機能の維持が可能となっているという。両研究所の組織はそれぞれ維持され，法令上の知事および市長の権限が明確になっていることから，法令上の業務系統は各々別系統となっている。共同利用機器等に関する財政負担は，執行に応じた清算を行うこととし，共同スペースの負担については今後の協議となっているという。

　共同化の効果として期待される点として，①府市双方の情報共有，②両研究所で蓄積された知識・資源の相互補完，③試薬などの相互融通，④緊急時の対応の迅速化・対応力の強化，⑤施設・機器の共同利用によるコスト削減，⑥府市の共同イベントによるPR効果，といった点が指摘されていた。共同化の問題点としては，府財政の効率化のために，府保健環境研究所が要求していた面積から一定の削減がなされたことがあげられる。今後調整されるべき課題として，両研究所の業務手順の違いの調整や，共同部分の費用負担のあり方などがあるということである。

（3）大阪府・大阪市による地方衛生研究所の統合

　京都府・京都市のケースは両組織を残しながら施設の共同化を図るというものであったが，大阪府・大阪市のケースは組織統合を先行させ，施設は当面現状のままで別々にスタートするという。府市統合本部において，両研究所については，当初から組織統合が目指されていた。[20] 大阪府立公衆衛生研究所と大阪市立環境科学研究所を地方衛生研究所のタイプ分けでみると，大阪府は衛生研と環境研が分離した単独型で，大阪市は総合型である。大阪府公衆衛生研究所

（1959年建築）は，老朽化による耐震化問題を抱えている。

　大阪府・大阪市における両研究所の統合に向けた検討経過は，以下のとおりである。2011年，府市統合本部において，B項目（類似・重複している行政サービス）に位置づけられ，検査・研究機能のあり方や経営形態などについて整理・分析してあるべき姿を検証し，統合による効率化と経営形態についても検討するものとされた。2012年6月，府市統合本部において，両研究所を統合した研究所を設置することを基本的方向性とした。2012年9月，府市統合本部において，統合する新研究所の運営形態を地方独立行政法人とすることが確認された。2013年12月，大阪府議会で独法化関連議案が可決，2014年10月に府公衛研の耐震化を急ぐため移転予算が可決された。2016年3月，大阪市議会で独法化関連議案が可決し，その内容は環境科学研究所に環境部門のみ残すとともに，衛生部門は府公衛研と統合し，「独法化」を図るというものであった。2016年4月，副首都推進本部において，統合のみでなく，施設の一元化も検討することが確認され，府公衛研の移転作業を中断し，当面，独法化後も現在の府市の別々の施設を継続利用することとなった[21]。

　大阪における両研究所の統合と地方独立行政法人への移行の問題点としては，①当面は各施設を使用するために物理的な共同化は進まず，その点での効率化や相乗効果が望めないこと，②市の環境部門は組織的に分離され，今後は民間委託等が進む可能性があること，③当面の数年間，府公衆衛生研は老朽施設を継続使用せざるをえず，大地震等による倒壊のリスクが継続すること，④地方独立行政法人に対する府・市による統制は，中期目標・協定書，予算等によるので直接統制から間接的な統制という性格が強まって理事長の裁量権が高まり，両組織の統合と間接統制によって規制行政としての公共性が十分に確保されるかが問題として残ること，⑤地方独立行政法人の理事長の任命権限が知事にあり，府知事と市長との間の意見が調整できない場合，研究所のあり方に対して大阪市としての考え方や政策が反映されない危険性があること，⑥最大の問題は，大阪府知事・大阪市長の指揮命令が直接には働かない可能性があるという懸念で，地方独立行政法人大阪健康安全基盤研究所の定款において健康危機発生時には知事・市長の「要求」が明記されてはいるが，平時における市長の指示が担保されていないこと，などが指摘されている。

　以上の問題点は，より本質的には，組織形態の独立行政法人化にある。大阪

市と大阪府というそれぞれ大阪市民，大阪府民に責任をもつ自治体が，公衆衛生という住民の健康・安全にとってきわめて重要な規制行政の実効性を担保する独自の地方衛生研究所を直営でもっていたことの重要性の裏返しであろう。

両研究所の統合・法人化における課題は副首都推進本部において引き続き検討されており，そこでは，特に，地方衛生研究所としての機能強化に関しては，①医薬品医療機器法および食品衛生法など知事・市長権限を踏まえた検査・研究の推進，②2016年4月に改正感染症法が施行されたこと等を踏まえ，健康危機事象発生時に確実に対応できる体制の整備（人員・予算の十分な確保，府・市の衛生研究所機能として必要不可欠な検査・調査・研究等が確実に実施される仕組みの構築，中期目標，協定書等への反映，等）があげられている[22]。今後の検討が注目されるところである。

（4）小括：地方衛生研究所の統合・共同化に関する京都と大阪の比較分析

みてきたように京都と大阪における地方衛生研究所の改革は，内容とプロセスにおいて大きな違いがあった。京都の場合は府・市の両研究所の組織を維持しながら，施設老朽化の課題を解決するために施設の共同化を図った。また，検討プロセスは検討ワーキングをもつとともに，現場レベルの各分科会での専門的な協議を積み重ねたものであった。それに対して大阪の場合は，府市の両研究所の組織統合と独法化を図るという抜本的改革を特徴としている。施設の一元化も進める方向性があるが，組織統合という形が先行した。検討プロセスとしては，京都と同様に現場レベルでの協議が行われてはいるが，特に独法化に関して府市統合本部会議において決められた経緯や組織統合を先行させた点において，現場や専門的知見からのボトムアップよりもトップダウンの要素が強く影響したようにみえる。

大阪のケースは，健康危機事象への対応など地方衛生研究所としての機能強化が現在求められているなかで，問題を多く抱えた独法化・組織統合といった抜本的な組織改革と機能強化との整合性をどのように図りながら具体化していくのかという難しい課題が残されていると思われる。

4 消防学校の「二重行政」と自治体間連携

同様に，京都と大阪における府・市による消防学校の統合のあり方を比較分析して，いわゆる「二重行政」への対応のあり方について検討してみたい。

(1) 消防学校の制度と機能

比較分析の前に，消防行政と消防学校の概要をみておこう。[23] 消防行政においては，「火災を予防し，警戒し及び鎮圧し，国民の生命，身体及び財産を火災から保護するとともに，火災又は地震等の災害による被害を軽減するほか，災害等による傷病者の搬送を適切に行い，もって安寧秩序を保持し，社会公共の福祉の増進に資することを目的」としている（消防法第1条）。消防の主な業務は，消火活動だけでなく，火災予防，救急業務，消防団の活性化や災害応急対策など地域防災，武力攻撃事態等における住民の避難誘導など国民保護などがある。

消防行政では，「市町村消防の原則」があり，「市町村は，当該市町村の区域における消防を十分に果たすべき責任を有」している（消防組織法第6条）。市町村は，消防機関として消防本部，消防署および消防団の全部又は一部を設けなければならない（消防組織法第9条）。都道府県は，市町村との連絡調整や消防学校での消防職団員への教育訓練などを行い，総務省消防庁は，消防制度の企画立案や緊急消防援助隊など消防に関して広域的に対応する必要のある事務などを行うという役割がある。また，国内における大規模災害の発生時には，消防庁長官の求めや指示に基づいて被災地の消防の応援等を行うために都道府県ごとに組織された緊急消防援助隊が被災地に派遣される。

消防学校は，消防行政を担う消防職員の教育訓練施設であり，消防庁が定める教育訓練の基準を確保するように努めなければならない（消防組織法第51条第4項）。都道府県には設置義務があり（同法第51条第1項），政令市の設置は任意である（同法第51条第2項）。すべての市町村消防本部は，組織規模や地域性に応じた実践的な訓練や研修を実施するために訓練機関を設置することができ（同法第51条第3項），あとでみる大阪市の消防局高度専門教育訓練センターはここでいう訓練機関である。

(2) 京都府・京都市による消防学校統合・共同化

　京都府立消防学校と京都市消防学校の統合事例からみていこう。[24]

　京都市消防学校と京都府立消防学校は，2017年度から両校の組織統合・共同化のあり方として，任意設置の京都市消防学校に消防職員訓練を本格的に一元化し，設置義務のある京都府立消防学校の組織は「二枚看板」の形で残すことになっている。府立の消防学校の教育は京都市消防学校の施設で行い，府立の消防学校の教官は京都市消防学校で市の教官と共同して教育を担当し，府市それぞれの所属教官には府職員と市職員の併任をかけることになる。市と府の2つの組織が残るので，経理などの事務や関係教官の任命権も府市で並存する。財政的な負担は，府から市へ負担金や施設使用料を支払うことになるが，具体的な予算額は2016年3月時点ではまだ決まっていないとのことである。

　消防学校の統合・共同化にいたるまでの歴史的な経緯を振り返ってみよう。

　京都市消防学校は1950年に開校した。東京を含めて横浜市や名古屋市，神戸市，大阪市など8政令市が独自に消防学校をもっていた。京都市では，2009年に消防学校や訓練施設，活動支援施設など消防活動に必要な諸機能を統合して平常時と大規模災害時の両方に対応する高度な施設・設備と機能を備えた消防活動拠点として，京都市消防活動総合センターが全面的に運用を開始した。[25] 2011年の東日本大震災では，全国各地の消防本部が緊急消防援助隊に編成されたが，京都市消防活動総合センターは，京都府としての緊急消防援助隊が被災地で活動を行うにあたっての緊急消防援助隊中継地となった。

　京都府立消防学校は，京都市消防学校の開校より後の1976年に学校組織が設置され，八幡市で開校し，消防職員初任科第1期が入校した。[26] それ以前は府の消防学校はなく，府の消防職員などは市の消防学校で訓練を受けていた。現在，京都市以外の府内14消防本部の消防職員を対象に教育を行っている。開校当初の施設が現在まで使われており，建物が老朽化し耐震問題がある。府立消防学校では，消防職員向けの教育訓練として現在，初任教育（新たに採用された消防職員のすべてに対して行う基礎的教育訓練7ヶ月，899時間，全寮制），専科教育（現任の職員および特定の分野に関する専門的教育で，警防科，危険物科，予防査察科，火災調査科，救急科，救助科，特殊災害科がある），幹部教育（幹部に対して幹部としての必要な教育訓練），特別教育（特に必要な事案が発生した場合に適宜実施する教育で，救急救命士集合教育等）を行っている。[27] 2016年4月現在で，専科教育7

科のうち4科（危険物科，予防査察科，火災調査科，特殊災害科）の教育については，京都市消防学校に委託して行っている。火災の発生件数が京都市で多いこともあり，火災調査科の教育に関するノウハウなどは京都市消防学校がもっており，特殊災害に関する特殊車両など高度な機材も京都市消防学校が所有しているからだという。

　京都府と京都市では，府の人口の56％を占める京都市と府の緊密な連携が重要であるということから，1988年以降，知事と京都市長との懇談会を開催して「府市協調」に取り組んできた。2014年度の知事と市長の懇談会で，京都府計量検定所と京都市計量検査所に関する市から府への事務委託による共同化などとともに，府立消防学校と市消防学校の共同化のあり方について市長の方から提案され，施設やカリキュラムと運営費など府市消防学校の全体を通じた点検・協議を進めていくことで合意した。[28] 消防学校共同化の柱は，全寮制で行われている初任教育のあり方であり，その後の共同化に向けた協議では，市消防学校に最新の施設や資機材が整っているので府消防学校の初任教育を受ける毎期50名前後の寮生を市消防学校が受け入れるにあたってハード面での収容能力があるか，消防組織法で都道府県に設置義務のある消防学校の「看板」をどうするか，財政負担をどう分担するか，などが議論されたという。共同化に伴う具体的な教育内容に関する調整・連携については主として市消防局総務部企画課と府府民生活部防災消防企画課で協議を行っており，府から市への負担金や施設使用料など予算面での負担のあり方については，2016年3月現在で財政関係部門で詳細な調整が進められているとのことであった。

　消防学校の統合・共同化について市長などは，単なる経費やコストの削減・合理化ではなく，府内の消防本部の職員も市がもつ最新レベルの資機材を使った教育を受けられるようになるなど，教育内容の充実が大事であるとの考えがあったという。ただ，府側としては消防学校に関する現行予算を共同化後に超えることは問題となるし，市側でも府からの負担金などで財政的なメリットが一定程度認められる面が必要であるということであった。

　2017年度以降に全体的な統合・共同化が行われる際には，府としては老朽化している現行施設を新たに建設する必要がなくなったので，その分の支出は必要なくなる。府の教官の多くは府内の消防本部から派遣されてきており，市からも派遣されている。統合・共同化後には，府の職員は併任で市消防学校の教

官としても働くことになるので，教官の人件費等の削減や合理化はあまりみられないが，総務関係の事務職員の人数は合理化される余地があるので，予算削減になるかもしれないという。市側には，府からの施設使用料などの負担金が入るのでその分の歳入が増える。その他には，府内の消防本部の職員も市がもつ最新レベルの資機材を使った教育を受けられるなど教育水準・内容が充実するので，府内の市町村の消防本部にとってもメリットであるという。また，府内消防本部と京都市消防局の職員が初任教育を合同で受けることで，学校ごとに若干異なっていた技術面の標準化がなされるだけでなく，「同じ釜の飯」を食べて教育訓練の経験をすることで連帯感や「同期」意識が醸成されることが大きなメリットだという。大災害が起こったときに緊急消防援助隊が京都府として組織され被災地で活動する際に，今後は技術的な違いから生じる混乱が低減され，一体的に活動がなされやすくなる面があるという。

　京都では，府と市の2つの消防学校が存在していることは法的にも歴史的にもそもそも「二重行政」ではなく，府市双方とも消防学校の統合・共同化が「二重行政」問題の解消という位置づけはしていない。消防学校の統合・共同化を行うことによって，府と市の消防行政に関する行政能力・力量の総量・「自治の総量」をこれまでよりも少なからず拡大することが目指されていると思われる。

(3) 大阪府・大阪市による消防学校統合・共同化

　次に，大阪府と大阪市における消防学校の統合事例をみよう[29]。

　大阪府内には，大阪市消防局と27消防本部があり，消防学校の統合以前は，京都と同じように，政令市である大阪市消防局の消防学校（任意設置）と，大阪市以外の消防本部の消防学校として大阪府立消防学校（義務設置）があった。府立消防学校は，1948年に大阪府立消防訓練所として発足し，1959年に消防組織法の改正に伴い名称を大阪府立消防学校に改称して現在にいたっている[30]。大阪市消防学校は，1948年に消防練習所として組織され，1950年に大阪市消防学校に名称変更して，2014年に初任教育を大阪府立消防学校に委託し統合することに伴い，大阪市消防局高度専門教育訓練センターとして組織改変を行って今日にいたっている[31]。

　大阪府と大阪市の消防学校の統合にいたる経緯を簡単にみておこう。府と市

では，2011年頃に当時の橋下市長のもとで「大阪都構想」が語られ，「二重行政」の解消が政治的な議論になっていた。2011年12月に「大阪府市統合本部」が設置されて大都市制度のあり方など府・市共通の課題について協議して，いわゆる「二重行政」について，地下鉄，バス，水道，下水道，病院，一般廃棄物，公営住宅，大学，市場，消防，港湾，文化施設など「経営形態の見直しを検討する事業（A項目）」と，「府市で類似・重複している行政サービス（B項目）」などに区分し，それぞれの「基本的方向性」をとりまとめた。「二重行政」としてA項目に分類された消防学校については，基本的方向性として「新たな大都市にふさわしい消防（西日本を代表する消防機能）」を目指し，2014年4月から消防学校の統合・機能分化・機能強化を行うこととし，双方の利点を活用した一体的運用により教育効果を最大限に発揮するということであった。具体的には，府立消防学校は基礎的な教育訓練（学校教育）施設として，市消防訓練研修センターは高度かつ専門的な訓練施設とするというものであった。

統合に関する大枠は「大阪府市統合本部」で議論がなされたが，実際の消防学校の教育内容やカリキュラムの変更など専門的なことがらについては，消防学校業務の担当部門で教育・訓練の内容を熟知している部署である大阪市消防局企画部企画課と大阪府立消防学校総務課などで調整がなされたようだ。

府と市における消防学校の統合の具体的内容についてみてみよう。訓練・研修の更なる高度化・専門化を図るために，2014年4月から府と市の消防学校を機能分化し，初任教育は府立消防学校に統合して，市消防学校の看板はなくなり，市消防学校は市消防局高度専門教育訓練センターとして残した。初任教育のカリキュラムを再構築し，初任教育の授業時間も増加（805時限から920時限）して，これまで市消防学校の初任教育では行っていたが府消防学校では行われていなかった救急標準課程を初任教育に組み入れた。そのことで，消防職員は初任科修了後すぐに救急業務に従事可能となり，救急需要の増加に対応できるようになったという。また，市消防局高度専門教育訓練センターに高度・専門的な訓練である上級予防・上級救助研修を新設するとともに，府市両校の救急救命士養成課程については市消防局高度専門教育訓練センターに一元化した。なお，市が統合前には初任教育で行っていた大阪市の出場計画や火災予防条例などの知識習得と大阪市独自の消火戦術などの訓練は，初任教育終了後に行う新任実務教育の最初に新任特別教育として約1週間にわたって市消防局高度専

門教育訓練センターに配属して補習・補足するようにしている。

　この一元化による影響は，デメリットはあまりみられず，府や市と府内消防本部のいずれにとってもメリットが大きいということであった。まず，教育内容が充実したという効果を「教育ボリューム（人×時間）」というイメージでみたら，一元化の前後では約1.4倍の増加がみられると試算されている。統合・一元化によって考えられる具体的な効果をみてみると，府にとっては，府立消防学校の初任教育で必要な教育用車両等は市が所有するはしご車などを活用できるので，それらの維持・更新費の抑制ができることによって運営費を年間約2300万円削減できる。また，府立消防学校にとっては，市から教頭職1名と教官6名（年間約4800万円の教官6名分の人件費は全額大阪市が負担）を職員派遣されることで市消防局がもつノウハウを人件費負担がほとんどなく活用することができることである。市側の効果としては，基礎的な教育訓練を府立消防学校に一元化して高度・専門的な訓練である上級予防・上級救助研修を市のセンターに新設することで消防力の高度化・専門化を促進できる。府市両校の救急救命士養成課程を大阪市消防局高度専門教育訓練センターに一元化することで効率的な運営の実現と委託費（一人あたり受講料約125万円）が新たに入ってくることで，一元化前より年間約2400万円の市税負担の抑制ができる。府内消防本部にとっての効果としては，府立消防学校運営協議会に大阪市が参画し，府立消防学校の初任教育で市消防局のノウハウを活用した教育訓練が受けられるので，府立消防学校運営がさらに活性化されることがあるという。具体的に見える効果ではないが，大阪府内の消防士が初任教育を合同で寮生活をともにしながら受けることで，今後は「同じ釜の飯を食べた同期」としての一体感が醸成され，大規模災害時に府内の消防本部を合同して大阪府として緊急消防援助隊を組織した場合には今まで以上に共同しやすくなると考えられている。

　大阪でも，消防学校の統合・一元化で財政的により効率的・効果的な運営ができるとともに，大阪府内の消防力の充実・強化を実現することができると考えられていたのである。

　府と市が具体的に専門的な調整を行うにあたっては，大阪市消防局企画部企画課と大阪府立消防学校総務課などが主な窓口となっていたが，双方とも，そもそも消防学校のあり方は「二重行政」の問題ではないという認識であり，消防学校の教育・訓練の内容が現状よりも向上するようなより良い統合になるよ

第7章　都道府県と政令市の「二重行政」と自治体間連携

う最善を尽くすことを目指したという[35]。大阪市消防局の職員約3500人の総務・企画部門を独自に担う消防局企画部企画課が大阪府立消防学校の総務・企画部門との調整過程において，大阪市としての具体的な方針や内容を固めるために大阪市長である橋下市長にその方針や内容を説明して理解を得る必要が生じたときには，消防局企画部企画課の考え方を市長に理解してもらって進めることができたということである。当時の大阪市では，政治的には「二重行政」を解消するために大阪都構想を実現するということで，大阪市などが外部に向けては「二重行政」問題の１つとして消防学校の統合・一元化が語られていたが，実際の統合・一元化の過程では，現場を担当する消防局の考え方や専門的な知見が反映されていたようだ。大阪府と大阪市の双方の担当者によると，消防学校統合は結果として「良かった」ということである。

（４）小括：消防学校の統合・共同化に関する京都と大阪の比較分析

　みてきた京都と大阪における府と政令市の消防学校の統合のあり方について比較分析しておこう。

　まず，組織形態についてである。京都では，市消防学校と府立消防学校は，任意設置であるが高度・専門的な施設と資機材をもつ市消防学校に消防職員訓練を一元化するが，設置義務のある京都府立消防学校の組織も形として残す「二枚看板」の形で統合・共同化を行うことになっていた。大阪の場合は，市消防学校の初任教育については，大阪市消防学校の名前は廃止して設置義務のある大阪府立消防学校に統合・一元化されたが，大阪市消防学校の組織は大阪市消防局高度専門教育訓練センターとして名称を変更して存続し，大阪府立消防学校で行っていた救急救命士養成課程などを市消防局高度専門教育訓練センターに一元化するなどして，より高度・専門分化した消防教育訓練を担う組織となった。法的な面から組織形態としては，京都の方は設置義務のある京都府立としての組織を残さなければならないので「二枚看板」となり完全に整理・統合はなされていないのに対して，大阪では任意設置である大阪市の組織を廃止して設置義務のある大阪府立の組織に統合したので組織のあり方としてはきれいに整理されたといえる。

　次に，消防学校としての教育内容や専門性についてである。消防職員は，キャリアとして生涯を通じて基礎的な初任教育からはじまり段階的に専門的な

知識と技術を習得する必要があり，そのために消防学校や訓練機関で初任教育，専科教育，幹部教育，特別教育が行われている。段階的に専門的な知識と技術を習得する場である消防学校としての専門性や教育内容のあり方からみれば，京都は「二枚看板」ではあるが，京都市の消防士もそれ以外の府内消防本部の消防士も同様に高度・専門的な施設と資機材をもつ京都市消防学校において教育訓練を受けることができるので，組織改革としてはより効果的により良く改善されたといえる。大阪は，初任教育は大阪府立消防学校に統合・一元化して，より専門的で高度な教育訓練はその水準もレベルアップして大阪市消防局高度専門教育訓練センターに一元化したので，役割分担を明確にしつつ2つの組織を維持・発展させたといえるので，こちらもより効果的により良く改善されたといえる。

　府と政令市の両方が消防学校をもっていたとしても，消防学校の設立は都道府県が義務設置で政令市が任意設置となっている消防組織法からみて法的には何ら問題なく，そもそも「二重行政」問題・「悪い二重行政」ではないことがらである。京都府・市と大阪府・市ともども消防学校の所管部門では，当初から「二重行政」とは認識していなかった。政治的には，京都府知事も京都市長も「二重行政」の問題としては扱っておらず，府・市による「府市協調」の一環として，政令市と府県との垂直連携・自治体間連携の1つとして消防学校の組織のあり方が議論され，組織改革がなされた。大阪では，政治的には，当時の橋下市長などが大阪都構想との関係で府と市が同じような組織をもっているという状態を「二重行政」の問題だと単純化して，消防学校もその関連でA項目に分類され「二重行政」として位置づけられただけであったと考えられる。ただ，消防学校の組織改革の現実の方向性や結果としては，京都も大阪もともに，初任教育が充実し，より高度・専門的な教育を府下のすべての消防本部が享受できるようになったので効果的・効率的な組織改革が行われたといえる。京都と大阪で消防学校を府と政令市がともにもっていたという状況は，法的にはそもそも「二重行政」・「悪い二重行政」ではなく，府と政令市が融合型の地方自治制度のもとで機能している実態から生じるエリア的な二元行政であり，専門性からみて補完関係をもった二元行政であったので，それらもあえて「二重行政」というなら，「良い二重行政」ということができるかもしれない。京都と大阪の消防学校の統合は，自治体間連携により「自治の総量」（**序章**）を

高める改革であったといえるかもしれない。

5　おわりに

　本章では、京都府・京都市および大阪府・大阪市を対象として、地方衛生研究所と消防学校の事例をとりあげ、都道府県と政令市との間の「二重行政」問題への対応を比較分析しながら検討した。

　これまでみてきたように、都道府県と政令市で個別の事業ごとに調整・解消すべき「二重行政」問題・「悪い二重行政」は一般的に存在すると考えられる。あらためて「悪い二重行政」とは何かということについて試論的に整理すれば、①事務事業、施設・組織等の調整を図ることによってはじめて効果的・効率的な行政が実現可能となるものであり、②調整を図らないことには都道府県と政令市の自治のあり方と住民による民主的統制のあり方が阻害されてしまうといった条件が存在するケース・場合であろう。ここで注意すべきことは、「効果的・効率的な行政」とは何か、それはどのようなものかについて十分な検討を必要とするということである。政令市などの大都市自治体には、基礎自治体として住民に身近な行政サービスや施設等が求められるだけでなく、周辺の地域を含めた広範囲かつ高度な大都市行政課題や行政ニーズへの対応が求められてきた。そのため多くの義務的な事務権限を行使して行政サービスを実施するだけでなく、任意事務・事業においても都道府県と類似した事務事業を積極的に実施したり施設を整備・運営したりしてきたのである。そこでは、住民にとって必要な行政サービスが都道府県と政令市の両方によって「効果的・効率的」に提供されるという状況で「良い二重行政」が存在しており、それを「悪い二重行政」とみなして解消すれば、公共性が担保されなくなったり、住民サービスの低下が起こったり、住民の民主的統制が阻害されたりするおそれがでてくるのである。

　都道府県と政令市の「二重行政」問題の解決には抜本的な大都市制度改革を必要とするかどうかは、首長のスタンス・政治的主張によるところが大きい。大阪都構想や特別自治市構想など都道府県と政令市からなる二層制の自治制度そのものの「一元化」を図る制度改革論は、自治体間連携や重層的自治の観点とは対極にあるといってよい。重層的自治の観点から、地域の独自性やそれに

基づく住民ニーズの多様性，行政需要の独自性，住民自治の拡充を重視するためには，自治の「一元化」を図るよりむしろ「二元」・「三元」といった自治のあり方を認め，必要な行政サービスの調整や共同化等を自治体間連携で進めればよいということになる。

　実際，多くの自治体では，「二重行政」問題は個別事業ごとに丁寧に検討・協議・調整しながら地道に問題解決に取り組んでいる。一見「二重行政」にみえるような施策・事業でも，都道府県と政令市・市町村が相互に連携・補完しながら地方自治を充実させて「自治の総量」を拡充していると考えられる実態もある。京都府・京都市による府市協調による調整は，そのような事例の1つであると考えられる。また，大阪府・大阪市による調整においても，消防学校のケースのように，自治体間連携により実質的な機能分担・機能強化が図られている事例もある。他方で，大阪府・大阪市の地方衛生研究所の組織統合・独法化は，大都市がもつ歴史的役割についての視点が欠如した大阪都構想という大阪市廃止を伴う大都市制度改革のパーツ・「方便」として検討されてきたことから，自治や民主的統制の観点や公共性の観点からの検討が不十分なままに進められてきたように思われる。今後も，大阪をはじめとした大都市・政令市と都道府県の「二重行政」や二元行政，具体的な自治体間連携のあり方に関する動向とその実態に注目していきたい。

注
1）　森裕之「大阪都構想の欠陥と虚構」『世界』2015年5月号，参照。
2）　宮本憲一『日本の地方自治　その歴史と未来〔増補版〕』自治体研究社，2016年，参照。
3）　水谷利亮・平岡和久「『二重行政』の予備的考察─府県と政令市の事例をもとにして」『下関市立大学論集』59巻1号，2015年，参照。
4）　同上。
5）　第30次地方制度調査会第14回専門調査小委員会（2012年6月18日）配布資料「課題に係る論点整理資料」，参照。
6）　水谷・平岡，前掲論文，による。
7）　本項は，京都府政策総務課（2014年12月7日），京都市市長公室（2014年12月17日）におけるヒアリング調査の内容・提供資料，および京都府・京都市のウェブサイトを参照。
8）　京都市ウェブサイト「府・市協調」（http://www.city.kyoto.lg.jp/sogo/page/0000163607.html, last visited, 7 June 2016），参照。
9）　同上。

10) 本項の記述は，大阪府市統合本部会議資料および副首都推進本部会議資料を参照した（http://www.city.osaka.lg.jp/fukushutosuishin/page/0000151065.html, http://www.pref.osaka.lg.jp/renkeichosei/fukusyutosuishin/, last visited, 7 June 2016）。
11) 第6回大阪府市統合本部会議（2012年2月13日）資料「『広域行政』の一元化に関する今後の進め方について」（http://www.city.osaka.lg.jp/fukushutosuishin/page/0000165902.html, last visited, 7 June 2016）。
12) 同上。
13) 第6回大阪府市統合本部会議（2012年2月13日）資料「府市事業の統廃合と経営形態の見直しについて」（http://www.city.osaka.lg.jp/fukushutosuishin/page/0000165902.html, last visited, 7 June 2016）。
14) 大阪府市統合本部会議資料および副首都推進本部会議資料（http://www.city.osaka.lg.jp/fukushutosuishin/page/0000151065.html, http://www.pref.osaka.lg.jp/renkeichosei/fukusyutosuishin/, last visited, 7 June 2016），参照。
15) 同上。
16) 地方衛生研究所全国協議会のウェブサイト（http://www.chieiken.gr.jp/, last visited, 7 June 2016），参照。
17) 織田肇・前田秀雄・岡部信彦ほか『地方衛生研究所のあり方および機能強化に関する研究・分担研究報告書・健康危機管理のための地方衛生研究所のあり方（提言）』（平成18年度厚生労働科学研究費補助金［健康科学総合研究事業］），2007年，6ページ。
18) 調恒明「地域保健法体制下の地方衛生研究所の現状，課題と将来像」『公衆衛生』Vol.80, No.1，2016年，37-42ページ。
19) 本項は，京都市保健福祉局医務衛生課（2016年3月15日），および京都府保健環境研究所（2016年4月15日）におけるヒアリング調査・提供資料に基づく。
20) 本項は，府市統合本部会議資料，および大阪市立環境科学研究所（2016年5月10日）へのヒアリング調査・提供資料に基づく。
21) 第3回副首都推進本部会議資料（2016年4月19日）「府立公衆衛生研究所・市立環境科学研究書の統合について」，参照。
22) 同上。
23) 総務省「消防行政の概要」，参照（http://www.soumu.go.jp/main_content/000051952.pdf#search='%E6%B6%88%E9%98%B2%E8%A1%8C%E6%94%BF', last visited, 7 June 2016）。
24) 以下では，京都市消防局総務部企画課（2016年3月15日），および京都府府民生活部防災消防企画課（2016年3月15日）において行ったヒアリング調査の内容・提供資料，参照。
25) 京都市消防局「京都市消防活動総合センター」など，参照。
26) 京都府ウェブサイト内の京都府立消防学校トップページ「5　学校の歩み」（http://www.pref.kyoto.jp/shobogk/documents/1ayumi.pdf, last visited, 7 June 2016）など，参照。
27) 京都府「平成27年度　消防職員教育訓練実施状況」，参照。
28) 京都府ウェブサイト「平成26年度京都府知事と京都市長の懇談会の概要」（http://www.pref.kyoto.jp/fushirenkei/h26_kondan.html, last visited, 7 June 2016）など，参照。
29) 以下では，大阪市消防局企画部企画課（2016年5月10日）と大阪府立消防学校（2016

年5月10日）において行ったヒアリング調査の内容，参照。
30) 大阪府立消防学校ウェブサイト「学校の概要」(http://www.pref.osaka.lg.jp/shobogakko/gaiyou/index.html, last visited, 7 June 2016) など，参照。
31) 大阪市消防局「平成26年　消防年報（平成27年刊行）」など，参照。
32) 第6回大阪府市統合本部会議（2012年2月13日）「資料2　『広域行政』の一元化に関する今後の進め方について」，および第17回大阪府市統合本部会議（2012年11月16日）「資料4　消防学校の統合について」，参照。
33) 大阪市消防局「消防学校の統合について」（2014年1月29日，戦略会議資料），参照。
34) 大阪市消防局「4．統合（機能分化）による効果（メリット）」（戦略会議［2014年1月29日］資料「消防学校の統合について」），などによる。
35) 前掲，京都市消防局総務部企画課と京都府府民生活部防災消防企画課において行ったヒアリング調査の内容による。

終　章　「地方創生」と自治体間連携

1　はじめに

　本書の各章では，主に，自治体間連携が注目される「ポスト平成の合併」時代において，これまで必ずしも十分に検討されてきたとはいえない都道府県出先機関の機能について，行政機能だけではなく政治機能も含んで，地方自治の抑制・媒介・参加の機能や「自治の総量」の視点などから検討してきた。その結果，都道府県の本庁の執行機関に過ぎないという評価とは異なる都道府県出先機関の独自の機能が明らかになった。すなわち，都道府県出先機関が，都道府県本庁と市町村との結節点において，都道府県本庁とともに地方自治の抑制・媒介・参加の機能を分担・分有していることである。都道府県出先機関のあり方は完全総合型，一部個別型，一部地域総合型，完全個別型といった多様な形態があり，各都道府県の地勢・自然・地域構造・産業構造・居住構造・社会構造・都市化の様態・市町村構造といった様々な要因に応じて，その配置，組織，担当事務等も多様である。こうした都道府県出先機関および都道府県本庁・市町村などによる「自治の総量」が発揮されることによって，住民生活に必要不可欠なハード・ソフト両面での共同社会的条件の確立が図られるのである。
　このことは，道州制や特別自治市といった抜本改革の手法で自治の「一元化」を図ることではなく，現行の二層制を維持しつつ都道府県機能を強化する方向で地方自治制度の漸進的改善を図ることの重要性を示している。
　本章では，まず，財政学的観点から日本型地方自治における国と地方との政府間財政関係の特質を整理し，内発的発展論の観点を入れながら都道府県と市町村の自治体間連携・政府間関係に関する考察を行う。
　また，本書の検討課題として残されているのが，安倍政権が打ち出した「地

方創生」政策の評価である。「地方創生」政策は国家的な新たな地域政策として登場しているが，そのなかで新たな自治体間連携促進策や財政措置が打ち出されている。本章では，「地方創生」政策下における新たな自治体間連携促進策や財政措置について全体像を概観するとともに，都道府県出先機関機能の分析や内発的発展論を踏まえて，都道府県の機能を再評価し，あるべき地方自治，圏域自治と自治体間連携のあり方を模索する[1]。

2　自治体間連携と政府間財政関係

(1)「融合型自治」と日本型財政システム

　日本の地方自治体は多くの事務・サービスを担っており，特に住民に身近な事務・サービスの多くを市町村が担っている。その一方で，市町村の規模，地理的条件，さらには地域経済の状態は多様であり，大都市部に経済力・税源が集中する一方，農山漁村地域など税源に乏しい条件不利地域が多く存在する。

　こうした多様な条件と規模をもつ市町村および市町村を補完する都道府県は，住民の共同社会的条件を整備し，住民の生活権を保障するために必要なサービスを提供しなければならない。特に，日本においては，人口が少なく広い面積を有する農山漁村に多くの小規模自治体が存在している。それらの自治体は税源が乏しいだけでなく，人口1人当たりの行政コストは都市自治体と比べて大幅に高い状況にある。

　日本の地方自治は「融合型自治」[2]とも「統合型自治」[3]とも呼ばれており，自治体の事務に国が広範に関与する仕組みになっている。自治体は自治事務以外に本来国の責任で行うべき事務を法定受託事務として担当している。法定受託事務だけでなく，自治事務に対しても国の関与がある。

　国も自治体も憲法を守り，国民（住民）の基本的人権を保障する責務を負っていることは当然であるが，住民に身近な基礎的自治体がまずもって共同事務をつうじて住民の基本的人権保障に責任がある。憲法原則に基づき，市町村，都道府県，国は人権保障のための責務を負うのであり，重層的・重畳的な共同事務と連携を通じて人権保障が図られていると考えられる[4]。

　こうした「融合型」政府間関係のもとで，地方が多くの事務・サービスを担うことから，多様な規模の自治体の存立を保障しながら，ナショナルミニマム

水準の行政を保障するために国による財源保障制度が必要とされる。このことは「日本型財政システム[5]」とも呼ばれており，日本の政府間財政関係の特質をあらわしている。

　国による財源保障の仕組みは，主に，一般財源保障システムとしての地方交付税と特定財源保障システムとしての国庫補助負担金からなる。一般財源保障システムとしての地方交付税制度は自治体の自治権を尊重しながら自治体間財政格差を是正し，小規模自治体を含む多様な規模の自治体の存立を保障する制度である。特定財源保障システムとしての国庫補助負担金は，「融合型」地方自治のもとで，国が義務付けるナショナルミニマム水準の行政を確実に財源保障する仕組みであるとともに，自治体を統制する手段としての機能を有している。

（2）「融合型自治」と都道府県の機能

　都道府県はなぜ必要かを考える場合，まずは都道府県の歴史・風土や県民意識（共同意識）の独自性が憲法上の地方公共団体たる条件となっていることを確認することが重要であろう。その上で，「自治の総量[6]」論からみた都道府県の機能という観点を踏まえ，**序章**で整理した地方自治の抑制・媒介・参加の3機能や地方自治法による都道府県の3機能（広域機能，連絡調整機能，補完機能）をさらに豊富化する観点から，都道府県の機能を以下の5点にわたって整理する。

　第1に，広域行政機能であり，複数の市町村にまたがる公共事業（広域的基幹道路整備，防災基盤整備など），環境対策，防災など市町村域を超えた広域的な行政機能である。これらは都道府県の機能として定着しているといってよい。都道府県を超えた超広域的な行政機能については，現在の事務配分を前提とすれば，その必要性は限定的であり，都道府県による協議会あるいは広域連合によって対応可能であるとおもわれる。

　第2に，市町村補完・支援・媒介機能である。規模や能力において市町村が担うことが困難な事務・サービスを都道府県が担うという点では，「ポスト平成の合併」においても市町村補完機能は依然として重要であるとの指摘がある[7]。また，実際，小規模町村はすでに都道府県による補完機能に多くを依存しているという指摘もある[8]。ただし，都道府県の市町村補完機能は分離主義に基

づく役割分担として理解するべきではない。「融合型自治」のもとで中央政府と基礎的自治体との中間に位置する自治体である都道府県において，政治的調整，サービスの総合化，政策イノベーションなどを含む媒介機能を発揮することが期待される。さらに，都道府県でこそきめ細かい市町村支援が可能であろう。この機能の例として，産業振興，中小企業支援，農林漁業振興，公害防止，環境保全，高等学校・研究所等の設置管理，消費生活安全センター，防犯まちづくり，DV対策，就労支援などがあげられる。

第3に，抑制機能であり，中央政府からの指揮命令によらない「地方政府」としての都道府県の独立性を意味する[9]。政府の画一的な規制や過剰な介入を抑制する「防波堤」としての都道府県の役割も抑制機能として位置づけられる。この機能の例として，原発再稼働，米軍基地問題，TPP等，各地域の自治の立場から住民の安全や生活権に深く関わる国家政治のあり方に対して，住民の基本的人権保障に責任をもつ自治体が抑制機能を発揮することはきわめて重要である。抑制機能は都道府県独自の機能というよりむしろ地方自治の機能そのものといってよい。ただし，一層制の自治制度より二層制の自治制度の方が中央政府に対する抑制機能を重層的に発揮することができると考えられる。

第4に，参加機能であり，都道府県への学習と参加による地域民主主義の実践としての機能である。この機能の例として，京都府を例にあげると，府民参加型整備事業，地域力再生プロジェクトといった取り組みがある。参加機能についても地方自治一般の機能であり，都道府県独自の機能というよりむしろ住民に身近な市町村により当てはまる機能として捉えることができる。ただし，現在の都道府県単位のもとで参加機能がある程度確保されていること自体，都道府県の「地域共同体」としての自治体の性格をあらわすものであり，広域ブロック単位の道州制においては参加機能を発揮することがきわめて困難であることに留意する必要がある。その意味でも都道府県の機能として参加機能を位置づけることは重要である。

第5に，都道府県による都市と農山漁村の調整機能である。都市の特徴は，①生産手段，生活手段，人口の狭い空間への集中と集積，②社会的分業の発達，③市場経済の支配，④交通体系の発達，⑤都市的生活様式（集住・商品消費・社会的共同消費），⑥都市自治体による政治・行政といった点がある[10]。それに対して，農山漁村の特徴には，①農林漁業を基盤とした集落形成，②農村的生活

様式（自然との共生，自給自足，分散居住），③共同体自治による地域共同管理，といった点がある。全ての都道府県では，比重の差はあるが領域内に都市部と農村部を含んでおり，都市と農村のそれぞれの独自性を認めながら共生・連携を図っていくことが求められる。その際，都道府県による都市自治体と農村自治体との間の行財政や政策の調整機能が重要になる。

（3）「融合型自治」と財政システム

「融合型自治」のもとで，自治体財政は国の予算や地方財政計画によって制約を受ける。この点は中央集権的財政関係として批判されるが，一方ではナショナルミニマムを保障しながら自治を保障する柔軟な仕組みでもある。

マクロの地方財政の仕組みの柱は地方財政計画であり，毎年度の政府予算とともに地方財政計画（地方財政全体の歳入・歳出を見積もり）および地方債計画が策定される。地方財政計画において毎年度の地方全体として必要な歳出総額が見積もられ，それに対して，国庫支出金，地方債等でまかなうべき財源が確定すれば，必要な一般財源総額が確定される。一般財源総額と地方税収を見積もれば，必要な地方交付税総額を確定する。交付税財源が不足する場合，地方財政対策（一般会計からの加算，臨時財政対策債を含む）により財源が確保される。

自治体は予算編成権や課税自主権を含む財政自主権を有しており，住民福祉と地域の維持可能な発展のために財政権をどう活かすかが重要である。自治体財源は一般財源（地方税，地方交付税等）と特定財源（国庫支出金，都道府県支出金，地方債等）からなる。

地方交付税の機能は，地方税収に国の財政資金を付加することによって，地方団体の財源を保証する財源保障機能，地方団体間の財政力格差を縮小する財政調整機能の2つからなる。地方交付税は普通交付税と特別交付税からなる。普通交付税額は基準財政需要額（一般財源でまかなうべき財政需要額）から基準財政収入額（標準税収の75％）を差し引いた額を基準として交付される。標準地方税収の25％分を留保財源という。留保財源と基準財政収入対象外税収（都市計画税，独自課税，超過課税分等）は基準財政需要額対象経費以外の財政需要に対応している。

次に「融合型自治」の政府間財政関係において特定補助金の役割は何か。特定補助金はナショナルミニマムあるいはナショナルスタンダード水準の行政を

確実に保障するための手段として，また，近隣自治体に対する公共サービスの便益のスピルオーバー効果が存在することを根拠として正当化されてきた。また，特定補助金は「融合型自治」において国が自治体を統制する手段として機能してきた。特定補助金は地方財政法でいえば国庫支出金を指す。国庫支出金は，国庫負担金，国庫補助金および国庫委託金に分けられる。このうち国庫負担金は，①地方財政法第10条において規定された経常経費関係負担金，②地方財政法第10条の2で規定された建設事業関係負担金，③地方財政法第10条の3において規定された災害関係負担金からなる。

また，「融合型自治」において都道府県補助金の役割も重要である。地方自治の二層制を構成するのは市町村と都道府県であるが，特に都道府県は「融合型自治」のもとで国と市町村との間の媒介機能を果してきた。例をあげると，東日本大震災からの中小企業等の復旧に対するグループ補助金は国2分の1，県4分の1の計4分の3補助であり，県が中小企業と被災市町村や地元商工会議所・商工会との間に立って事業を実施する仕組みとなっている。さらにグループ化になじまない事業所の復旧には県単独の補助金が創設され（宮城県の場合2分の1補助），グループ補助金を補完する役割を果している。こうした例をみれば，都道府県補助金は「自治の総量」の重要な要素を構成しているといえよう。

3 「地方創生」と自治体間連携

(1)「地方創生」政策とその背景

2014年5月，日本創成会議人口減少問題検討分科会（座長は増田寛也氏）は，成長を続ける21世紀のための「ストップ少子化・地方元気戦略」と題する提言を発表した。同提言は「増田レポート」と呼ばれ，マスコミや議会でも取り上げられた。[11] 増田レポートの分析と提言の内容はほぼそのまま，その年の内閣の「経済財政運営に関する基本方針」に取り入れられ，「地方創生」政策として具体化された。同年9月には，政府のまち・ひと・しごと創生本部が発足した。[12]

2014年12月，政府は長期ビジョンと総合戦略（5ヵ年計画）を決定し，2015年度において，早期に各都道府県・市町村による「人口ビジョン」と「地方版総合戦略」を策定するというスケジュールを示した。また，「ばらまき型」の

投資手法はとらないことが強調されるとともに，縦割りを排除し，ワンストップ型の政策を展開し，地方の自主的取り組みを支援するという点が強調された。各省庁の施策や補助金も地方版総合戦略に連動することから，自治体は「自主的」に人口ビジョンと総合戦略づくりを進めることを「強要」されることとなった。

では，政府の「地方創生」政策のねらいと内容は何であろうか。政府の長期ビジョンにおける人口問題に対する基本認識は，人口減少は経済社会に大きな重荷になるとともに，地方では地域経済社会の維持が重大な局面を迎えるというものであり，特に東京圏への人口の集中が日本全体の人口減少と結びついているという認識である。

そのうえで，人口減少問題に取り組む意義として，的確な政策を転換すれば未来は開けることと，「待ったなし」の課題であることを強調している。さらに，目指すべき将来の方向は「活力ある日本社会」を維持することであるとし，人口減少に歯止めがかかると2060年に1億人程度の人口が確保され人口構造が「若返る時期」を迎えることができるとした。また，「人口の安定化」とともに「生産性の向上」が図られると2050年代に実質GDP成長率は1.5～2％程度が維持されるという展望を示した。

以上のような認識から，政府は戦後初の人口政策を打ち出したのである。長期ビジョンでは，このような人口政策を主な内容とする地方創生がもたらす日本社会のポジティブな姿を提示している。すなわち，地方においては，地域資源を活用した多様な地域社会の形成，外部との積極的なつながりにより，新たな視点からの活性化によって地方が先行して若返るというものであり，それに対して東京圏は世界に拓かれた「国際都市」への発展を目指し，地方と東京圏がそれぞれの強みを活かして日本全体を牽引するというものである。

「地方創生」政策の中身は何か。「地方創生」政策は積極戦略と調整戦略からなるという説明がわかりやすい[13]。積極戦略とは長期的視野からの人口政策であり，自然増対策と社会増対策からなる。自然増対策は国民の希望出生率1.8を実現するとともに，人口置換率である2.07を実現し，2060年に人口1億人を達成するという事実上の人口目標が掲げられ，そのために若者の結婚・出産・子育ての希望を適えるための対策に取り組むというものである。それは住民への何らかのプレッシャーとなれば「産めよ殖やせよ」政策ともとられかねないも

のである。その一方，非正規・低賃金の若者層の非婚問題など社会経済構造に立ち入った対策が打ち出されないままでは政策の実効性に疑問が出てくる。社会増対策は，今後数十年にわたって日本の人口減が継続するなかで，「マイナスサムゲーム」における人口獲得をめぐる自治体間競争を促進するものである。

調整戦略は短期的視野からの対策であり，人口減少に対応した行政やまちづくりを進めるというものである。その重点は連携中枢都市圏，コンパクトシティ，「小さな拠点」等による地域再編・集約化である。つまり，「地方創生」の調整戦略において新たな自治体間連携を含む改革が位置づけられているといえよう。

「地方創生」政策の登場した背景として，第1に，グローバル化に対応した法人負担軽減と財政再建のために公共部門のいっそうの合理化・効率化が求められたことがある。そのため集約化，広域連携といった地域再編と民間委託等の行財政合理化を併せて推進することが目指された。同時に，行財政誘導を用い，「マイナスサムゲーム」での「生き残り競争」を組織化した。

第2に，今後東京圏の高齢者・単身者が増加することが予想され，社会保障負担増や介護人材等の不足が将来的な経済成長にマイナスの影響を与えることへの懸念から，東京圏から地方への人の流れをつくることが目指された。いわば東京圏の「身軽化」がねらいとなったのである。

第3に，将来的な経済成長にとって，人口規模の縮小がマイナスの影響をもたらすことへの懸念から人口政策を導入し，「自治体消滅論」によるショックを利用しながら自治体を人口政策に駆り立てたのである。

第4に，自民党は都道府県を廃止する道州制導入を目指していたが，全国町村会や地方出身の自民党議員などの反対があり，迂回戦略をとらざるをえない状況となり，地方創生を進めながら改憲，道州制導入を目指すことになったという背景がある。[14]

「増田レポート」は「地方創生」政策導入に対するいわば「露払い」の役割を果たした。拠点都市やコンパクトシティによる地域再編・集約化は農山漁村地域のコミュニティを破壊する方向に作用する。そこで登場したのが「増田レポート」であり，「消滅可能性自治体」をリストアップし，ショックと「あきらめ」気分を醸し出すことによって地域再編・行政機能の集約化を促すねらいがあったとおもわれる。

（２）「地方創生」と自治体間連携

　「地方創生」政策の調整戦略は，連携中枢都市圏，定住自立圏，コンパクトシティ，「小さな拠点」といった，広域行政圏から集落圏にいたるまで，重層的な地域再編・集約化の推進を内容としている。そのうち，自治体間連携の仕組みは，従来から推進してきた定住自立圏と新たな制度である連携中枢都市圏である。

　連携中枢都市（人口20万人以上，昼夜人口比率１以上である61都市）に対して，圏域全体の経済成長のけん引，高次の都市機能の集積，圏域全体の生活関連機能サービスの向上（連携協約の締結が前提）といった役割に応じて地方財政措置（普通交付税および特別交付税）が与えられる。

　2014年度は国費モデル事業が導入され，2015年度より本格的に地方財政措置を講じられた。連携中枢都市の取り組みに対しては，①圏域全体の住民ニーズに対応した，「経済成長のけん引」および「高次都市機能の集積・強化」の取り組みに対する普通交付税措置（圏域人口に応じて算定。圏域人口75万人の場合，約２億円）と，②「生活関連機能サービスの向上」の取り組みに対する特別交付税措置（１市当たり年間1.2億円程度を基本として，圏域内の連携市町村の人口・面積および連携市町村数から上限額を設定の上，事業費を勘案して算定）が講じられる。連携市町村の取り組みに対しては，「生活関連機能サービスの向上」の取り組みに加え，「経済成長のけん引」および「高次都市機能の集積・強化」に資する取り組みに対して特別交付税措置（１市町村当たり年間1,500万円を上限として，当該市町村の事業費を勘案して算定）が講じられる。

　同時に，定住自立圏への財政措置も拡充され，特別交付税の拡充として，中心市には8500万円程度（従来4000万円程度），近隣市町村には1500万円（従来1000万円）を上限とされた。

　連携中枢都市圏と定住自立圏は，政府において数値目標が設定されており，2015年12月に閣議決定されたまち・ひと・しごと総合戦略（改定版）においては，2020年度までに連携中枢都市圏の形成数30圏域，定住自立圏の圏域数140圏域を目指すとされている。

　連携中枢都市圏や定住自立圏といった中央政府主導の水平的な自治体間連携を促す政策が孕む問題点については後で検討する。

4　集権的地方財政改革

(1) 経済・財政再生計画における地方財政改革

「地方創生」政策の背景には人口減少社会における行財政の合理化を図るという課題があることは先にみたとおりであるが，地方行財政の合理化の基本方針を示したのが「経済・財政再生計画」である。同計画は2015年6月末に策定された「経済財政運営と改革の基本方針2015」に盛り込まれて策定されたものであり，2016年度から2020年度の5年間を計画期間としており，当初3年間（2016年度～2018年度）を集中改革期間として位置づけている。そこでは，2018年度のPB（プライマリーバランス）の対GDP比▲1％程度の努力目標を設定した。歳出改革としては，①公的サービスの産業化（医療・介護と一体的に提供する健康サービスや高齢者向け住宅・移送サービス等），②インセンティブ改革（トップランナー方式の交付税算定，保険者の医療費適正化の取り組みへのインセンティブ強化など），③公共サービスのイノベーション（見える化，業務の簡素化・標準化）が打ち出された。また，歳入改革としては，①企業収益と就業者所得の増加による税収の一層の伸び実現，②「公共サービスの産業化」等により課税ベースを拡大し，新たな税収増に結びつける，③マイナンバー制度活用等による税・社会保障徴収の適正化，④関係機関からの納付金など税以外の歳入確保が打ち出された。

さらに，2015年12月24日，「経済・財政再生計画」を実行するための「経済・財政再生アクションプログラム」が策定された。アクションプログラムは，①社会保障，②社会資本整備等，③地方行財政改革・分野横断的な取り組み，④文教・科学技術，外交，安全保障・防衛等，といった4つの分野においての取り組みと工程表・KPI（重要業績評価指標）を示した。

なかでも地方行財政関係のKPIでは，地方行財政改革・地方創生関連，公営企業・第三セクター関連，新型交付金関連，行財政の「見える化」関連などに分類され，多くの項目が設定された。地方財政に係る制度改革の主なKPIの1つとして「頑張る地方を支援する地方交付税の配分を必要度から成果にシフト」があげられ，目標数値として，成果反映配分割合50％以上（2019年度～）を目指すとされた。

なかでも注目される点をあげると，第1に，地方交付税算定における「トップランナー方式」の導入である。「トップランナー方式」とは，地方交付税算定において，「先進自治体」の経費水準の基準財政需要額算定への反映をはかるものであり，2016年度から段階的に導入される。対象となる業務は単位費用に計上されている全23業務であり，2016年度から庶務業務・情報システムの運用など16業務について基準財政需要額の算定への反映を開始し，概ね3～5年程度をかけて段階的に反映させるとされた。

第2に，地方行政サービス改革の取組状況の「見える化」である。全市区町村における2015年4月1日現在の取組状況を統一したシートで公表するとされ，具体的な項目としては，民間委託，指定管理者制度，窓口業務（総合窓口業務設置，民間委託），総務事務センター，クラウド化，公共施設等総合管理計画，地方公会計の整備等が盛り込まれた。同時に，業務改革モデルプロジェクトによる把握方法の確立を活用し，民間委託が進んでいない分野についても1人当たりコストの「見える化」を進めるとされている。また，2016年度中に地方行政サービス改革の取組状況を見える化・比較可能な形で公表するとされた。

第3に，窓口業務の民間委託推進である。窓口業務の民間委託の推進に関わり，政府は2016年2月，モデル自治体を8自治体選定し，検証対象業務4業務（案）を選定した。検証対象業務（案）として，住民基本台帳関連業務，マイナンバー関連業務，戸籍関連業務，国民健康保険関連業務があげられた。また，窓口業務を含む包括委託契約（業務委託，指定管理，人材派遣を含む）の推進が打ち出されている。

（2）集権的地方財政改革の展開

以上にみた「経済・財政再生計画」や「地方創生」政策における地方に対する財政措置は，中央政府の政策へのいくつもの財政誘導手段の束となっていることから，全体として集権的地方財政改革として特徴づけることができる。その特徴は以下の3点にまとめることができる。

第1に，競争主義的地方財政制度への傾斜である。地方創生では，国のビジョンと総合戦略という「土俵」を政府が設定し，それにそった地方版人口ビジョンおよび総合戦略を策定させ，自治体の「自主的取組」による「自治体間競争」を組織化しているといってよい。そのための主な財政的手段は，①地方

創生のための新型交付金をはじめとした各種補助金，②地方交付税算定における成果反映配分，③ふるさと納税拡充や企業版ふるさと納税の導入である。

そのうち新型交付金（地方創生交付金）は，これまで以下のように導入されてきた。①2014年度補正予算における地方創生先行型交付金（1700億円），②2015年度補正予算における地方創生加速化交付金（1000億円），③2016年度当初予算から導入された地方創生推進交付金（1000億円。公費ベース2000億円），④2016年度補正予算における地方創生拠点整備交付金（900億円。事業費ベース1800億円）。次に地方交付税における成果配分については，2015年度地方財政計画から導入されており，地方財政計画の歳出における「まち・ひと・しごと創生事業費」1兆円に対応して，「地域の元気創造事業費」4000億円および「人口減少等特別対策事業費」6000億円が計上され，それぞれインセンティブ算定が組み入れられている。

以上の競争主義的地方財政政策は，「自主的」に策定した自治体版創生戦略に基づく「生き残り」をかけた地域間競争に自治体を駆り立てるものであり，自治体が「勝ち組」と「負け組」に分けられることを促進する。こうした性格をもつ競争主義的地方財政政策は，自治体の標準的な行政水準を保障する中央政府の財政責任という観点や地域間の公平性の観点から批判される。

第2に，自治体「空洞化」への地方財政制度の傾斜である。自治体「空洞化」を促進する主な方針は，「公共サービスの産業化」と民間委託等を含む自治体の業務改革の推進である。そのうち「公共サービスの産業化」は，経済成長と財政再建の二兎を追う戦略の具体化としても位置づけられている。地方交付税算定のトップランナー方式や自治体行財政の「見える化」などは，民間委託等を含む自治体の業務改革を誘導するための手段として位置づけられている。地方交付税のトップランナー方式については，2017年度から新たに青少年教育施設管理（指定管理者制度導入）と公立大学運営（地方独立行政法人）の2業務が対象に追加され，基準財政需要額の2016年度〜2018年度の累計減少額は1380億円と見積もられた。経済・財政再生計画では集中改革期間である2018年度までは，地方財政計画における地方一般財源総額は2015年度と実質的に同水準を確保するとされている。実際，2017年度においてはトップランナー方式によって節減した財源は新たな財政需要に回されたため，結果として地方一般財源総額はほぼ前年度同水準（一般行政経費単独分の微減，維持管理費増）となっている。

ただし，トップランナー方式によって民間委託等の業務改革が推進され，自治体の行政経費が抑制されれば，2019年度以降のマクロの地方財政計画に反映され，地方一般財源総額の削減につながるおそれがある。

トップランナー方式による地方交付税制度の改変は自治体の標準的行政を保障するという地方交付税法の趣旨に反すると考えられる。また，「公共サービスの産業化」等による自治体の「空洞化」が進めば，自治体職員が住民生活の現場を把握し，住民の基本的人権保障のために現場での判断と対応を行うことが困難になろう。自治体「空洞化」が公共性の「空洞化」につながるおそれがあるといえよう。

第3に，「集約・活性化」・地域再編・自治体再編への地方財政制度の傾斜である。「地方創生」政策は，産業対策と地域対策を分離し，「農村たたみ」＝山村コミュニティ破壊を許容する。「集約・活性化」・地域再編・自治体再編の主な制度は連携中枢都市圏，定住自立圏，コンパクトシティ，「小さな拠点」，公共施設集約・複合化等であり，それぞれの制度に対して財政措置が講じられている。連携中枢都市圏と定住自立圏への財政措置は，先にみたとおりである。コンパクトシティについては立地適正化計画として推進されており，各種の補助制度がある。「小さな拠点」についても各種の補助制度が存在するとともに，拠点における地域運営組織への特別交付税措置が講じられる。

また公共施設等の老朽化対策としての集約・複合化については，地方財政計画において公共施設等最適化事業費が計上されるとともに，地方債計画において，公共施設最適化事業債が計上された。また，2017年度予算からは公共施設等最適化事業費が拡充され，公共施設等適正管理推進事業費（仮称）が導入され，地方債も公共施設等適正管理推進事業債（仮称）として拡充され，長寿命化対策や立地適正化事業に対する地方債措置が講じられた。なお，学校施設については，学校施設等整備事業債を拡充して活用される（充当率75％，交付税算入率50％。現行30％）。

以上にみた「集約・活性化」・地域再編・自治体再編への地方財政政策のねらいは，人口減少に合わせて行財政の合理化を進め，さらに行財政合理化のための公共施設集約・複合化をまちづくりと合わせて進めたり，自治体間連携を進めたりすることで，「安上がり」の行政を実現することにある。こうした地方財政政策の影響のなかで最も懸念されるのが，「周辺地域」，特に農山漁村に

おける定住条件の低下と地域コミュニティ崩壊が促進されるおそれである。この点は，特に昭和の合併以前の旧村単位の小学校の統廃合が地域の衰退を加速化するといった事例が増加していることにあらわれている。

5 自治体間連携における競争型自治と協働型自治

（1）東日本大震災と都道府県機能，自治体間連携

　本節では，災害時における産業復旧・復興における都道府県の機能に焦点を当てる[15]。災害時における都道府県の機能は，平時における機能と異なる。被災市町村が甚大な被害を受けて十分な機能が発揮できない状況において，都道府県に期待される役割は大きい。また，産業復旧・復興においては国の役割が大きいものがあるが，国と被災市町村との中間に位置する自治体としての都道府県の機能という視点での分析も必要である。なお，産業復旧・復興における都道府県の機能は，平時において果たすべき機能を整理する際にも考慮すべきであると考えられる。

　金井利之は，災害時における都道府県の機能をみる際に1つの視角を与えている。金井は，福島第一原発事故を公害の一種としての「核害」として捉えたうえで，「逆補完性の原理」を提示する。金井のいう「逆補完性の原理」とは，「まず国などができることは国などが行い，国などができない（したくない／しない）ことを都道府県が行い，都道府県ができない（したくない／しない）ことを市町村が行う。市町村ができない（したくない／しない）ことは住民がするしかない」というものである[16]。金井の「逆補完性の原理」の提示は，「核害」に対する自治体・住民の対処のあり方を論じたものであるが，原発事故だけでなく，東日本大震災への自治体の対応のあり方を考えるうえでも示唆に富む。というのは，東日本大震災のような大規模災害において，被災者救助などの応急対応，ライフライン・インフラの復旧，被災者の生活と生業・雇用の再建，あるいは産業復旧・復興などにおいて，国ができることを行うことがきわめて重要である一方，実際，国ができない（したくない／しない）ことに対して，都道府県，あるいは市町村が行わなければならない対応が多々存在するからである。

　東日本大震災からの事業所の復旧支援については，国・県の「中小企業等グ

ループ施設等復旧整備補助金（以下，グループ補助金）」が大きな効果を発揮している。グループ補助金は，2011年5月の第一次補正予算から導入されたものである。事業再開または継続を目指す被災事業所グループが共同化を前提とした復興事業計画を立て，申請し，県の復興事業計画評価委員会による評価を受けて計画が認定されれば，構成企業が補助金交付申請を行い，国（東北経済産業局）の審査を経て交付決定されれば，建物の建設・修繕や設備の購入費等の事業費に対して4分の3以内（国2分の1，県4分の1負担）が支給される（ただし，大企業の場合は2分の1以内）。

　グループ補助金は，2011年6月に第一次募集が開始されたが，当初は予算も少なく，再開・継続を希望する中小企業等の要望に応えるには不十分であった。また，事業回復の見通しを明確にしなければならないなど審査も厳しく，施設が全壊した中小企業の場合には，補助金が獲得できる企業はきわめて限定的であった。また，特に宮城県ではサプライチェーンに関わる大企業グループが優先された。

　しかし，その後グループ補助金に対するニーズと効果が大きいことが次第に明らかになり，予算が拡充され，柔軟な運用という面でも改善された。グループ補助金は被災企業の施設復旧に効果を発揮したが，残された課題がある。第1に，グループの要件として，5つの類型（サプライチェーン型，経済・雇用効果型，地域に重要な企業集積型，水産（食品）加工業型，商店街型）のいずれかに当てはまらねばならず，水産加工や商店街以外の業種においては，地域経済・雇用への貢献が求められるといった要件が厳しいことがある。第2に，予算が拡充されたとはいえ，予算制約の影響を受けることである。第3に，グループ化になじまない被災企業への支援である。第4に，グループ補助金によって施設復旧を行っただけでは被災企業が抱える問題が解決したことにならず，二重ローン・運転資金問題，ブランク期間に失った取引先の回復の困難さなどの問題は引き続き深刻である。第5に，グループ補助金は施設・設備の復旧のみが対象であるため，新たな設備投資は補助対象となっていない。被災企業が復興を目指すには，新たな設備投資への支援が必要である[17]。

　以上のような課題があるものの，グループ補助金は国と県が連携して被災事業所の復旧を促進する支援制度として，国が制度的枠組みと財源保障を行い，県が補助要綱をつくり，復興事業計画の認定や補助申請・交付の窓口になると

いう重要な機能を果たしている点が注目される。このような国と自治体の「融合型自治」を前提とした制度は平時から慣れ親しんでいたものであるため，災害時の新たな取り組みにおいても制度化が容易であったとおもわれる。「融合型自治」に対しては，「分離型」の国・地方関係を目指す立場からの批判があるが，被災事業所復旧の課題において，国・自治体それぞれの役割分担の明確化と責任論のみを強調したり，あるいは「補完性の原理」の形式論から基礎的自治体の取り組みを支援するという受動的な「補完」論に固執したりするだけでは問題は解決しない。被災者の救助，生活と生業の再建，地域企業の復旧・再建のために国・自治体それぞれが責任をもつとともに，必要な連携を図ることが求められているといえよう。

　被災企業の二重債務対策については，国による東日本大震災事業者支援機構（震災支援機構）と各県（岩手・宮城・福島・茨城・千葉）による産業復興機構の2つの債権買い取りのスキームは整備された。

　「役割分担」論を超えて，県と国の2つの機構とスキームが立ち上がったことは注目に値する。被災事業者にとっては，2つも機構はいらないということにはならないのであって，全体として二重債務問題の解決がどの程度進むかが問題なのである。

　東日本大震災の事例は，産業復旧・復興において，「補完性の原理」の「分離主義」的理解に基づく「役割分担論」が成立しないことを示している。「補完性の原理」とともに「逆補完性の原理」の考え方も有効に働く可能性があり，本来国が責任をもって支援すべき被災事業所の復旧に対して，被災自治体は支援の必要性を働きかけるなど現場からのフィードバック機能を果たすとともに，市・県それぞれができる支援を独自に開始し，国の支援策が後に打ち出され，予算措置されることにより，事後的に市・県の財政負担が軽減されたのである。また，独自の被災事業所調査に基づく支援策を進める宮古市などの事例は，きめ細かい産業・中小企業支援は，市町村においてこそ実施できることを災害時においても示している。

　東日本大震災から数年を経過したなかで，復興格差の拡大が問題となっている。一方で，「自己責任論にもとづく公平論」を克服する動きも進んでおり，被災事業所の復旧に対してはグループ補助金の拡充が大きく貢献した。ただし，被災事業所の復興支援には長期的なプロセスが求められる。

また，復興支援における「縦割り」の弊害も問題となっており，復興政策における総合性の欠如をどう克服するかが課題となっている。被災者の生活再建，復興のまちづくり，公共部門の再建と地域経済・産業の復興を総合的に進めるには，基礎的自治体である被災市町村における総合的な住民参加のプランと実行が重要となっている。それらは県・国がどう支援し，補完するかも重要であり，この点では「補完性の原理」の観点を重視し，分権自治型の復興が図られねばならないであろう。その観点から復興交付金における「縦割り」の弊害が克服される必要があろう。

　同時に，東日本大震災という甚大な災害において，「補完性の原理」の「分離主義」的理解に基づく「役割分担論」が成立しないことは明らかである。宮古市や宮城県東部地域の事例は，産業復旧・復興においても，重層的補完関係によって総合的に地域産業の復旧・復興支援が行われていることを示している。同時に，金井の提示する「逆補完性の原理」，すなわち，「まず国などができることは国などが行い，国などができない（したくない／しない）ことを都道府県が行い，都道府県ができない（したくない／しない）ことを市町村が行う」という観点に立って，国の責任で行うべきとおもわれる支援に対して，市や県ができることを独自に行うことの重要性が指摘できよう。

（2）連携中枢都市圏と自治体間連携

　次に，連携中枢都市圏における自治体間連携と都道府県の役割について検討しよう。[18)]「地方創生」政策における地域再編・集約化政策は次のような手段をつうじて具体化される。第1に，連携中枢都市圏および定住自立圏の形成，立地適正化計画等をつうじたコンパクトシティ形成，中山間地域における「小さな拠点」形成といった，「広域圏域」から「集落生活圏」までを含めた多様な，新たな「圏域」づくりである。第2に，新たな「圏域」づくりと連動しながら進める公共施設等総合管理計画をつうじた公共施設統廃合・再配置である。第3に，地域医療構想と新公立病院改革ガイドラインをつうじた医療再編である。これも連携中枢都市圏や定住自立圏などと関連して進められる。第4に，学校規模適正化の名のもとでの公立学校統廃合・再配置の推進である。これについては，特に「小さな拠点」形成とも関わってくる。

　連携中枢都市圏構想が目指す地域の姿は何か。連携中枢都市圏構想の目的

は，相当規模の人口を擁する「圏域」を市町村連携によって設定し，「コンパクト化とネットワーク化」により「圏域」形成・地域再編を行うことである。新たな「圏域」形成・地域再編の主な内容は，第1に圏域の経済成長戦略の一体的立案・推進であり，第2に連携中枢都市への高次都市機能の集積であり，第3に生活関連機能サービスにおける広域連携である。広域連携の行き着く先は，人口減少と社会保障関係費増大，公共施設老朽化などが進むなかで，基礎自治体が「フルセット型行政」からの転換を図ることである。そのためには，構成市町村の事務事業の一部を連携中枢都市に移行させることが検討されることになるであろう。

既に都市圏ビジョンを策定している先行事例をみると，高次都市機能の集積・強化に関しては，連携中枢都市のJR駅周辺整備を盛り込む例が播磨圏（姫路市）および高梁川流域圏（倉敷市）にみられる。生活関連機能サービスに関して保育を例にみると，保育の広域利用を盛り込んでいる例が，高梁川流域圏（病児・病後児保育），およびみやざき共創都市圏（広域入所，病児・病後児保育）にみられる。

連携中枢都市宣言を行った事例には，面積からみてきわめて広域にわたる地域や県境を越えるケースがみられる。これは生活圏をベースとした定住自立圏よりはるかに広域である。なかでも広島広域都市圏の場合，構成市町村数で広島県を上回るとともに，山口県内自治体も含まれる。また，複数の都市圏構想に参加する自治体もある。

連携中枢都市圏構想は現在のところ，関係自治体間の首長や部局間の連携強化の側面が強くみられる。なかでも地域包括ケア，公共施設マネジメント，コンパクトシティにみられるように，国の方針を受けて自治体が取り組む際に困難性の高い政策分野において，自治体間の情報交換や研修などの重要性が高まっているとみられる。

しかし，連携中枢都市が構成市町村や都道府県の事務事業を担う領域が拡大すれば，市町村自治の総合性が弱まり，そのため住民自治が後退するおそれがある。

「圏域」形成・地域再編による行財政効率化と成長拠点の形成の究極の姿が道州制である。その意味では，連携中枢都市圏や「地方創生」政策は，道州制導入への布石としての位置づけが与えられる。

しかし，拠点都市や都市内中心部等への地域再編・集約化は周辺地域からの人口移動を伴うものであり，周辺地域のコミュニティへのダメージとなる。周辺部に位置づけられる農山漁村や小規模地方都市のコミュニティこそが「田園回帰」の主な受け皿であるとすれば，その破壊は「地方創生」政策の東京一極集中是正の目的に逆作用を及ぼすおそれが高い。

また，福島第一原発事故以来，地域分散型エネルギーへの注目にみられるように，コミュニティを基盤としながら内発的に地域分散型の小さな経済づくりを積み重ねていくことの重要性が高まっている。それに対して，コミュニティ破壊型の成長拠点づくりは逆方向に作用する。広域連携においては，市町村自治やコミュニティ自治を強化する連携なのか，市町村自治やコミュニティ自治を弱体化させ，市町村合併や道州制への布石になるのかが問われている。

連携中枢都市圏や定住自立圏の問題点・課題をまとめると，以下の点が指摘できる。第1に，両制度は市町村合併や道州制といった急進的改革ではなく，現行の二層制を維持しながら政策ベースで自治体間連携を図りながら漸進的に改善・調整する側面をもっている。しかし，第2に，連携中枢都市や中心市が一方的に連携中枢都市宣言や中心市宣言を行うという仕組みや連携中枢都市や中心市への傾斜的財政措置が，対等な自治体間の関係性をゆがめるおそれである。第3に，既存の基幹的な生活関連機能サービスを中枢都市や中心市が提供することになれば，「周辺自治体」の行政機能の「空洞化」や自治機能の「空洞化」が進む可能性がある。第4に，連携中枢都市圏において連携中枢都市に「経済成長のけん引」や「高次都市機能の集積・強化」関連の投資が集中すれば，連携中枢都市への人口や経済力の集中と周辺部の衰退を促進するおそれがある。第5に，特に連携中枢都市圏は圏域の経済政策や広域的視点でのまちづくりを含む施策を圏域自治体が連携して進めるものであり，そこに住民自治が実質的にどう確保されるかが問われる。その意味では「圏域自治」における住民自治をどう保障できるかが課題となろう。第6に，連携中枢都市圏や定住自立圏の推進は，市町村自治の「空洞化」を促進する方向に作用すれば，市町村合併の条件整備として機能する可能性がある。

両制度は以上の問題を孕む制度であることから，関係自治体には，自主性と自治体間の対等性を基本とするとともに，地域の総合性の観点からの検討や住民合意のプロセスの確保などによって，政府の連携中枢都市圏や定住自立圏の

誘導策の一面性や画一性の弊害を克服する努力が求められよう。本書が着目するもう一つの自治体間連携が求められるゆえんである。

都道府県の機能の面から連携中枢都市圏や定住自立圏はどう評価されるか。連携中枢都市圏や定住自立圏が水平的自治体間連携を促進するが，都道府県の役割の低下につながることになれば，「自治の総量」の後退につながるおそれがある。もう一つの自治体間連携としての連携中枢都市圏や定住自立圏の活用においては，都道府県の果たす役割は低下しないものと位置づけられる。この点は既に**序章**等において，長野県飯伊地域を事例として検討してきた。

（3）地方創生交付金と自治体間連携

次に，地方創生交付金が自治体間連携にどう関わるかについて検討する。これまで，地方創生先行型交付金，地方創生加速化交付金，地方創生推進交付金および地方創生拠点整備交付金の4種類の交付金が導入されているが，特に地方創生先行型交付金，地方創生加速化交付金および地方創生推進交付金は広域連携事業を位置づけており，自治体間連携を促進する側面が強い。

2015年度補正予算で導入された地方創生加速化交付金は補助率10／10であり，「新・三本の矢」の取り組みに貢献することを目的とし，地域のしごとの創生に重点を置きつつ，「一億総活躍社会」の実現に向けた緊急対策にも資する効果の発現の高い分野を主な対象とした。交付額は都道府県4〜8億円，市区町村4〜8千万円とされた。基本的にはソフト事業が対象だが，密接に関連するハード事業も対象（50％未満）とされた。また，KPI設定とPDCAサイクル確立が採択の前提となっている。

地方創生加速化交付金の申請と交付決定の状況は以下のとおりである。申請（第1次分）については47都道府県および1578市区町村（全市区町村の91％）が申請しており，事業数でみれば2744件，申請総額は1253億円となっている。交付決定（第1次分）は事業数1926（うち都道府県分291，市区町村分1635），交付予定額906億円であった。市区町村をみると，申請事業2379件に対して1635件の68.7％採択（610億円）であり，都道府県をみると申請事業365件に対して291件の79.7％が採択（296億円）であった。なお，第2次募集には370事業の応募があり，そのうち342事業（92.4％）が交付対象となっている。採択事業のうち広域連携事業は第1次募集分で327件，第2次募集分で11件であり，地方創生加

速化交付金が新たな自治体間連携を促進していることがうかがえる。

2016年度当初予算から導入された地方創生推進交付金は、予算額1000億円（公費ベース2000億円）であり、自治体の自主的・主体的な取り組みを支援することが強調されている。支援対象の事業は、①先駆性のある取り組み（官民協働・地域間連携推進，事業推進主体形成，中核的人材確保・育成），②既存事業の隘路を発見し，打開する取り組み，③先駆的・優良事例の横展開の３つのタイプが設定されている。本交付金もソフト事業が対象だが，密接に関連するハード事業も対象（50％未満）となる。KPIの設定とPDCAサイクル確立が採用の前提であるとともに，地域再生計画の認定を受けた事業であることが条件となっている。地域再生計画の事業期間については複数年度が可能とされ，KPIの達成状況等を検証したうえで翌年度以降も交付を行うとされている。本交付金は，個々の事業において民間資金を誘発し，将来的に本交付金に頼らない自立した事業構築を目指すことを求めており，毎年度のKPIの達成状況とともに自立への見通しを国が検証したうえで翌年度の交付に反映するという。

地方創生推進交付金は2016年度第１次募集で745事業，184億円の交付が決定しており，うち広域連携事業は86事業となっている。第２次募集では456事業，54億円が交付決定され，うち広域連携事業は75事業となっている。

なお，ハード整備に対する地方の要望を受けて，2016年度補正予算において地方創生拠点整備交付金900億円（補助率２分の１，事業費ベース1800億円。地方負担分については補正予算債100％充当）が導入された。これも未来への投資の基盤となることを明確にした施設整備等が対象であり，政策誘導から自由ではない。

以上にみたように，地方創生関連の交付金は国による政策誘導と各種条件が厳しく課せられており，その点では広域連携事業も例外ではない。地方創生関連の交付金による自治体間連携は国によって管理され，政策誘導された自治体間連携といってよい。

6　内発的発展と都道府県の機能

（1）内発的発展による「地方創生」の超克

これまで検討したように，「地方創生」政策下における自治体間連携の推進

は，競争主義，自治体「空洞化」促進，および地域再編・集約化改革としての「地方創生」政策の性格が色濃く反映したものとなっており，周辺部の衰退，都市と農村のバランスの変容，「自治の総量」低下や公共部門の「空洞化」といった問題が深刻化するおそれが強い。

「地方創生」政策の「創造的破壊」への対案は内発的発展である。宮本憲一の提起した内発的発展の内容の柱には，①地元の資源を土台とし，地域内市場を主な対象とし，住民が主体となって計画すること，②環境とアメニティを中心目的とし，福祉，文化，人権の視点にたった総合的なものとすること，③付加価値が地元に帰属するような地域内産業連関をつくること，④住民参加と自治権拡充を重視すること，といった点が含まれている[19]。内発的発展においては，地域の総合性と集落・コミュニティ自治が何より重視される[20]。地域の諸主体が自分たちの地域の総合的把握と地域コミュニティ自治を基礎とした市町村自治のうえに立って協働した，地域の人材，資源，技術を生かした内発的な取り組みを基礎に「地方創生」への対抗・対応を行うことが大切である。そのためには，ボトムアップ型の計画づくりと実施組織づくりが鍵となる。

「地方創生」政策が，農山漁村の自治の空洞化や地域そのものの衰退を促進するとすれば，農山漁村自治体の立場からは自治を守り，内発的発展および都市・農村共生・連携を貫くことによって「地方創生」の「罠」を克服することが課題となろう（図終-1）[21]。

内発的発展は，必ずしも自己完結型自治を条件としない。農山漁村地域の視点を考慮すれば，むしろ，内発的発展は，住民・地域団体や基礎的自治体の自己努力を基盤としながら，都道府県やその出先機関による補完・支援や自治体間連携を位置づける。また，都市自治体や都市住民との連携・ネットワークを含む，多様な連携・ネットワークを重視する。

また，内発的発展を支える地方自治・財政制度の改善が求められる。多様な小規模自治体を含む多様な自治体の存立と自治権を保障しながら，「自治の総量」の観点からナショナルスタンダード＋ローカルオプティマムな行政水準と基本的人権確立を図るには，分離主義や道州制をとらず，「重層的自治」と自発的な自治体間連携を保障するとともに，重層的な基本的人権・共同社会条件の確立を図らねばならない。そのためには集権的地方財政改革からの転換を図るとともに，財政自主権の拡充と地方交付税制度の拡充の両立を基本とした制

終　章　「地方創生」と自治体間連携

図終-1　地方創生の罠（イメージ）

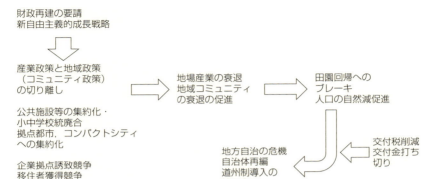

出所：筆者作成。

度改善が求められる。[22]

（2）内発的発展と都道府県機能，自治体間連携

　「地方創生」政策の「創造的破壊」と内発的発展との対立軸は，「集権・競争型自治」か，「分権・協働型自治」か，という対立軸に相通じる。日本における自治体間連携のあり方は，中央集権的な手法で競争型自治を促進するとともに，大都市や拠点都市への「選択と集中」を図る傾向にある。これでは大都市や拠点都市が維持されても，周辺地域や小規模自治体の存立条件を弱める方向に作用する。

　「地方創生」政策の登場する以前においては，市町村合併の推進や地方行革の推進など国の政策の「下請け」を都道府県が担ってきた側面があった。それに対して，「地方創生」政策と自治体間連携促進策においては，集権・競争型自治を支える方向での都道府県の機能が発揮される面がある一方，集権・競争型の弊害を修正・調整しながら自発的な市町村間の連携を調整・支援する分権・協働型自治の方向での機能を発揮する可能性もある。

　分権・協働型自治の方向での都道府県機能を発揮する例として，**序章**等で検討した長野県や奈良県の事例がある。長野県や奈良県においては，市町村や市町村間の水平連携を補完する都道府県とその出先機関による垂直連携など自治

223

体間連携が位置づけられている[23]。

　内発的発展論の観点からは，都道府県出先機関の機能は重要である。**第3章**では，都道府県出先機関が，特に総合出先機関の多くが管内の諸団体などが参加して地域産業振興のあり方について協議・交流するプラットホームを設置しており，都道府県出先機関が管内の諸団体などと協議・交流しながら，現場で地域計画の策定を通して政策形成機能を担っている実態を明らかにした。また，都道府県出先機関は本庁各部局などとの「タテ」の関係が強いものの，他部課や都道府県の外郭団体など，他地域の都道府県出先機関などとも「ヨコ」の関係も一定程度あり，事業立案や執行過程をつうじて，多様な調整や協力関係を築いていることも示した。コミュニティ自治＋市町村＋広域連合等＋都道府県などの「自治の総量」のあり方が内発的発展を支える条件に深く関連するとすれば，自己完結主義や分離主義を超えて，都道府県や都道府県出先機関の機能を再評価すべきである。

7　おわりに

　本章では，「地方創生」政策下における新たな自治体間連携促進策や財政措置を概観するとともに，内発的発展論や「自治の総量」論の観点から「地方創生」政策下における新たな自治体間連携促進策や財政措置を評価した。また，あらためて内発的発展論や「自治の総量」論の観点から都道府県や都道府県出先機関の機能を検討した。

　「地方創生」政策＝「創造的破壊」政策は，内発的発展論や「自治の総量」論の観点からみれば，問題が多い。しかし，「地方創生」政策は自治体の自発的な計画や自治体間連携を重視していることから，市町村や都道府県が地方自治の抑制・媒介・参加の機能を発揮することによって，「地方創生」の「罠」を超克する可能性があることも指摘したい。

　また，本書の重要な結論は，コミュニティ自治＋市町村＋広域連合等＋都道府県などの「自治の総量」のあり方が内発的発展を支える条件に深く関連するとすれば，自己完結主義や分離主義を超えて，都道府県や都道府県出先機関の機能を再評価すべきだということである。また，市町村間の水平連携や都道府県・市町村間の垂直連携についても，内発的発展や「自治の総量」の観点から

評価すべきであるということも本書の重要なメッセージである。

注
1) 本章は以下の既発表の論文をもとにしている。ただし，複数の初出論文を再構成するとともに大幅に加筆を行っている。平岡和久・水谷利亮「東日本大震災からの産業復興と府県の機能」『下関市立大学論集』57巻1号，2013年，57-61ページ，平岡和久「『地方創生』と2015年度地方財政」『自治と分権』59号，2015年，23-41ページ，平岡和久「『地方創生』政策と連携中枢都市圏構想」『住民と自治』2015年4月号，平岡和久「地方財政と『地方創生』政策」岡田知弘・榊原秀訓・永山利和編『地方消滅論・地方創生政策を問う』自治体研究社，2015年，平岡和久「地方財政制度改革の現状と課題」日本財政法学会編『地方創生と財政法』デザインエッグ，2017年，9-28ページ，平岡和久「地方創生政策下における自治体間連携をめぐる現状と課題」『自治と分権』68号，2017年，76-86ページ，「日本における条件不利地域自治体支援策と自治体財政」『政策科学』25巻1号，2017年，1-22ページ。
2) 村松岐夫『地方自治』東京大学出版会，1988年，参照。
3) 水口憲人「地方分権を考える―『関与の仕方』を中心に」村松岐夫・水口憲人編『分権―何が変わるのか』敬文堂，2001年，参照。
4) この点について詳しくは，白藤博行『新しい時代の地方自治像の探求』自治体研究社，2013年，および平岡和久「地方財政の動向と改革課題」平岡和久・自治体問題研究所編『新しい時代の地方自治像と財政』自治体研究社，2014年，参照。
5) 金澤史男『福祉国家と政府間関係』日本経済評論社，2010年，参照。
6) 「自治の総量」論については，磯部力「『分権の中味』と『自治の総量』」『ジュリスト』1031号，1993年，参照。なお，「自治の総量」論を補完する議論として「冗長性」論がある。「冗長性」論は，組織の「二重化」や「重複」が組織的信頼性や政策パフォーマンスを高める可能性を積極的に評価するものであり，重層的自治を根拠づける理論の一つとして位置づけることができる。伊藤正次「行政における『冗長性』・再考」『季刊行政管理研究』135号，2011年，Landau, Martin, "Redundancy, Rationality, and the Problem of Duplication and Overlap," *Public Administration Review*, Vol.39, No.6, 1969, pp. 346-358，参照。
7) 村上博「都道府県制は時代遅れになったのか？―道州制へのうごきを踏まえて」村上博・自治体問題研究所編『都道府県は時代遅れになったのか？』自治体研究社，2010年，参照。
8) 市川喜崇「都道府県による市町村の補完とは」『都市問題』2017年8月号，48-57頁，参照。
9) 辻清明『日本の地方自治』岩波書店，1976年，第4章，参照。
10) 宮本憲一『都市政策の思想と現実』有斐閣，1999年，参照。
11) 「増田レポート」は以下の書に収録されている。増田寛也編著『地方消滅』中央公論新社，2014年。
12) 「地方創生」政策の背景と特徴については，平岡和久「地方財政と『地方創生』政策」岡田知弘・榊原秀訓・永山利和編『地方消滅論・地方創生政策を問う』自治体研究社，2015年，参照。

13) 政府の地方創生長期ビジョンが積極戦略と調整戦略からなるという整理については，山崎史郎『人口減少と社会保障』中央公論新社，2017年，参照。
14) 道州制導入への動きと問題点については，村上博・平岡和久・角田英昭『道州制で府県が消える』自治体研究社，2013年，参照。
15) 本節は，以下を初出としているが，一定の修正を加えている。平岡和久・水谷利亮「東日本大震災からの産業復興と府県の機能」『下関市立大学論集』57巻1号，57-61ページ，2013年。
16) 金井利之『原発と自治体—「核害」とどう向き合うか』岩波書店，2012年，参照。
17) グループ補助金については，鳥畑与一「東日本大震災における二重債務問題と人間復興における金融問題」綱島不二雄ほか編『東日本大震災　復興の検証』合同出版，2016年，参照。
18) この項については，平岡和久「『地方創生』政策と連携中枢都市圏構想」『住民と自治』2015年4月号をもとに加筆・修正した。また，本多滝夫「『地方創生』と連携中枢都市圏構想を問う」『自治と分権』59号，2015年，村上博「広域連携の問題点と課題」『自治と分権』61号，2015年，も参照。
19) 内発的発展については，宮本憲一『環境経済学』岩波書店，1989年，参照。
20) 農山村における内発的発展と集落・コミュニティ自治については，保母武彦『日本の農山村をどう再生するか』岩波書店，2013年，参照。
21) ここでいう「地方創生の罠」については，この点を肯定的に述べた例として河合雅司氏の叙述を紹介する。「政府は人口減少対策を『地方創生』と言い換えて，全国の自治体に生き残り策をそれぞれが考えるような大号令をかけた。その本音は『過疎地域や地方都市をすべて維持することはできない』という最終通牒である」「自治体間の人口の奪い合いはなんの解決策ともならないのだが，自治体が競争を繰り返すことで，おのずと人口は集約されていくことになる」増田寛也・河合雅司『地方消滅と東京老化』ビジネス社，2015年，199ページ。
22) この点については，平岡和久「内発的発展と地方財政改革の提案」平岡和久・自治体問題研究所編『新しい時代の地方自治像と財政』自治体研究社，2014年，参照。
23) この点では，市町村間の広域連携が困難な地域における都道府県による補完のあり方について，総務省「広域連携が困難な市町村における補完のあり方に関する研究会」が2017年7月，報告書を発表している。そのなかでは，都道府県と市町村がそれぞれの有する資源を活用し，一体となって行政サービスを提供する取り組みが様々な分野で進められていることに注目し，「協働的手法」と呼んでいる。長野県や奈良県の取り組みは「協働的手法」の先進事例として取り上げられている。しかし，「協働的手法」への注目に対しては，従来型の補完の位置づけがあいまいにされる懸念（前掲，市川）や，協働や連携はそれ自体では行政資源を生み出さないのであり，行政需要を抑制（転送）するだけでは真に効果のある協働とはいえないという指摘（金井利之「都道府県と市区町村との協働およびその"効果"」『都市問題』108巻8号，2017年）もある。「奈良モデル」を含む「協働的手法」と呼ばれる取り組み事例に対しては，こうした観点からも慎重な検討が求められる。

あとがき

　筆者たちは以前，高知短期大学で同僚であった時期があり，それ以降に本務校は変わっても，地方自治の様々な取り組みを共同で調査・研究する機会をもっていた。そのようななかで，「平成の大合併」の時期，多くの都道府県が市町村に対して合併を推し進めていた頃に，長野県の栄村や阿智村，宮崎県綾町などいくつかの町村が呼びかけて，筆者が大学院時代から多くの教えを受けてきた加茂利男先生も関わりながら，小規模自治体が合併しないで自律しながら自治を維持・発展させる方法やあり方について交流・検討するために「小さくても輝く自治体フォーラム」を開催した。その動きと並行して，長野県では「長野県市町村『自律』支援プラン」に取り組み，関連して長野県下伊那地域では「新たな自治体運営『南信州モデル』実践プラン」によって小規模町村の自律に向けた新たなあり方を模索していた。

　筆者たちは，それらの動向に刺激され，市町村合併論や道州制論と異なって，現行の二層制の地方自治制度のもとで小規模自治体がチャレンジする自治の実践とその蓄積，都道府県の機能がもつ可能性および，地方自治制度がもつ政治・行政的な機能・役割の広がりと可能性に注目して，都道府県出先機関を含む都道府県の機能と自治体間連携に関する実証研究を約10年間，科学研究費補助金（基盤研究C）による3期にわたる助成などを受けて行ってきた。本書は，その研究成果を，1冊の研究書としてまとめたものである。そのために本書で取り上げた事例分析などは，少し内容が古くなっていることを否めないし，研究期間が長い割に研究成果が不十分であるかもしれない。また，地方自治を政治的な視点から捉えることの重要性は，筆者が大学院時代に水口憲人先生から学んだが，本書でのその捉え方は「甘い」とおっしゃるかもしれない。したがって，多くの今後の課題が残されているが，地方自治において都道府県出先機関のあり方が人口減少社会でも重要な役割・機能を担っていくことが求められるということに変わりはないと思われる。

　本書の研究を進めるにあたっては，長野県庁と下伊那地方事務所や長野県内の市町村をはじめ全国のたくさんの自治体・地方政府機関と公務員の方々にヒ

アリング調査やアンケート調査などでご協力頂き，たくさんのご教示と資料提供を受けた。感謝申し上げる。

　なお，科研費による研究は，水谷が研究代表者で，平岡が研究分担者として取り組んだもので，3つの研究テーマは「平成の大合併後における複線型自治制度の実態と府県機能に関する実証研究」(2008～2010年度，課題番号20530127)，「複線型自治制度における地域産業振興と府県機能に関する実証研究」(2011～2013年度，課題番号23530180)，「融合型の地方自治制度における『二重行政』の研究」(2014～2016年度，課題番号26380179) である。

　最後に，本書を刊行するにあたり，法律文化社の上田哲平氏にはたいへんお世話になった。記して感謝申し上げたい。

著者を代表して　水 谷 利 亮

【著者紹介】

水谷　利亮（みずたに　りあき）　　下関市立大学経済学部教授，行政学／地方自治論

大阪市立大学大学院法学研究科後期博士課程単位取得退学
高知短期大学社会科学科助教授等を経て，2011年より現職
〔主要著書〕
「小規模自治体と圏域における自治体間連携──地方・『田舎』のローカル・ガバナンスの検討」（石田徹・伊藤恭彦・上田道明編『ローカル・ガバナンスとデモクラシー──地方自治の新たなかたち』所収）法律文化社，2016年
『限界集落の生活と地域づくり』（田中きよむ・玉里恵美子・霜田博史との共著）晃洋書房，2013年
「地方自治と府県出先機関の機能」（村上博・自治体問題研究所編『都道府県は時代遅れになったのか？──都道府県の役割を再確認する』所収）自治体研究社，2010年
〔本書の執筆担当〕
序章，第1章，第2章，第3章，第4章，第5章，第6章，第7章

平岡　和久（ひらおか　かずひさ）　　立命館大学政策科学部教授，財政学／地方財政論

大阪市立大学大学院経済学研究科後期博士課程単位取得退学
高知大学人文学部助教授等を経て，2006年より現職
〔主要著書〕
「地方財政の動向と改革課題」（平岡和久・自治体問題研究所編『新しい時代の地方自治像と財政──内発的発展の地方財政論』所収）自治体研究社，2014年
「福祉国家型地方自治のもとでの自治体財政の争点と将来」（二宮厚美・福祉国家構想研究会編『福祉国家型財政への転換──危機を打開する真の道筋』所収）大月書店，2013年
『検証・地域主権改革と地方財政──「優れた自治」と「充実した財政」を求めて』（森裕之との共著）自治体研究社，2010年
〔本書の執筆担当〕
第2章，第3章，第6章，第7章，終章

Horitsu Bunka Sha

都道府県出先機関の実証研究
―自治体間連携と都道府県機能の分析

2018年5月5日　初版第1刷発行

著　者　水谷利亮・平岡和久

発行者　田靡純子

発行所　株式会社 法律文化社

〒603-8053
京都市北区上賀茂岩ヶ垣内町71
電話 075(791)7131　FAX 075(721)8400
http://www.hou-bun.com/

＊乱丁など不良本がありましたら、ご連絡ください。
　送料小社負担にてお取り替えいたします。

印刷：西濃印刷㈱／製本：㈱藤沢製本
装幀：前田俊平
ISBN 978-4-589-03928-6

Ⓒ 2018 R. Mizutani, K. Hiraoka Printed in Japan

JCOPY 〈(社)出版者著作権管理機構　委託出版物〉

本書の無断複写は著作権法上での例外を除き禁じられています。複写される場合は、そのつど事前に、(社)出版者著作権管理機構（電話03-3513-6969、FAX03-3513-6979、e-mail: info@jcopy.or.jp）の許諾を得てください。

上田道明編	面白く新しい試みがいま各地で始まり，実際にまちの景色が変わりつつある。知恵を出しあって進められている実践事例から考える，いちばんやさしく読みやすい地方自治論のテキスト。町内会のことから地方財政の話まで，幅広い視点で地域をとらえる。
いまから始める地方自治 A5判・224頁・2400円	
石田 徹・伊藤恭彦・上田道明編 **ローカル・ガバナンスとデモクラシー** ―地方自治の新たなかたち― A5判・222頁・2300円	世界的な地方分権化の流れをふまえつつ，日本におけるローカル（地域・地方）レベルの統治に焦点をあて複眼的な視点から，地方自治の新たなかたちを提示する。政府－民間関係，中央政府－地方自治体関係，諸組織間連携の最新動向がわかる。
阿部昌樹・田中孝男・嶋田暁文編 **自治制度の抜本的改革** ―分権改革の成果を踏まえて― A5判・324頁・6500円	行政法学，憲法学，行政学，法社会学等を専攻する研究者と実務家が，分権改革後の日本の自治制度の現状を分析。問題点の析出と改革案の提示を行い，地方自治法制のパラダイムシフトを迫る。
小田切康彦著 **行政－市民間協働の効用** ―実証的接近― A5判・222頁・4600円	協働によって公共サービスの質・水準は変化するのか？ NPOと行政相互の協働の影響を客観的に評価して効用を論証。制度設計や運営方法，評価方法等の確立にむけて指針と根拠を提示する。〔第13回日本NPO学会優秀賞受賞〕
市川喜崇著 **日本の中央－地方関係** ―現代型集権体制の起源と福祉国家― A5判・278頁・5400円	明治以来の集権体制は，いつ，いかなる要因で，現代福祉国家型の集権体制に変容したのか。その形成時期と形成要因を緻密に探り，いまにつながる日本の中央－地方関係を包括的に解釈し直す。〔日本公共政策学会2013年度著作賞受賞〕

――法律文化社――

表示価格は本体（税別）価格です